构建素养导向的高品质课堂

——小学道德与法治“新课堂达标”行动研究

王 艳 著

中国矿业大学出版社

·徐州·

图书在版编目(CIP)数据

构建素养导向的高品质课堂：小学道德与法治“新课堂达标”行动研究 / 王艳著. — 徐州：中国矿业大学出版社，2024.8

ISBN 978-7-5646-6223-3

Ⅰ.①构… Ⅱ.①王… Ⅲ.①政治课－课堂教学－教学研究－小学 Ⅳ.①G623.102

中国国家版本馆 CIP 数据核字(2024)第 080397 号

书　　名 构建素养导向的高品质课堂
——小学道德与法治“新课堂达标”行动研究

著　　者 王　艳

责任编辑 徐　玮

出版发行 中国矿业大学出版社有限责任公司
（江苏省徐州市解放南路　邮编 221008）

营销热线 (0516)83885370　83884103

出版服务 (0516)83884895　83884920

网　　址 http://www.cumtp.com　**E-mail**:cumtpvip@cumtp.com

印　　刷 徐州中矿大印发科技有限公司

开　　本 787 mm×1092 mm　1/16　**印张** 15.75　**字数** 283 千字

版次印次 2024 年 8 月第 1 版　2024 年 8 月第 1 次印刷

定　　价 52.00 元

前　言

2019年6月，中共中央、国务院印发《关于深化教育教学改革全面提高义务教育教学质量的意见》(简称《意见》)。《意见》要求教师课前要精准分析学情，指导学生做好预习，课上要优化教学方式，注重启发式、互动式、探究式教学，重视差异化教学和个别化指导，引导学生主动思考、积极提问、自主探究。枣庄市教育局与时俱进、高瞻远瞩，于2019年8月出台了《枣庄市教育局关于开展“新课堂达标”活动全面提高课堂教学效益的意见》(枣教发〔2019〕19号)，对新一轮的“新课堂达标”活动进行了系统设计、整体推进、规模提升，相继出台并实施《“新课堂达标”量化评价标准》《中小学课程纲要编制意见》《教案设计评议要点》《学历案编写指导意见》，启动了基于新课标的“教—学—评”一致性的“新课堂达标”活动。“新课堂达标”活动，作为新一轮的教育教学改革，不仅承载着推动教育质量提升的重任，更是实现人民满意教育的重要民心工程。

2005年9月，枣庄市教育局首次提出“新课堂达标”活动，以“课堂”为切入点，以“达标”为突破点，开启了长达十八年的教学改革探索。在过去的十八年里，课堂教学改革始终以课堂达标为根本，经历了四个阶段的课改历程。

第一阶段(2005—2008年)：“新课堂达标”活动起步。

2005年9月，枣庄市教育局出台了《关于进一步推进全市基础教育课程改革的意见》，在全市范围内启动中小学“新课堂达标”活动，此时之“标”，指向的是一种新课程理念下的预设课堂模型，立足课堂、聚焦课改，基本的改革路径是“课堂建模—学标练课—达标验收”。

第二阶段(2008—2012年)：“新课堂达标”活动全面深入。

2008年9月，枣庄市制定《普通中小学“新课堂达标”活动实施方案》，全面规划2008—2012年的达标活动策略，达标与素质教育、教学改革、教研活动和常规管理紧密结合，继续分层次开展学标、练标、达标，磨课、赛课、研课，以课堂建模推动课堂教学改革。

第三阶段(2012—2018年)：“新课堂达标”活动成果集群。

2012年8月，枣庄市启动了中小学优秀教案评选活动。“新课堂达标”成果集群以中小学优秀教案集成为标志。教案评选活动以课程方案为指导，以新修订的义务教育课程标准为依据，以“研课标、钻教材、磨教法”为主题，引领教师研究、钻研教案设计。

第四阶段（2019年至今）：启动新一轮“新课堂达标”活动。

2019年8月，枣庄市教育局启动了新一轮的“新课堂达标”活动。活动立足核心素养落实，以课堂为切入点，从课堂构成的各要素寻找改革的突破口，加强对教学目标、教学内容、教学方式、教学评价的研究，坚定不移地继续推行全员、全程、全方位实施课堂达标，打造基于校情的“教—学—评”一致性高效课堂。

笔者有幸作为枣庄市“新课堂达标”活动的首批立标人，亲历了“新课堂达标”活动的第一阶段“课堂建模—学标练课—达标验收”的整个过程，从首批“新课堂达标”活动立标人中脱颖而出，被评选为枣庄市首批课改标兵，成为课堂教学的排头兵。

在枣庄市“新课堂达标”活动全面深入的第二阶段，笔者作为枣庄市教学能手、骨干教师，又投身于薛城区推行的“三为主、五环节”课堂教学建模活动中。四年的时间，我在参与学标、练标、达标，磨课、赛课、研课活动中体会、感悟“以教师为主导、以学生为主体、以学生学会学习为主线”的“三为”主理念，践行“目标导学、自主探究、交流点拨、拓展构建、效果评价”的“五环节”课堂教学改革，转变教学方式和学习方式，积极探索高效的课堂教学模式。在此期间，笔者完成了山东省教育科学“十五”规划课题“小学品德与社会学科中的研究性学习研究”的主持工作，课题实验成果在全省推广。

在枣庄市“新课堂达标”活动成果集群阶段，恰逢笔者主持的山东省教育科学“十一五”规划重点课题“课堂教学中的问题诊断与对策”的实施阶段。笔者带领团队以新修订的义务教育课程标准为指导，以课题研究为抓手，引领课题组成员深入进行“新课程下课堂教学的现状、问题与对策研究”“新课程下课堂教学模式、策略与技巧研究”。课题组成员通过个人备课、集体打磨、课堂验证和课后完善等步骤进行新课程课堂教学设计研究。课题组教师设计的10余篇优秀课时教案获市级奖励，撰写的10余篇教科研成果在省级以上刊物上发表。

2005—2019年，笔者历经了枣庄市14年的新课程教学改革，从一名普普通通的乡村一线教师成长为枣庄市课改标兵、骨干教师、教学能手和山东省特级教师，一路走来，感受着、见证着，深切感受到了枣庄市教育局对课堂教学改革的信心、决心和恒心，也见证了课程改革给枣庄市教育所带来的巨大变化和效益。

第四阶段的“新课堂达标”活动依据前沿的课程教学理论，基于核心素养落实，借鉴华东师范大学崔允漷教授倡导的有效教学理念以及“教—学—评”一致性的课堂实践成果，通过理论成果嵌入、学科课堂实践，建构提质、增效、轻负的“基于课程标准的课堂实践模型”。这需要对教师从学科课程标准掌握、学期课程纲要编制、单元整体教学方案设计、课时学历案撰写、“教—学—评”一致性的课堂实施等方面展开专业训练，进而把握课堂结构，习得有效方法，实现专业提升。

笔者作为一名山东省兼职教研员、枣庄市兼职教研员，更有责任、有义务为枣庄市新一轮的“新课堂达标”活动出把力、流点汗，带着这份责任和使命，依据市教科院“新课堂达标”活动的文件要求，在各级领导的关爱、关怀、支持和引领下，于2020年10月成立了学科中心团队工作室——枣庄市小学道德与法治名师工作室，2021年6月成立了山东省特级教师工作坊枣庄市群组，旨在培养带动一批师德高尚、业务精湛、善于团队协作的优秀青年教师，培育学科领军人才和特级教师后备人才。工作室、工作坊自成立以来，紧紧围绕枣庄市教科院“一三四”的“新课堂达标”推进思路，把“新课堂达标”作为教学教研的主线，把“三学”（学理论、学规范、学典型）、“三研”（课标研读、纲要研磨、单元方案研制）、“三练”（练课、练学、练规范）作为推动工作的杠杆，扎实推进“教—学—评”一致性教学改革。

本书通过“新理念领航新课堂”“基于课程标准的学期课程纲要编制研究”“聚焦核心素养的单元整体教学设计研究”“指向高品质学习的课时学历案研制”“探索核心素养导向的‘新课堂达标’策略”“深化‘新课堂达标’　打造高品质课堂”六部分内容，展示了新一轮小学道德与法治“新课堂达标”活动阶段性的研究成果，并呈献给广大的小学道德与法治学科一线教师，供其学习、参考与借鉴，为其专业发展提供帮助。

著者

2023年12月

目　录

前言 …… 1

第一章　新理念领航新课堂 …… 1
第一节　新课标指引新航向 …… 1
第二节　新理念带给新课堂的新思维 …… 5
第三节　以学业质量标准为核心实现“教—学—评”一致性 …… 8
第四节　实现真实情境下的跨学科主题学习 …… 12
第五节　构建“以学为中心”的课堂 …… 16

第二章　基于课程标准的学期课程纲要编制研究 …… 21
第一节　科学规划学科课程　精心编制课程纲要
——以《道德与法治》三年级上册教材为例 …… 21
第二节　《道德与法治》(一年级上册)课程纲要 …… 31
第三节　《道德与法治》(一年级下册)课程纲要 …… 42
第四节　《道德与法治》(三年级上册)课程纲要 …… 50
第五节　《道德与法治》(三年级下册)课程纲要 …… 59

第三章　聚焦核心素养的单元整体教学设计研究 …… 68
第一节　指向核心素养的单元整体教学设计
——以《道德与法治》六年级下册“让世界更美好”单元为例 …… 68
第二节　二年级上册第一单元“我们的班级”教学设计 …… 73
第三节　二年级下册第三单元“绿色小卫士”教学设计 …… 80
第四节　六年级上册第四单元“法律保护我们健康成长”教学设计 …… 87

第五节　六年级下册第四单元“让世界更美好”教学设计 …………… 92
第六节　五年级下册第一单元“我们一家人”大单元教学设计 ……… 102
第七节　线上教育项目式跨学科学习案例
——探索海洋世界　爱护地球家园 ………………………… 113

第四章　指向高品质学习的课时学历案研制 ………………………… 121
第一节　设计“教—学—评”一致性的课时学历案
——以四年级下册第三单元“生活离不开他们”为例 ……… 121
第二节　“可爱的动物”学历案 ………………………………… 125
第三节　“我是一张纸”学历案 ………………………………… 129
第四节　“爱心的传递者”学历案 ……………………………… 136
第五节　“感谢他们的劳动”学历案 …………………………… 140
第六节　“互相尊重　守望相助”学历案 ……………………… 144
第七节　“改革创新谋发展”学历案 …………………………… 149
第八节　“中国为和平作贡献”学历案 ………………………… 155
第九节　“新时代新征程”学历案 ……………………………… 159

第五章　探索核心素养导向的“新课堂达标”策略 …………………… 167
第一节　基于素养导向的小学道德与法治单元整体教学范式的研究
——2022 年度枣庄市基础教育教学课改项目 ……………… 167
第二节　核心素养导向的学习目标的设计
——以《道德与法治》五年级下册第二单元为例 …………… 177
第三节　核心素养导向的评价任务的设计
——以《道德与法治》五年级上册第三单元为例 …………… 184
第四节　核心素养导向的大单元整体教学设计
——以《道德与法治》三年级上册第二单元
“我们的学校”为例 ………………………………………… 188
第五节　课堂教学中的问题诊断与对策
——山东省教育科学规划重点课题研究报告 ……………… 199

第六章　深化“新课堂达标”　打造高品质课堂 …………………………… 211
第一节　凝聚团队智慧　全力推进“新课堂达标” ……………………… 211
第二节　聚焦学科核心素养　推进学生深度学习
——小学道德与法治课堂教学行动研究 ……………………… 215
第三节　对话统编教材　倾听教师心声
——调研小学道德与法治教师使用统编教材的现状 ……… 222
第四节　以道德与法治课程为媒介　探究家校社合作新形态 ……… 229
第五节　做新时代有使命感的教师 ……………………………………… 232

后记 …………………………………………………………………………………… 237

第一章　新理念领航新课堂

第一节　新课标指引新航向

2022年4月21日，教育部新修订的《义务教育课程方案和课程标准（2022年版）》正式对外发布，这是继“双基”“三维目标”导向的改革后，以“核心素养”为导向而设计的教学标准。新的课程标准对义务教育阶段的高质量发展提出了新要求，从这一年开始，义务教育道德与法治新课程改革从此进入新航向，迈入教育改革核心素养新时代。本次发布的《义务教育道德与法治课程标准（2022年版）》（简称新课标）与2011年版的课程标准相比，突出了哪些新变化？提出了哪些新要求？设定了哪些新标准？

一、明确了道德与法治课程的根本任务

道德与法治课程是义务教育阶段的思政课。新课标对义务教育道德与法治课程功能的定位是以立德树人为根本任务，明确了道德与法治课程是落实立德树人根本任务的关键课程，发挥了课程的思想引领作用。

道德是成人之本。新时代，党和国家把立德树人作为教育的根本任务，旨在增强学生做中国人的志气、骨气、底气，为培养以实现中华民族伟大复兴为己任，有理想、有本领、有担当的时代新人打下牢固的思想根基。立德树人，只有“立德”，才能“树人”。学校必须把立德树人成效作为检验一切工作的根本标准。教师要围绕这个目标来教，学生要围绕这个目标来学。

《义务教育道德与法治课程标准（2022年版）》在课程理念中明确指出，道德与法治课程以马克思列宁主义、毛泽东思想、邓小平理论、“三个代表”重要思想、科学发展观、习近平新时代中国特色社会主义思想为指导，引导学生理解用马克思主义的观点、立场、方法去观察时代、把握时代，形成正确的世界观、价值观、人生观，践行和弘扬社会主义核心价值观，坚定理想信念，厚植爱国主义情

怀，增进对伟大祖国、中华民族、中华文化、中国共产党、中国特色社会主义的高度认同，把爱国情、强国志、报国行自觉融入坚持和发展中国特色社会主义事业、建设社会主义现代化强国、实现中华民族伟大复兴的奋斗之中。”课程以正确的政治方向为学生指明成长道路，有效发挥在落实立德树人根本任务中的关键作用。

二、提出了道德与法治课程的核心素养

《义务教育道德与法治课程标准（2022 年版）》在课程目标部分，按照先总述后分述的形式对道德与法治课程培育核心素养提出了新要求。新课标明确回答了“什么是核心素养”“道德与法治课程要培养的核心素养包括哪些要素”“这些要素对学生成长的意义”三个基本问题。

核心素养是课程育人价值的集中体现，是学生通过课程学习逐步形成的正确价值观，必备品格和关键能力。道德与法治课程的价值定位首先是立德树人，即引导学生“学会做人”“学会做事”，在“做人”“做事”的过程中提升学生思想政治素质、道德修养、法治素养和人格修养等。无论是“做人”还是“做事”，贯穿始终的都是学生道德与法治核心素养问题。《义务教育道德与法治课程标准（2022 年版）》提出：“道德与法治课程要培养的核心素养，主要包括政治认同、道德修养、法治观念、健全人格、责任意识。政治认同是社会主义建设者和接班人必须具备的思想前提，道德修养是立身成人之本，法治观念是行为的指引，健全人格是身心健康的体现，责任意识是担当民族复兴大任时代新人的内在要求。”新课标对每个核心素养的具体的表征和行为指标做了表述，五大核心素养既相互融通，又各有侧重，覆盖了道德与法治课程的全部内容，为培养有理想、有本领、有担当的时代新人奠定了思想政治、道德修养和人格发展的基础。

三、强化了道德与法治课程内容一体化设计

《义务教育道德与法治课程标准（2022 年版）》整合了《义务教育品德与生活课程标准（2011 年版）》《义务教育品德与社会课程标准（2011 年版）》《义务教育思想品德课程标准（2011 年版）》，按照德育一体化的要求，将义务教育分为四个阶段，根据学生身心发展的特点，对课程目标、核心素养进行学段分解，以此作为选择课程内容的依据，依据学段的课程目标和核心素养要求，再系统构建适合这个学段的课程内容。

道德与法治的学科主题包括道德教育、生命安全与健康教育、法治教育、中华优秀传统文化与革命传统教育、国情教育等。道德的形成是一个长期的、渐进的过程，为了体现学段衔接、循序渐进、螺旋上升的一体化的设计理念，道德与法治课程设计和教材编排分学段、按主题对内容进行科学设计，形成纵向衔接、逐层递进的一致性连贯体系。如第一学段第一学期特别设置的“入学教育”，就是针对一年级学生的特点开展的适应性教育。再如在小学三个学段，将中华优秀传统文化教育与革命传统教育合并为一个主题，而在初中学段，则不再单独设置“道德教育”模块，并将“中华优秀传统文化教育”和“革命传统教育”分别设置，这样就凸显了道德与法治课程在培养时代新人要求方面的独特贡献。这种设计方式也体现了学生成长的阶段性和不同特点，确保育人目标、课程内容、呈现方式等适应不同阶段学生发展的需要，有效实现了义务教育学段的统一性和进阶性。

四、研制了道德与法治课程学业质量标准

《义务教育道德与法治课程标准（2022 年版）》明确提出“学业质量是学生在完成课程阶段性学习后的学业成就表现，反映发展学生核心素养的要求”，强调“学业质量标准是以核心素养为主要维度，结合课程内容，对学生学业成就具体表现特征的整体刻画”。

在“双减”的时代背景下，学业质量标准可引导教师转变育人方式，树立科学的学业质量观。在强调教师教到什么程度的基础上，进一步关注学生学到什么程度。依据学生核心素养发展的水平，结合课程内容，整体刻画不同学段学生学业成就的具体表现，明确“学到什么程度”，引导和帮助教师把握教学的深度与广度。

在“学业质量”一章中，学业质量标准采取了“学段对应”与“主题对应”的方式，确立了道德与法治课程的学业质量标准框架。以“内涵”确定了学业质量标准是以核心素养为主要维度，结合课程内容，对学生学业成就的具体表现特征进行整体刻画。如第一学段（一至二年级）道德与法治课堂学业质量标准中这样描述：能够准确讲出中国的全称，知道国旗、国歌、国徽是国家的象征，能够认识中国版图，知道主要传统节日与纪念日的来历与含义，具有作为中国人的自豪感，能够识别道路交通和安全标识，具有一定的安全意识（政治认同、法治观念）；第二学段（三至四年级）道德与法治学业质量标准中这样描述：在地图上能够指出家乡所在省份和地理位置，了解中华优秀传统文化的代表性

成果，举例讲述新中国建设的伟大成就，对祖国未来充满信心，能够结合实例讲述维护国家统一与民族团结的意义，知道祖国领土神圣不可侵犯（政治认同、法治观念）。以上两段描述呈现的是学生在政治认同、法治观念等方面学习成效的典型特征，从学生的具体表现可以反映课程目标的达成度。在描述中，不同学段处于“显性”位置；不同主题的表现，则采取分号分隔的方式，在各学段中“隐性”呈现。对于不同主题的学业质量所要达到的核心素养目标，则采用了“综合式”的呈现方式。

五、创新了道德与法治课程评价方式

《义务教育道德与法治课程标准（2022 年版）》评价的基本原则是“坚持素养导向、坚持以评促学、坚持以评促教、重视表现性评价、坚持多主体评价”。核心素养形成的长期性和复杂性，决定了道德与法治课程评价要关注学生核心素养的形成过程，以及在形成过程中每个环节的具体表现。课堂评价、学期评价、学校评价都要基于真实的生活情境，重视表现性评价，以大主题、大任务的形式，考查学生的道德认知以及在学校、家庭和社会生活中的日常品行表现，全面考查学生的政治认同、道德修养、法治观念、健全人格品质和责任意识等方面的发展。关注学生的典型性行为，发现成长中的问题，分析和解决问题，合理运用评价结果，改进学习，增强自我反思、自我改进的意识和能力，更好地促进成长。

新课标倡导增值评价，强调道德与法治课程评价要围绕学生发展核心素养，充分利用信息技术，在各自起点或基础上进步、发展、转化、成长，并以此对学生个体进步作出评判，发挥评价的引导作用，提高评价的科学性、专业性、客观性。新课标坚持评价主体多元化，充分发挥教师、学生、家长、社区在评价中的不同主体的作用，开展学生的自我评价、同伴评价、小组评价、教师评价、家长评价等，发挥评价的诊断、激励和改善功能。记录学生在日常生活中的行为表现、情感、态度和价值观，把学生在家庭和社会生活中的日常行为表现作为道德与法治学习的结果，纳入道德与法治课程评价之中。把课程评价与学生日常行为表现结合起来，做到学以致用、知行统一。

道德与法治学科教师在课程进行过程中，要全过程、多方面、多层次、多维度获取学生的关键信息，从培育和发展学生核心素养的角度出发，制定评价量规，创新对学生的评价方式，充分利用现代化信息技术手段，特别是要注重使用以人工智能、大数据等现代信息技术为代表的新兴手段，侧重对学生日常行为表现的记录、统计和分析，把定性与定量结合起来，用科学性更强、专业性更高和客观性更充分的评价方式提升学生运用道德与法治学科核心素养解决问题的能力。

第二节　新理念带给新课堂的新思维

课堂教学是课程标准实施的核心与关键。《义务教育道德与法治课程标准（2022 年版）》的颁布与实施，体现了国家对思政教育的本质理解，对未来思政教育高质量发展的预设与憧憬。道德与法治课程目标的一体化设计，标志着我国道德与法治课教学走向培育“学生核心素养”的新时代。核心素养本位是道德与法治课程设计的总原则，为提升道德与法治教师文本研读能力和课堂施教能力提供了保障。

新课标以培养学生的核心素养为导向，落实立德树人的根本目标。新课标一经发布，就引发了老师们的研读热潮，在研读中，他们发现，新课标完善了培养目标、优化了课程设置、细化了实施要求、强化了课程育人导向、优化了课程内容结构、研制了学业质量标准、增强了指导性、加强了学段衔接。新课标是道德与法治学科教学的“指挥棒”，这些新变化对教师的教学行为、教学方法、教学手段提出了更高的要求。教师们只有真正理解了，才能不断更新教育理念、更好地施教，才能在教学实践中不断改进教育方法，跟上时代步伐。

一、价值引领，明确育人导向

道德与法治课程是义务教育阶段的思政课，《义务教育道德与法治课程标准（2022 年版）》体现了新时代培养时代新人的要求，在课程性质中有这样一段描述：“道德与法治课程是义务教育阶段的思政课，旨在提升学生的思想政治素质、道德修养、法治素养和人格修养等，增强学生做中国人的志气、骨气、底气，为培养以实现中华民族伟大复兴为己任的，有理想、有本领、有担当的时代新人打下牢固的思想根基”，从中可以感受到道德与法治课程是站在“立德树人、为党育人、为国育才”的高度，强调“为谁培养人、培养什么人、怎样培养人”这一教育的根本问题。

作为新时代的思政课教师，必须提高政治站位，不断提高自己立德树人的理论水平与专业素养，在教学的各个环节和各个方面，必须做到心中有人，坚持以学生成长为本。教师要在具体的生活实践与教学实践中发展学生的政治认同，加强学生的道德修养，增强学生的法治观念，健全学生的人格，培育学生的责任意识，担负起立德树人、培根铸魂的神圣使命。

二、观念突破，改变育人方式

新课标把学生不断扩大的生活与交往范围作为道德与法治课程构建的基础、内容整合的逻辑。课程以道德教育、法治教育、生命安全与健康教育、中华优秀传统文化与革命传统教育、国家安全教育等主题内容为横坐标，以成长中的“我”与自身，“我”与自然、家庭、他人、社会，“我”与国家、人类文明为纵坐标，以学生的真实的生活为基础，强化了道德与法治课程主干知识之间的内在关联、学科本质与内在逻辑，层次清楚、结构紧实，便于操作、易于落实。

根据道德与法治课程的一体化设计，教师要不断思考：如何利用道德与法治学科特有的优势，促进每一个学生的身心健康？教学中，教师要遵循学生身心发展规律、育人规律，以新课标为依据，坚持目标和问题导向，打通教学设计和教学实践的通道，密切联系学生的生活经验，切实将道德与法治学科核心素养的培养贯穿在课程的设计和实施中，不断探索多样的教学方式；要优化情境创设，引导学生开展自主探究和合作探究的学习方法；要让学生在案例式学习中，学会探究讨论，提高价值辨析能力；要在议题式、体验式、项目式等学习中，让学生学会参与体验，促进感悟建构，形成正确的价值观，增强规则意识，学会做事，学会做人。

三、知行合一，彰显核心素养

学科核心素养不是指学科具有的核心素养，而是学生在学习该学科的过程中，需要培养和具备的核心素养。道德与法治课程围绕政治认同、道德修养、法治观念、健全人格、责任意识五大核心素养，体现课程性质，反映课程理念，确立课程目标。政治认同是社会主义建设者和接班人必须具备的思想前提，道德修养是立身成人之本，法治观念是行为的指引，健全人格是身心健康的体现，责任意识是担当民族复兴大任时代新人的内在要求。这五个方面的核心素养既相互融通，又各有侧重，凸显了道德与法治课程在培养时代新人要求方面的独特贡献。教师是学习活动的组织者和引导者，在教学中要优化课堂模式，守正创新，既尊重教材，又创造性地使用教材，不断开发教学资源，丰富与时俱进的教学内容，灵活运用多种教学策略，引导学生在实践中学会学习。

强化认知，引导实践，实现知行合一。在日常教学中把校内小课堂同社会大课堂结合起来。要通过社会调查、参观访问等方式，为学生提供直接参与实践的机会，学生可从亲历实践中感悟道德力量，在实践中深化思想认识；要充分利用各类社会资源，使学生置身社会生活之中，在社会实践中拓宽自己的视野，感受社会的发展变化，解决社会生活中的现实问题，引导学生学会分享自己的经验，提升自己的能力，学以致用。

四、以生为本　优化课程内容

新课标强化知识间的内在关联，凸显思政学科的本质、方法以及内在逻辑。课程内容中的学习主题是结合不同学段学生的身心发展特点，以发展学生的核心素养为导向，设置大概念、大任务、大主题组织学生进行学习。课程内容部分明确了学习内容。教学提示部分提示教师组织教学活动时采取什么样的学习和教学方式。学业要求是指学生需要学到什么程度才能达到本学段的要求。教学时，教师应以“成长中的我”为原点，以学生实际生活为基础，遴选重要观念、主题内容和基础知识技能，精选、设计课程内容，优化组织形式。

五、科学评价　细化评价量规

新课标在课程评价方面取得重大突破，其最大亮点在于增加了学业质量标准。如何设计针对核心素养形成的评价体系，如何将核心素养与学业水平检测相结合，从而达到真正促进学生成长的效果，是每一位教师在新课标发布后需要认真思考的问题。

学业质量是学生在完成课程阶段性学习后的学业成就表现，反映发展学生核心素养的要求。学业质量标准作为学生学业成就水平表现的质量标准，是考查学生是否达到规定的学业水平的直接依据，是衡量教育质量高低的关键指标。课程培养目标要以学生为中心设计教学，厘清学业质量标准与学科素养之间的关系，制定评价量规标准。学生学业成就不是单方面的知识、技能，而是一个包含知、情、意、行的素养整体。制定评价量规，教师要在思考学生“学什么”的基础上，更加注重“学到什么程度”和“怎么学”的问题。在“双减”政策中，新课标中新增了“学业质量”一章，旨在让教师明白在不提高教学难度的原则下，明确“教到什么程度”。

学业质量标准使道德与法治课程评价从重知识评价转变为对学生核心素养的综合发展状况进行评价，着重评价学生在日常生活和学习中表现出来的思想政治素养、道德品行、法治观念，以及在真实情境与任务中运用所学知识分析问题、解决问题的能力。道德与法治学业质量标准不分水平等级，只有学段的质量描述，规定学生在每个学段学习结束之后达到的标准，注重学段之间的衔接，形成清晰的水平梯度。

六、精准实施　突出课程特色

新课标坚持目标导向、问题导向、创新导向，突出时代特点，对重大主题教育进行整体规划、系统安排，强化了课程的政治性、思想性、综合性、实践性，新课标顺应了时代发展的需求，顺应了教育教学的规律，也顺应了国家对人才的最新要求。

上好思政课，关键在教师。新课标倡导思政课教师要不断提高自己的理论水平和专业素养，按照政治强、情怀深、思维新、视野广、自律严、人格正的要求，坚持以学生成长为本，在具体的生活实践与教学实践中发展学生的政治认同，加强学生的道德修养，增强学生的法治观念，健全学生的人格，培育学生的责任意识。作为一线思政课教师，必须高瞻远瞩，理解新课标的内涵精神，创新教学思维，增强道德与法治课程的思想性、理论性、针对性，担负起立德树人、培根铸魂的神圣使命。“跂而望矣，不如登高之博见也”，只有高屋建瓴，才能尽好自身职责，将新时代的要求带给学生，为国家培养出有理想、有本领、有担当的人才！

第三节　以学业质量标准为核心
实现“教—学—评”一致性

教育部最新修订的《义务教育课程方案和课程标准（2022 年版）》中，首次明确提出了学业质量这一名词，与 2011 年版的课程标准相比，是一个旗帜鲜明的创新要求。《义务教育道德与法治课程标准（2022 年版）》指出，学业质量构筑于核心素养之上，是指学生在完成本学段课程内容的学习之后，核心素养应达到的实际水平。对于道德与法治学科教师而言，明确学业质量标准的具体要求是什么，在课堂教学过程中如何落实这些要求，是将核心素养融入课堂教学全过程的关键。一线教师如何用新的学业质量观引导教学，仍然存在许多问题，值得教育工作者进行思考和研究。

一、正确理解学业质量标准

首次提出的学业质量标准是本次课程标准修订的重大创新性成果。要深入理解学业质量标准这一新概念、新要求，必须准确把握学业质量标准在道德与法治学科中的功能定位，深入理解学业质量标准研制的整体思路，处理好学业质量标准与核心素养的关系。

（一）学业质量标准以学为中心

学生通过道德与法治课程的学习，是否实现了核心素养、实现程度如何，需要以学业质量标准衡量。学业质量标准是对学生在每一个学段要达到的素养总体的刻画，为评价改革提供了框架和依据。新课标以学为中心，立足课程内容，编制更符合教学需要的内容标准，为“教—学—评”一致性提供了依据。不少一线教师认为，评价与考试命题的依据是课程内容，即学科知识。而新的学业成就评价衡量的不再是学科知识，而是学生的行为表现。这种基于行为表现的学业质量标准告诉教师衡量学业成就关注的不再是知识本身，而是“人”和“育人”的效果。教师应弄清基于行为表现与基于学科知识的学业质量标准的根本区别，并在作业设计与检测中突出基于学生发展、基于核心素养的学业质量观。

（二）学业质量标准体现核心素养之间的整合

道德与法治课程包括道德教育、法治教育、生命安全与健康教育、国情教育等内容。在研制学业质量标准时，教师要对这些内容进行整合，故学业质量标准的同一行为表现，不仅反映不同的核心素养，也体现了不同的课程内容，还体现了核心素养与课程内容的有机整合，即在整合的课程内容上形成核心素养的综合表现。

学业成就不是单方面的知识、技能，而是一个包含知、情、意、行的素养整体。学业质量标准对学生道德品行和能力的可见、可测的具体表征，依据情境的复杂程度，在不同学段对知识技能的要求层次不同。如《义务教育道德与法治课程标准（2022 年版）》学业质量标准对处于第一学段（一至二年级）的学生在家庭和学校等生活情境中，能够遵守与他人的约定，正确使用礼貌用语，合作学习、共同进步，知道感恩，遵守课堂纪律和作息时间，维护学校秩序，入学适应良好，爱护公共设施（道德修养、法治观念、责任意识）。第二学段（三至四年级）：在学校和社会生活中，遵守社会规则（法治观念、道德修养、责任意识）。第三学段（五至六年级）：能够完成学习和作息计划，形成健康的生活习惯，能够用与生活相关的法律维护自己的合法权益(道德修养、健全人格、法治观念、责任意识)。科学描述不同学段的学业质量特征,保持学段的独特性和学段间的一致性、进阶性。

(三)学业质量标准化素养为可测可评的关键行为表现

学业质量标准是核心素养的具体化表达。核心素养是正确价值观、必备品格和关键能力综合而成的内在品质,具有内在的不可观测性。要把内在的不可观测的核心素养加以科学测评,就必须把核心素养转化为外在的可以观测的行为表现。这个行为表现必须具备两个特点:第一,它是可以观测的;第二,它必须是关键的行为表现,即能够突出反映某个核心素养的水平。学业质量标准既有认知操作方面的行为表现,又有真实生活中的行为表现,知行合一的特点非常突出。如学业质量标准第二学段(三至四年级):能够结合日常生活和集体生活践行社会主义核心价值观,爱护环境卫生,以恰当的方式表达对长辈和老师的感激之心,遵守待人接物的基本礼仪,能够与同学平等相处,与邻居和睦相处,关心家庭,积极分担家务劳动,遵守基本的网络交往道德规范(道德修养、健全人格、责任意识)。这段学业质量描述,既有认知方面的行为表现,又有对现实生活中的具体行为指导。把课程知识从课堂迁移到真实的生活情境,如果知识能够内化于心外化于行,就表明学生具备了这部分课程的核心素养。

学业质量标准标志着义务教育的教育教学彻底进入了有可操作性依据的"标准时代"。有了衡量学生学业质量水平的客观标准,教师就可以参照标准,检验学生的核心素养达成度,检验立德树人的实际效果。

二、学业质量标准有助于实现"教—学—评"一致性

《义务教育道德与法治课程标准(2022年版)》指出,学业质量标准旨在引导教师转变育人方式,树立科学的学业质量观。学业质量标准是指导评价与考试命题的基本依据。评价是指挥棒,学业质量标准引导教学方式变革,实现"教—学—评"一致性。

第一,明确素养本位的中心要求。在义务教育阶段,道德与法治课程承担了以德育人的作用,该课程需要立足学生本身,关注学生在不同情境条件下的行为规范,特别是在学校对待老师与同学、在家庭环境中对待父母及亲人时的人格品质与道德修养、法治素养。学业质量标准对处于不同学龄阶段的学生素

养形成明确了考察要求与标准，有助于实现“教—学—评”一致性。因此，把素养本位作为学业质量标准的中心点和落脚点，能够指导教师树立科学的教育质量观，在教育教学过程中完成立德树人的根本任务。

第二，学业质量标准是制定评价标准的“指挥棒”。道德与法治课程学业质量标准是对处于义务教育阶段的学生的思想品德、法治观念等综合发展情况进行评估评价，考察方式不仅仅局限于课堂环境，还应该重点突出学生在实际生活中的日常表现，特别是在真实情境中灵活运用以往所学知识，在新环境、新情境、新场景中分析与解决问题的能力。核心素养是制定学业质量标准的本源，学业质量标准则为制定测试标准提供依据。当前的道德与法治学业质量标准中不区分水平等级，针对不同学段划分了质量描述，注重衔接与梯度，以期望实现学生核心素养螺旋式上升。

第三，转变育人方式，促进实现“教—学—评”一致性。新标准作为指挥教育教学的号令旗，教育教学活动应根据新标准要求设计教学过程，优化教学方式，促进学生全面成长。在道德与法治课程学科教学中，坚持素质导向，促使教师转变教学观念，以评促教、以评促学、以评育人，将评价细化在教学的各个环节及全过程，将知识型教学转向素质型教学，回归教育育人本质，以学生为中心，突出学生的主体地位。在教学活动中，教师要采取多样化的方式方法，开展多种形式、富有特色的案例式、体验式教学，增强学生学习兴趣；在实践活动中注重与生活实际相结合，以参观访学、研学旅行等更具有沉浸感、体验感的活动满足学生学习需要。

三、基于学业质量标准开展学业质量评价

如何把学业质量标准融入课堂教学，在课程教学过程中开展学业质量评价，是用好学业质量标准的关键举措。这需要教师研读学业质量标准，解决好评什么、怎么评等问题，基于质量标准开展质量评价工作，用好学业质量标准这盏“指路灯”。

第一，挖掘核心素养的评价内容本质。学业质量标准作为评估学业质量的“试金石”，明确划分了义务教育阶段不同学期学段范围内学生核心素养应达成的目标要求，课程评价这杆“衡量尺”就是要对学生的核心素养的养成发展情况进行综合性、全方位的评价评估。具体到道德与法治课程的核心素养，主要涵盖了学生在爱国情怀、道德修养、法律法规、个人修养与社会公德意识等多个方面、多个维度的评价，是课程评价的重中之重。除此之外，课程的评价还需要贯

穿学生学习过程，考查学生的学习态度、对学习活动的参与程度，特别是对课程内容的灵活运用程度。道德与法治素养，既要关注课程学习，也要关注课堂之外，注重学生在日常生活中的行为习惯、道德修养，坚持立足核心素养主体，构建学校、家庭和社会多方参与的评价评估机制。

第二，优化评价目标方法，将结果导向评价转向过程性评价、表现性评价。以往的教学学业质量评价中侧重对学生知识掌握程度的评判，以考试成绩、考试分数衡量学生，这种评价方式不适用于道德与法治课程对核心素养的评价。道德与法治课程的培养目标是培育学生品德，实现以德育人的教学目的，不否认结果导向评价，仍需要完善评价方法，转向过程性评价和表现性评价。课程教学评价不仅仅局限于对知识点的考察，更多地侧重于学生日常表现、学习过程中综合运用知识能力等全过程评价。

第三，改善评价方式方法，对学生核心素养评价不仅仅局限于纸笔形式的考卷测评，应综合使用多种评价方法。传统形式的考卷测评侧重于对知识点的考查，未来转型需要面向真实情境进行试题设计，减少记忆性、背诵性、识记性题目的占比，增加更具开放性、无固定参考答案的问题设计，适当运用探究性试题让学生理解课程知识的同时运用到日常生活实践。道德与法治的教学评价除了纸笔测验之外，还可以综合运用课堂观察、小组访谈等多种形式，在课堂之上观察学生表现。借助与学生、任课教师、学生家长等的访谈，了解学生思想动态、行为规范，补足纸笔测验短板，增强评价的客观性与全面性。

第四，把评价融入教学全过程，运用多种层次结构的评价手段。道德与法治课程的教师在面向学生进行教学时，可以借助小组讨论、提问回答等形式手段来记录学生课堂表现，了解学生当前的学习状态，有针对性地调整课程教学，对于学生遇到的学习困难及时进行答疑解惑，借助对学生表现的记录及与学生的交流沟通科学评测学生在学习过程中对学习目标的达成情况，实现以评促教的功能目的。除了课堂评价之外，还可以运用富有特色的作业评价，课后作业要结合生活实际，使用更具有开放性的完成方式，如走访调查、制作短视频等，让学生在完成作业的过程中发展核心素养。

第四节　实现真实情境下的跨学科主题学习

近年来，学科融合教育在我国有了较快的发展，以长远眼光视之，学科融合教育是中国教育改革发展的大趋势，是不可阻挡的时代教育潮流。根据国家最新修订的关于义务教育阶段的课程方案和课程标准相关规定，学校在教学过程中各门课程的跨学科主题学习在整体的教学课程设计中应不少于10%的课时。这一要求体现了国家对于义务教育阶段课程设计的又一次重大突破，即由过去单一的学科知识传授向着更能激发学生综合素养和能力的跨学科课程育人方向转变，递进式建构了为党育人、为国育才的高质量育人体系。跨学科主题学习是培育有理想、有本领、有担当的时代新人的重要途径，是培养学生创新精神和实践能力的重要手段，是提高学生综合素质、提升人才培养质量的重要举措。

新课标如此强调跨学科主题学习，什么是跨学科主题学习？跨学科主题学习与各学科学习是什么关系？对于道德与法治学科来说，如何回应素养导向、综合育人、实践育人的时代要求，实现真实情境下的跨学科学习，成为学校和教师关注的热点。

一、明确跨学科主题学习的概念

华东师范大学课程与教学研究所安桂清教授指出，跨学科主题学习主要是指基于学生的素养发展需求，围绕某一研究主题，以本学科课程内容为主干，运用并整合其他学科的知识与方法，开展综合学习的一种方式。

北京师范大学教育技术学院董艳分析，跨学科主题学习强调个人在参与群体活动中，能够利用两个或两个以上学科领域的知识、信息、理论、方法等来探究具有真实意义的、具有难度和挑战的、与学科知识应用相关的问题，并能够整合相应的观点和思维，提出可行的解决方案，以促进学生对知识的深度理解。

按照新课标解读，跨学科主题学习是在解决某一个真实问题或任务的过程中所需的综合知识，包括综合运用知识技能、思想方法以及团队协作等能力，激发学生解决问题的意愿。

二、跨学科主题学习与各学科学习的关系

跨学科主题学习，有三个关键词：跨学科、主题、学习。“跨学科”，即立足某一门学科来主动跨界，实现课程间的主动关联。如何实现学科间的关联呢？答案是通过“主题”。主题是学生能够主动参与的、有情境的复杂问题。跨学科主题学习不能脱离学科而单独存在，应以学科核心知识和思想方法为主干，围绕一个中心主题、任务、项目或问题，超越传统学科界限，开展综合性学习活动，解决真实问题，实现不同学科之间的意义关联与知识重构，促进学生核心素养和高阶思维的发展。因此，跨学科主题学习更需要强调课程内容与学生经验、社

会生活的联系，强化学科之间的课程整合。例如，《道德与法治》五年级上册“古代科技　耀我中华”的第二课时“改变世界的四大发明”，根据教学内容和教学实际进行了跨学科教学设计。在进行跨学科主题学习时，以道德与法治学科核心知识和思想方法为主干，综合运用语文、信息技术等学科的相关知识和方法，聚焦道德与法治“政治认同”“责任担当”核心素养，围绕我国古代的四大发明对我国及世界文明发展产生的影响这一主线，运用信息技术学科的多媒体手段，直观地感受四大发明的重要影响作用，体会科技的不断发展。通过自主合作探究，了解中国四大发明的成果及其意义，引导学生在探究、体验和思辨的过程中感受文化的力量，为中华民族创造的文明成就感到自豪。

跨学科主题学习并不是对多个主题的单一叠加与介入，而是通过教师筛选、提炼，明确教育核心问题的有价值的教学活动。通过挖掘与各课程契合的教育教学资源，建立对老师的教和对学生的学的清晰的认知路径，从而能够很好地实现课程目标。在学生的最近发展区设定真实的学习情境、设问，鼓励学生深入学习，在跨领域的学习模式中体验跨学科知识之间联系和融合。

小学道德与法治跨学科学习是培养学生学科核心素质的有效途径，是推进课堂教学变革的重大措施。教师以道德与法治学科知识为基础，通过合理的跨学科整合，培养学生综合利用各学科知识，多角度、全方位、多维度地处理实际问题的良好思维习惯，从而达到课程教育目标的有效实现。

三、基于学科立场，设计跨学科主题学习活动

科学合理的跨学科主题学习活动设计必须坚持学科立场，从学科核心思想出发，依据课标选择适合作为跨学科主题学习的内容，注重学科实践，关注协同教学，才有利于打破学科界限，让学习回归真实生活，真正培养学生解决复杂问题的能力。如《道德与法治》四年级上册第四单元的学习主题“变废为宝有妙招”与综合实践学科的“垃圾处理学问大”这一课所讲述的内容有很强的关联性。在学期初，道德与法治老师在设计跨学科主题设计时，与学校的综合实践教师协同，立足道德与法治第三学段“责任意识”中的“了解自然是我们共同的家园，懂得保护环境、节约资源”的课程目标解读教材，将两课内容进行有机融合。在共同研讨过程中，各位老师各抒己见，围绕“责任意识”这一核心素养，确定主题学习的目标与重难点。在设计“垃圾分类我宣传”“垃圾分类我能行”“废品创意我设计”教学活动时，各位老师都提出了自己的想法，最后结合大家的意见，从学生的身心发展水平出发，制定跨学科主题学习方案，引导学生通过对周

围环境污染等问题的关注与探究，认识垃圾是放错位置的资源，在生活中践行变废为宝，增强学生的实践与动手能力；在不断反思中学会过低碳生活、绿色生活，增强学生的实践与动手能力和环保意识。

道德与法治跨学科主题学习要根据道德与法治课程的培养目标，整合与不同学科的内在联系，依据学情挖掘与各课程契合的教育教学资源，选定真实有效的探究主题。例如，立足道德与法治具有政治性、思想性、实践性和综合性的课程性质，围绕“德育”主题开发校本课程，挖掘和拓展德育资源，通过纵向整合，对跨学科德育课程进行了整体规划，设计了以“我与自然”（一年级）、“我与家庭”（二年级）、“我与学校”（三年级）、“我与社会”（四年级）、“我与国家”（五年级）、“我与世界”（六年级）跨学科主题学习的内容。每年级一学年设定两个主题，分别侧重知识与品格，每个主题安排 6 个左右的探究活动，完成一个主题大约需要 8 周时间。学生从教室走向自然、家庭、社会，直接切入问题发生的真实情境中。丰富多元的实践探索成为学生积累知识、发展能力、形成素养的重要途径，为培养出有理想、有本领、有担当的时代新人打下坚实的思想基础。

四、实现真实情境下的跨学科主题学习

创设有利于学科融合的真实情境。跨学科主题学习的主题应该是真实的、来自生活情境的、有现实意义的、复杂开放的、能够用多种方式探究的问题。如进行二年级上册“欢欢喜喜庆国庆”这一主题教学设计时，教师通过播放歌曲《今天是你的生日》导入新课，在教学过程中插入《义勇军进行曲》《国旗国旗真美丽》《国家》等歌曲，体现了对音乐学科的融合。主题内容与学生一年级语文学科中学过的课文《升国旗》相结合，配乐朗诵诗歌《升国旗》也体现了对语文学科的融合性。引导学生动手画一幅欢度国庆的画，把情感体验与动手能力相融合，思想教育与美术学科相融合。根据本课时教学内容，与综合实践活动相融合，实地参观铁道游击队纪念馆，让学生身临其境，谈收获、谈感受，在真实情境中学生的情感得到潜移默化，有效实现立德树人的效果。这样就打破了学科边界壁垒，将道德与法治教材知识，与语文、音乐、美术、综合实践等学科相关知识及学生已有的认知体验、生活情境、场地有效链接，构建与学习内容相关联的学习场景，让学生在真实场景中经历发现问题、提出问题、分析问题、解决问题的过程，让他们在真实情境中感悟知识、发现知识、创造知识、应用知识，获取核心素养。

重视凸显学科融合的亲身实践。学生走进真实课堂，调动已有的知识储备观察、分析，运用自己的头脑去思考、讨论并确认，在探究过程中主动理解和建构知识，培养合作能力，提高实践能力，体验到自信、乐观的积极情感，享受学习成长的快乐，促进学生全面发展、健康成长，实现做中学、用中学、玩中学、悟中学、共同学。

树立学科融合的育人理念。跨学科主题学习具有独特性和科学性，凸显了教育本质和创新人才培养本质，但在实践中面临着诸多困难。教师应树立多学科协同的育人理念，进一步研究跨学科学习主题的设计与实施路径，重视凸显学科融合的实践展示，巩固学科融合实践成果，在课堂、教研组等多种场合及时展示，才能有效推动“跨学科主题学习”这一新课改理念的积极落实。

五、基于核心素养的跨学科学习质量评价

跨学科主题学习指向真实情境的问题，很多时候是开放性的，没有标准答案的，也很难把学生的创造能力、合作能力、批判性思维能力等绝对量化出来。开展跨学科主题学习的目标是“发展核心素养”，核心素养是行为表现的依据与引领，行为表现是核心素养的“出口”与发展途径；核心素养只能通过植根于情境的“表现性任务”而评价，标准化测验则鞭长莫及，所以不能沿用过去的纸笔测试的方式，可以以表现性评价为主，运用多种评价方式作为补充。学生完成“表现性任务”的过程既是评价过程，又是教学与学习过程，学生通过在日常学习过程中持续表现核心素养而发展核心素养。

第五节　构建“以学为中心”的课堂

“以学为中心”正在成为当前课程改革、课堂教学改革的高频词。它是“以学习者为中心”的一次再深化和迭代升级。新课标背景下，“以学为中心”就是坚持素养导向，突出学科实践，指向真实情境的学习；是以大概念统领，大单元呈现，大任务驱动，用学习逻辑来缝合基于学科逻辑与生活逻辑的知识，让学生在学习中建构专家思维。“以学为中心”聚焦的是学生的学习世界，通过教师的学习设计促进学生的真实学习和深度学习。教师在“以学为中心”的教学中有着不可替代的作用，在设计“以学为中心”的教学时，应该注意以下几点。

一、“以学为中心”的教学要充分考虑学生的已有经验

当代建构主义认知论认为，知识既不是通过感觉也不是通过交际被动获得的。知识是由认知主体积极建构的，是通过新旧经验的互动实现的。教师组织教学活动应以生为本，以满足学生的学习需求为出发点，关注学生的学习兴趣。如三年级上册“快乐学习”单元，学生在接受这一单元新知识之前，经过低年级段的学习，已经积累了一些学习经验，对快乐学习有自己初步的看法，并形成了一些好的学习习惯。到了三年级，学生随着课程内容的加深，学习任务的加重，学习又面临新的挑战，对学习有时会存在着狭隘的理解，学习动机还需进一步明确，对学习方法的掌握还需加强，已经形成了初步的知识体系但还需要升华。教学时，教师要引导学生交流成长中的趣事，展示成长中的收获，这样既调动了学生的生活经验，还提供了一条回忆经验的时间线索，引导儿童反思、整理生活经验，思考学习与成长的关系。

学生“原有经验”是教师进行教学设计的源泉与指向标，是学生德育发展的起点。教师从认知、情感、心理和方法等学习的维度，以学生的认知为基础，充分利用学生已有的知识经验进行“以学为中心”的设计。学生通过教师引导、自主构建等不断习得新生经验，而新生经验的创生最终是为了实现在情境中的经验迁移。

二、“以学为中心”的教学应符合学生的思维发展

“以学为中心”的教学不仅要按照一定的逻辑顺序展开，而且要考虑学生的认知顺序，需要遵循从易到难、循序渐进的教学规律。《义务教育道德与法治课程标准（2022年版）》按照思政课一体化的要求，整合了《义务教育品德与生活课程标准（2011年版）》《义务教育品德与社会课程标准（2011年版）》，统一进行了内容设计，统筹课程性质、课程理念、核心素养、课程目标、课程内容、学业质量、课程实施等相关内容，分学段进行了科学设计，建立了学段衔接、循序渐进、螺旋上升的课程结构，为“以学为中心”的教学提供了有力支撑。

“以学为中心”的教学理念符合学生的思维顺序。道德与法治课程以“成长中的我”为原点，将学生不断扩大的生活和交往范围作为建构课程的基础；遵循学生身心发展特点和成长规律，按照大中小学德育一体化的思路，依据我与自身，我与自然、家庭、他人、社会，我与国家和人类文明关系的逻辑，不断扩展学生的认知和生活范围，以螺旋上升的方式组织和呈现教育主题，整体构建学习内容。

三、“以学为中心”的教学强调任务与活动相结合

新课程理念提倡学生通过探索问题、完成学习任务、进行各种探索活动而获得知识。“以学为中心”的教学强调知识与问题，学习任务与学习活动的结合，强调探索问题和完成学习任务时将知识的产生和应用的情景融合在一起，让知识的学习变得有意义。如《道德与法治》四年级上册第一单元“与班级共成长”中的“我们班规我们定”的知识点是“了解班规的作用、知道班规制定和修订过程，具有班级规则意识”。本课所蕴含的新思想是班规的制定过程需要民主。通过本主题学习培养学生的民主意识和公民意识。教师为学生进行学习设计时，根据本课的知识点引发学生思考：什么样的班规才能让大家心服口服地去接受并自觉遵守？带着这样的问题让学生纷纷发表自己的见解。在学生讨论、交流的基础上组织学生开展制定班规的模拟活动，引发学生深层次的思考：班级规则制定出来后，最重要的事情是什么？通过开展“遵守班规之星”的评选活动，让学生懂得应该如何遵守班规。这种以问题为中心的设计形式可以让学生持久地进行广泛而深入的探索。

学习任务应与学生的生活世界密切相联系，这样有利于学生充分利用已有的知识和经验，主动积极地去探索。学习活动与学习任务的设计要充分考虑学习的类型、学生的思维、非智力因素与创新能力培养，注意学习过程的设计、学习方法的运用、学习原则的选择。

四、“以学为中心”的教学要引导学生自主探究

以教为中心的教学方式只注重分析知识之间的关系以及直接呈现知识内容。“以学为中心”的教育理念要求教学设计要注重给学生的思考和探索留下空间，引导学生自主制定学习计划，自主选择学习方法，自主评价学习效果，培养学生的自主学习能力。设计三年级上册第二单元“我们的学校”中第6课“让我们的学校更美好”学习主题的第二课时“我为学校出点力”时，为了让学生认识到作为学校的一员，有责任去关心学校事务，教师可组织学生分小组完成“校园值得改进的地方调查报告”，学生可以用照片、采访、文字等形式记录，然后采用汇报的形式分享各小组的调查结果，对大家共同的校园生活空间有针对性地提出问题与建议。教师在整个教学过程中不必干涉学生的探究活动，除非学生在活动中完全偏离了学习的方向。学生探究时，教师要记下那些在讨论中新发现的概念，给予学生必要的支持和鼓励。引导学生关心学校，增强学生对学校

的责任感。教师应引导学生多方面思考，在不同的情境中找到解决问题的最优方法。

五、“以学为中心”的教学要创设合作机会

“以学为中心”的教育理念要求在学习过程中提倡协同教学，通过小组讨论、合作、探索、分组辩论等解决问题，这需要师生之间、生生之间的合作。

例如，三年级上册第二单元“我们的学校”中第 6 课“让我们的学校更美好”的第二课时“我为学校出点力”，学生分组汇报调查结果后，教师可以引导学生对这些调查报告进行再思考，进而开展“向校长信箱投建议”的活动，以班级为单元把建议提交给校长；还可鼓励学生合作设计行动方案或写一份《致全校学生的倡议书》，通过改变自己或他人的行为，促进学校的变化，用实际行动履行责任为学校发展作贡献。

再如，教学三年级上册第二单元“我们的学校”第 6 课“让我们的学校更美好”第一课时“我们的成长天地”时，教师不唱独角戏，把活动权交给学生，让他们充分地交流、讨论、动脑、动手、反思、体验。这不仅是学生学会解决问题的需要，也是学生自身成长的需要。在师生的合作探究中，为学生提供不同的观点和思路，从而促进学生对在学校学习的重要性有反思性的认识和多视角的思考。从解决问题的角度看，合作能发挥各自的特长，学会利用集体的智慧解决问题。从培养学生健全的人格看，合作可以促进对人与人相互依赖关系的认识，有助于形成合作、宽容、开放的品格。

六、“以学为中心”的教学要创设合理的情境

“以学为中心”的教育理念呼吁教师要充分利用教学情境，充分发挥学生学习的创新性。从教学需要出发，营造生动活泼、富有挑战的学习情境，激发学生的学习兴趣和动机，促进学生主动参与。创设与教学内容相适应的具体场景或氛围，引起学生的情感体验，帮助学生迅速正确地理解教学内容，促进他们的心理机能全面和谐地发展，让学生在情境中积极参与实践，发挥学生学习的创新性。例如：教学二年级下册第三单元“绿色小卫士”第 9 课“小水滴的诉说”一课时，教师可以收集一些青山绿水的照片和一些严重缺水地区居民艰难生活的照片，通过这些真实的生活情境图片，让学生身临其境感受缺水地区人们生活的困苦，从人与自然关系的视角认识到水不仅是一种可利用的资源，而且是与人类、世界万物休戚与共的生命共同体；联系我国水资源状况的实际，引导学生认

识水的珍贵;了解从个人到社会节约水的方法和举措,再结合学生的生活实际,激发学生爱惜水资源的情感,用实际行动做到有创意地珍惜水、节约水。这里的创造性,重在引导学生有不断改进生活的热情与追求,养成一种积极、主动的生活意识;引导学生从生活的细节入手,在具体的生活事件中进行创新尝试,培育全方位的创新意识,以实现在生活的创新中成长的目的。

七、“以学为中心”的教学强调尊重学生的主体地位

“以学为中心”的教育理念关注学生的个性差异,倡导启发式教学和探究式学习,鼓励学生积极参与、主动表达和自主探究,培养学生的创新精神和实践能力。在实践中,“以学为中心”的教育思想要求教师转变观念,改革传统的教学方式,勇于创新,大胆设计,精心组织,创设生动活泼的、为学生所喜闻乐见的情景,激发学生的求知欲,使学生在愉快的情境中接受知识、内化情感,积极主动地学习和思考,在思考过程中把外在的知识内化为自我的思想和行动,体现自我的价值。

教育的根本目的在于促进学生的学习和发展。在素养的视角下,“以学为中心”的教学设计要改变传统的课堂为中心、教师为中心、教材为中心的教学模式,关注个体学生的内在需求、动机、主体地位,建立积极的课堂关系和氛围,让学生通过主动探索、自主建构知识的学习方式来学习知识和解决问题,增强学生在学习过程中的价值感和意义感,促进学生在日常课堂中习得素养。

第二章　基于课程标准的学期课程纲要编制研究

第一节　科学规划学科课程　精心编制课程纲要
——以《道德与法治》三年级上册教材为例

学期课程纲要以提纲的形式一致性地呈现一门课程一学期的目标、内容、实施和评价这四个基本要素，一致性地回答该课程的目标、内容、实施与评价的问题。

一个完整的学期课程纲要一般涵盖三项内容，即一般项目、课程元素、所需条件。一般项目包括学校名称、课程类型、设计教师、适用年级、课时、设计日期等；课程元素包括课程目标、课程内容、课程实施、课程评价等；所需条件是为顺利实施该课程，学校需要提供什么样的条件等。

本节以《道德与法治》三年级上册教材为例，重点从课程元素来探讨如何编制学期课程纲要。

一、撰写课程背景

每个学科都有各自学科的性质、特点、理念。编制课程纲要应在理解课程性质和基本理念的基础上叙写课程背景。

道德与法治的学科性质：提升学生思想政治素质、道德修养、法治素养和人格修养等，增强学生做中国人的志气、骨气、底气，为培养以实现中华民族伟大复兴为己任的，有理想、有本领、有担当的时代新人打下牢固的思想根基。

道德与法治课程的基本特征：政治性、思想性和综合性、实践性。

道德与法治课程的基本理念：以立德树人为根本任务，发挥课程的思想引领作用；遵循育人规律和学生成长规律，强化课程一体化设计；以社会发展和学生生活为基础，构建综合性课程；坚持教师价值引导和学生主体建构相统一,建立校内与校外相结合的育人机制;综合运用多种评价方式,促进知行合一。

在进行背景分析时,应从新课标的相关内容,即本册教材编排内容、本册内容与前后内容的联系及学生已有经验、认知规律、学习能力等方面对课程背景进行分析。

(一)新课标的相关要求

三年级上册教材从学生的健康成长、学生的学校生活、学生的社区生活、学生的家庭生活四个内容领域来设计。每一个内容领域在新课标中都能找到明确的表述。

撰写课程背景的主要依据:《义务教育道德与法治课程标准(2022年版)》《关于培育和践行社会主义核心价值观的意见》《完善中华优秀传统文化教育指导纲要》《青少年法治教育大纲》及中国学生发展核心素养框架等。

(二)本册教材的内容

本册教材根据“学习生活”“学校生活”“安全成长”“家庭生活”四个生活领域,设计了“快乐学习”“我们的学校”“安全护我成长”“家是最温暖的地方”四个单元。每一单元呈现出来的是学生感兴趣、有话可说、有话想说的话题,学生进入其中,与教材一起去实现一种对话与动态建构的过程。每单元再设三个主题:每个主题2~4个栏目,每个栏目2~3个层次。

(三)本册教材内容与前后内容的联系

三年级教材聚焦儿童健康成长中的学习问题和安全问题,同时承接低年级段关于家庭、学校两个生活领域的内容,低年级的学习中,学生对家庭生活已有了初步的认识和情感体会。需要增进学生对家庭情感的理解,帮助学生理解父母的爱,并在行动上进一步引导学生把对父母的爱现实化、具体化。这一注重家庭关系的主题,构成了三年级家庭教育的完整内容。

学习问题和安全问题构成了本册教材两个主要的学习主题。一方面针对学生学习过程中出现的学习不自信,学习不得法的情况;另一方面也从学习观的角度,帮助学生树立全面、正确的学习观,为学生形成良好的学习行为、学习习惯打下基础,为四年级的以班级为单位的学校生活内容做好铺垫。

(四)学生的学习能力分析

三年级的学生已经初步具备了搜集整理资料的能力、解决问题的能力、与他人合作完成学习任务的能力等。三年级学生需加强安全防范意识,增强自我保护能力。“说说我们的学校”“走近我们的老师”“让我们的学校更美好”构成了学校生活学习主题，学生能根据“学习主题”的提示，课前进行信息搜集，并对搜集的资料进行分类整理，针对学校学习生活中的现象或实事，能提出问题、查询资料、访问调查。在调查访问中学生需有一定的合作能力，这需要老师有意识地培养。在解决问题的过程中也需要老师的指导，以培养学生的责任感和创新意识。

编写时，教师应在理解道德与法治学科课程性质、特征和基本理念及主要依据的基础上叙写课程背景；清楚地知道本册教材的编排内容并熟悉本册内容与前后内容的联系；根据道德与法治学科特点，认真分析学情；了解学生已经具备的能力以及有待提高的能力，明确本学期道德与法治课需要特别培养学生哪些方面的素养。

二、撰写课程目标

（一）匹配学科素养

课程目标是课程的灵魂，是评价学生学业发展状况和发展水平的依据。学期纲要中的目标指向的是通过一个学期的学习之后关键结果的变现，它既不是宏大的培养目标，也不是学完一节之后达成的某个具体教学目标。它是对学生通过课程的学习后能够做什么的明确描述。是课程要实现的具体目标和意图，最终指向核心素养和学科能力。教师在撰写学期课程目标时，要深入研究新课标，研读学科核心素养的内容维度、内涵要义、内在联系，明确核心重点，把握实践要求。

（二）细化学科素养，明确课程目标

制定聚焦学科核心素养的课程目标，要以反映学科特质、学科结构、学科情境的知识为教学载体，以真实情境下的知识迁移、创新运用为策略途径，以思维方法与思维品质的实践与提升为目标导向，以关键能力、必备品格、正确价值观的提炼与升华为价值追求。因此，教师在撰写学期课程目标时，心中要始终装着课程总目标，将学科核心素养进行整体分析与解构，通过分层次、分阶段的形式具化到每个教学单元中，再细化到每堂课的教学目标中。制定学期目标，采用学段目标和学期分目标两个层级分述。以分目标中各个组成部分的达标，保证总目标的实现。

1. 本学段目标

三年级属于第二学段，其学段目标见表 2-1。

表 2-1　小学道德与法治第二学段核心素养与目标

核心素养	本学段目标
政治认同	· 初步理解社会主义核心价值观的要求，在日常生活和集体活动中加以践行
道德修养	· 掌握基本的交往礼仪，懂得个人成长离不开社会和他人的支持与帮助，诚实守信 · 孝敬父母，尊重师长，体会父母的养育之恩和师长的辛劳
法治观念	· 具有规则意识并学会遵守规则 · 知道法律能够保护自己的生活
健全人格	· 初步认识和体验人的生命是可贵的，珍惜生命 · 能够识别消极情绪，学习调节情绪的方法 · 做事有耐心，在克服困难中增强自信心 · 学会适应环境的变化
责任意识	· 主动参与力所能及的家务，学会承担家庭责任 · 热爱集体，积极参与集体活动和民主管理，有互助意识

2. 本学期目标

三年级教材以学校生活、家庭生活、社区生活为基础，让学生通过对生活的感受，获得对家庭、学校、社区的初步认识，树立最基本的社会公德意识、责任意识。掌握基本的交往礼仪，懂得个人成长离不开社会和他人的支持与帮助。面对学习问题和安全问题，知道该做什么，不该做什么，培养学生的道德判断能力。

3. 学期课程目标的编写要求

(1) 按核心素养或“新三维”来叙写。小学道德与法治的核心素养包含政治认同、道德修养、法治观念、健全人格、责任意识等几个方面，最终还要落实到学生良好的品德、正确的法治观念、健康的生活习惯上。核心素养诠释了 21 世纪的教育目标，为课程改革指明了方向。因此，教师在叙写目标时一定要关注道德与法治的学科核心素养。

(2) 叙写的目标要明确、具体可评价。尽可能根据本班、本校学生的实际状况和需求进行设计。如三年级上册第一单元“快乐学习”主题中的叙写目标是：结合具体情境，通过体验活动、小组合作学习等分享学习的快乐，交流学习方法，感受学习知识的乐趣；通过自主参与各种实践活动，养成自主学习的习惯；通过案例分析，正确对待学习中的困难，学会化解消极情绪，初步掌握适合自己的学习方法。

(3) 制定上述目标,其行为主体是学生。道德与法治课程强调学生在活动中的体验、感悟和探究,注重的是学生在活动中应该有什么收获,而不是教师应该完成什么任务。行为动词准确、明确、可测量、可把握。例如,知识目标中的"学会、知道";能力目标中"养成、初步掌握"等这些行为动词层次分明、指向明确、操作性强,便于达成和检测,减少课程实施过程中目标实现的落差。"体验活动、小组合作学习、实践活动"等行为条件是具体的,明确了辅助手段或工具、提供信息或提示、时间的限制等。行为程度要有层次。目标规定的标准,例如"初步掌握适合自己的学习方法"是"下线",是学生所需具备的最基本的能力,是绝大多数学生通过努力能够达到的。

(4) 陈述方式要规范。一个目标的陈述、主干句通常会包含一个动词或一个名词,找出表述学习结果的关键动词,找出内容标准中关于学习过程的学习内容,找准其中的核心名词,如通过什么方式(路径),了解掌握什么(知识),提高什么(能力),养成什么(情感态度价值观)。如三年级上册第二单元中的"走进我们的老师"这个主题的学习目标:回忆最近两年来与老师发生的故事,观察记录老师一天的工作,了解老师的日常工作,感悟老师的辛苦,引发对老师感谢、理解的情感;通过分享案例,学会处理和老师之间的矛盾与误会;通过调查、访问、制作感谢卡等方式,增进与老师的情感,进而更加尊重和热爱老师。

三、撰写课程内容

课程目标确定后,为了实现目标就要学习与之相关的课程内容。课程内容是课程目标的具体化,是课程理念的重要载体,是新课标的核心部分,也是教学评价的主要依据和参考。道德与法治的课程内容框架结构由道德教育、生命安全教育、法治教育、中华优秀传统文化与革命传统教育、国情教育等主题构成,采用"同心圆"扩大建构。

(一) 从教材简析、单元结构、活动内容三部分阐述

(1) 教材简析应从整册教材分析来总体认识教材,从单元教材分析来分层了解教材。

(2) 单元结构从单元内容、结构特点两方面进行分析。

(3) 活动内容包括单元专题、教学内容、教学重难点、活动安排、课时安排等。教学重难点可以按单元也可以按主题来写。

例如，第一单元“快乐学习”主题中，设计了以下活动。

体验活动：制作千纸鹤体验学习的快乐。

采访调查：大人为什么终身学习。

探究活动：探讨学习的好经验、好方法，在全班分享。

（二）编写要求

（1）编写时，教师应总体把握教材内容的难点、重点。课程内容或活动安排要求重点明确，按从易到难的顺序排序；涉及选择哪些内容与怎样组织这些内容，处理好均衡与连续的关系。

（2）编写时，教师可根据具体目标、内容、条件、资源的不同，选用并创设丰富多彩的活动形式，设计侧重于有学生主体参与的体验、探究、交流研讨等实践性教学活动，把预设内容与活动的生成性结合起来。

（3）编写时，可根据学校和学生的实际，依据教材的编排，因地制宜地调整教学内容、必要时可对教材内容进行删、减、合、增、换，以此拓展教学空间。

四、撰写课程实施

课程实施是以课程内容为载体，教师创造性地设计教学活动，帮助学生达成学期目标，让学生学会知识技能、学会方法策略，最后内化为学科素养。叙写时可从课程资源、教学活动、学习活动、实施建议等四个方面来阐述。

（一）课程资源

（1）《义务教育道德与法治课程标准（2022 年版）》《青少年法治教育大纲》等。

（2）教材学材：《道德与法治》三年级上册配套练习册。

（3）教师用书：《道德与法治·教师教学用书》三年级上册。

（4）学生资源（学生的生活经验和感受）。

（5）合理利用和挖掘多种社会资源。例如，学校师生、学生家长、社区人员等资源，本地区的传统节日、文化活动、社会公益活动等，学生生活中发生的一些受骗、溺水、违反交通规则的事例等，国家和地区的一些重要事件或突发事件等，网络、电视、电影、广播、报纸、杂志等信息。

（6）利用校内环境设施和校园网络、图书馆等，结合少先队活动、主题班会、课外活动小组、文体活动、校本课程等，丰富和拓展本册教材的内容。

（7）因地制宜利用社区环境资源，如商店、公园、校外教育基地等社会公共设施和场所及区域自然景物、人文景观等。

(二) 教学活动

依据道德与法治学科特点，从教学的实际和有利于教师选择运用的角度出发，根据三年级学生的年龄特点和认知规律，可以选择的主要教学方式有以下几种。

1. 对话

以话语作为中介的一种交流活动，是道德与法治课课堂最常见的教学形态，表现为提问、回答、发表见解、质疑、辩论等行为。如第二单元“说说我们的学校”设计了这样的谈话：你最喜欢的校园一角是哪里？在这里发生过哪些事情？看到这一角，你会想到些什么？

2. 讲故事

以故事情节或主人翁的形象去感染学生，该方法在道德与法治课程教学中的作用不可小觑。讲故事作为教学活动，可以有多种形式：可在课堂中穿插一个或几个，可以把讲故事与角色表演相结合，可以是教师讲，也可以是学生讲，讲身边的真实的故事。

3. 讨论法

在教师的指导下围绕问题或现象发表和交换意见。选择有讨论价值的内容、选择难度恰当的内容、鼓励学生敢于发表不同意见。如教学“让我们的学校更美好”时，组织学生讨论“是否可以在家利用电脑学习而不去学校上学”教师应善于捕捉讨论中反映出来的问题，及时引导评价。

4. 参观法

学生在教师有目的的引导下获取直接经验，开阔眼界、增长知识、发展实践能力。如教学“平安出行”时，让学生走出校门，来到学校附近的十字路口，近距离观察违反交通法规的人，跟随他们到交警大队，看案例、听交警讲交通安全。深切体会平安出行的重要性。

5. 情景模拟或角色扮演法

通过直接参与和体验，学生可获得身临其境的感觉，进而获取经验与知识。道德与法治学科教学的主要目的是让学生懂得做人的道理。情景模拟或角色扮演法有利于突破教学重难点，让学生在轻松愉快的生活场景里、现实背景下获得感受和新体验，获得道德认知和感悟，在潜移默化中达到教育的目的。

6. 游戏法

游戏是个体自愿的认知和嬉戏活动，伴有愉悦的情绪体验，是具有一定规则的社会性实践活动。游戏是学生喜闻乐见的活动形式，可使学生在愉快的情境中参与学习过程、探求内化知识、增加体验。

7. 访谈法

访谈就是研究性交谈，根据被询问者的答复收集客观的、不带偏见的事实材料。访谈可以是一对一，也可以是一对多。如教学“走近我们的老师”这一主题时，学生可通过采访老师，了解老师真实的工作，进而理解老师，产生敬师、爱师的情感。道德与法治课程中进行的访谈，可以扩大学生交往空间、锻炼人际交往技能，有利于学生社会性的发展和多种能力的提升。

8. 操作性、实践性活动

学生通过实验、操作、演示、实习等方式，亲身经历基本的科学探究过程，学习科学探究方法、掌握基本的探究技能、发展科学探究能力，形成尊重事实、探究真理的科学态度，培养探究精神和创新意识。这对于磨炼道德意志、强化道德行为、引导学生进行自我教育以及养成良好的习惯具有重要的作用。

（三）学习活动

《义务教育道德与法治课程标准（2022 年版）》指出，学生是学习的主体，教师要通过创设任务情境或问题情境，激发学生主动学习和探究的兴趣，鼓励他们大胆尝试解决问题的方法。当前所讲的“核心素养”也要求学生学会自主性的合作学习。

1. 体验学习

体验不仅对学生的感性认识学习有帮助，而且在培养学生积极正向的情感、意志、态度和价值观方面有着独特的作用。体验学习的重要价值不在于学会某种操作方式、获得某种技能，而在于每个人在活动中获得的真实感受，教师要尊重和接受学生在活动中的不同感受，成功的体验会使学生增强自信，失败的体验对学生也同样重要。这种内心体验是形成认识、转化行为能力的原动力。这也是三年级教学最常用的一种学习活动。

本学期设计了多次体验活动，如学习“我学习，我快乐”一课时，学生制作千纸鹤，体会学习制作的快乐；学习父母多爱我，课前让学生连续一周观察父母每天为自己做了哪些事，把每天重复做的事进行标注。课上让学生回忆并表述，同时还让一名学生家长录制了她从早到晚一天忙碌的情景，学生倾听、观看后思考父母为子女所做的日常事件背后的意义，引导学生走进父母的内心世界，去发现爱、感受爱、理解爱、辨析爱。在“激情明理”这一环节，有些学生含着眼泪告诉老师，自己的父母太辛苦了。如果学生课前不仔细观察，很难真切地体会到父母的辛苦，也就不能触动其情感的内化。

2. 探究学习

一般来说，所有的活动都直接或间接具有探究的性质，这里所说的探究活动是指直接探究，如观察、调查、搜集、整理等。探究学习的意义在于学生的探究过程。对同一问题采用不同的探究方式表现了学生的创造能力和带有个性特征的思维方式。多数主题活动都需要学生在课前搜集相关信息或资料，为课堂上汇报交流做好准备。教师通过提出若干问题，提示收集、整理和交流资料的要点，避免学生不假思索地摘取资料。

根据本学期的教学内容，共设置三次调查活动，调查成年人终身学习的情况、调查了解教师的工作情况、调查了解家庭成员的工作情况。调查之前，教师要为学生自主探究和解决问题提示方法和步骤，避免放任学生进行盲目而低效的探究活动。

为了让学生了解所居住环境周围的交通情况，教师带领学生来到学校旁的十字路口进行实地勘察，让学生记录一段时间内违反交通规则的人次，与学校附近的交警进行面对面的交流，深层次了解人们违反交通规则的种类及原因，并共同探讨解决的办法。这样的实践，能够让学生了解社会中的人与事，在考察与统计中对交通事故的发生有更明确的认识，从而对遵守交通规则的重要性理解得更深更透。让学生积极参与社会实践，体验社会生活，在与各种社会环境、社会活动和社会关系的交互影响中受到教育，并在此基础上养成良好的行为习惯，形成基本的道德观、价值观和初步的道德判断能力。

（四）实施建议

（1）从本班学生的生活实际出发设计教学。教与学要植根于学生的生活，以学生生活中的现实问题为抓手，以实际生活案例为依托，真正满足学生真实的道德需求。建立学习小组，通过体验学习、探究学习，解决他们真实的道德困惑。

（2）理解教材的设计意图。教材中的留白设计，如图标内容、阅读角、知识窗等栏目，需要学生去观察、操作和探究，教师要把活动权交给学生，让他们充分地交流、讨论、动脑、动手、反思、体验。

(3) 实实在在做到知行合一。引导学生把教材中的内容通过自主阅读、小组讲述或表演等形式，自然而然地理解其中蕴含的规则、法理等，使教学从课堂延伸到更广阔的生活领域，利用教材的开放性设计贯穿学校日常德育活动，深化或拓展教学重点，实现课堂与日常德育的良性互动，知行合一。

(五) 编写要求

(1) 编写时，教师要写清楚所选择的教与学的方法，明确表述学习活动的组织与安排。叙写要含有方法、组织形式、场地、设备、班级规模等。

(2) 课程的教学活动方式形式多样，每一种活动都有其适用的范围和价值。编写时应有效选择适宜的教学活动，叙写出如何通过如体验学习、探究学习、问题解决学习、小组学习等教学活动方式来保证目标达成度的。

(3) 编写时应以学生道德生活为基础，以活动为引领，学习方式要灵活多样、收放有度，鼓励学生大胆质疑，尊重其个性，满足不同层次学生发展的需要，给每一位学生适合的教育，促进每一位学生健康成长。

五、撰写课程评价

课程评价是落实目标的关键要素，是为检测学生是否达成目标而设计的评价任务，用以反馈学生的学习过程及结果。根据道德与法治的学科特点和本学段学业质量成就表现，坚持素养导向，坚持以评促教、以评促学、以评育人的原则，重视表现性评价和多主体评价。从价值观念、学习态度、过程表现、学业成就等多方面、全过程地对学生核心素养的综合发展状况进行评价，兼顾学生学习态度、参与学习活动的程度以及对课程内容的理解应用水平；着重评价学生在日常生活和学习中表现出的思想政治素质、道德品行、法治观念，以及在真实情境与任务中运用所学知识分析问题、解决问题时所表现出的核心素养发展综合水平。

学业质量标准是指导评价与考试命题的基本依据。运用观察、访谈、作业、纸笔测试等方法全面获取和掌握学生核心素养发展的相关信息。重视学生道德修养、法治观念、规则意识、行为习惯等方面的进步，发挥以评促教、以评促学、以评育人的价值引领作用。

第二节　《道德与法治》(一年级上册)课程纲要

一、课程背景

(一)《义务教育道德与法治课程标准(2022年版)》的相关要求

《道德与法治》一年级上册教材以儿童的生活为基础，结合儿童的认知特点，将社会主义核心价值观内容、中华优秀传统文化和法治意识教育有机渗透在活动主题中，彰显儿童生活中的德育要素，引导学生了解道德和法律的基本规范，培养良好品德和法治意识。更好地影响学生的人生价值观、审美价值观和道德价值观。新课标对一年级上册教材的内容要求见表2-2。

表2-2　新课标对一年级上册教材的内容要求

学习主题	第一学段内容要求	核心素养内涵
入学教育	·上学了，感受自己身份的变化，初步了解学校的环境 ·知道课堂常规，学会整理书包和准备学习用品。学会自己的事情自己做 ·能制定出切实可行的目标，认真完成自己承担的任务 ·合理制定学习和作息计划，生活有规律 ·尊敬师长，对师长有礼貌 ·喜欢和同学、老师交往，高高兴兴地学，快快乐乐地玩 ·融入集体生活，爱护班级荣誉	·道德修养(个人品德：明礼遵规、自强自律、团结友爱、热爱劳动) ·健全人格(积极向上：有效学习、热爱生活、积极进取)
道德教育	·乐于探究，在学习与生活中遇到问题时能够想办法解决，提高动脑动手能力 ·知道社会主义核心价值的观念，能记住社会主义核心价值观 ·能看到自己的成长和进步，学会正确对待自己的学习成绩 ·欣赏他人的优点，并以此激励自己不断进步 ·关心他人，乐丁与同伴合作、分享	·健全人格(自尊自信：正确认识自己；理性和平；树立正确的合作与探究观念，学会处理与他人的关系) ·社会公德(文明礼貌、相互尊重) ·政治认同(价值取向：践行和弘扬社会主义核心价值观)
生命安全与健康教育	·认识道路交通标志，掌握报警的基本常识 ·能够识别公共环境中的安全标识，安全有序使用和爱护公共设施 ·学会发现和识别身边的安全隐患，保护自己 ·学会用适当的方式化解自己的消极情绪 ·养成良好的饮食和个人卫生习惯 ·爱护家庭、学校和公共环境卫生	·健全人格(自尊自信：珍爱生命，能够自我调节和管理情绪) ·道德修养(个人品德：自强自律；社会公德：爱护公物、保护环境)

表 2-2（续）

学习主题	第一学段内容要求	核心素养内涵
法治教育	· 知道学校生活有规则，树立规则意识 · 讲信用，守约定，承诺的事情要做到	· 法治观念（守法用法意识和行为：树立法治意识，养成守法用法的思维方式和行为习惯）
中华优秀传统文化与革命教育	· 了解中华民族勤俭节约的传统美德，养成不浪费的习惯 · 尊敬父母长辈，体贴家人，承担力所能及的家务劳动	· 道德修养（家庭美德：践行以尊老爱幼、勤劳节俭为主要内容的道德要求，做家庭的好成员）

（二）本册教材中编排的内容

一年级是儿童学校生活的开始，学校生活空间由此进入儿童的生活世界，并对其整体的生活世界产生空间与意义上的巨大影响。如何适应自己生活的巨大变化，是儿童面临的最大生活问题，也是本册《道德与法治》教材的核心教育主题。

本册教材以“适应儿童现实生活为起点，帮助儿童实现高质量的幸福生活”作为一以贯之的编写线索和基调，围绕“适应新生活”这个主题展开，深入浅出地寓道德观念和行为习惯要求于生动活泼的具体形象之中。教材设计了“我是小学生啦”“校园生活真快乐”“家中的安全与健康”“天气虽冷有温暖”四个单元。每单元有四课，每课有 2～4 个栏目，每个栏目下设 2～3 个层次。前三个单元沿着“去上学—在学校—回到家”这一日常生活的叙事逻辑展开。第四单元则是根据天气变化以及在这段自然时间内的社会时间（节日）和心理时间（成长）组织与安排的。

总体而言，儿童生活将由原来的自然状态进入一种“文化式”“文明式”状态，由原来依循自然需要的生活方式，转为一种有目的的理性生活方式。因此，适应生活方式的转变，顺利开启另一种存在样态，是一年级学生生活引导中的重大主题。道德与法治课程一年级上学期的教育主题，就是适应新生活，帮助儿童顺利实现这种转变。

（三）与一年级上册《道德与法治》教材有纵向联系的单元内容

与一年级上册《道德与法治》教材有纵向联系的单元内容见表 2-3。

表 2-3 与一年级上册《道德与法治》教材有纵向联系的单元内容

生活领域话题	本册内容	其他册内容
自我成长 公共生活	一上:我是小学生啦 适应学校生活	一下:我们在一起 乐群、分享、合作、互助
学校生活	一上:校园生活真快乐 适应学校生活	二上:我们的班级 有初步的集体生活的意识
家庭生活	一上:家中的安全与健康 上学后家庭生活的调整	一下:我爱我家 基本家庭生活观
自然生活 国家生活	一上:冬天的保健	一下:我和大自然 二下:试种一粒种子 二上:欢欢喜喜庆国庆节 二上:团团圆圆过中秋

(四)学习能力

一年级是儿童品德、智力、生活能力形成和发展的重要时期。有些父母为了让孩子尽快适应新生活,在入学前已经有意识地培养孩子自己的事情自己做的习惯,按时作息的习惯,与他人交流、合作、分享的能力;懂得了最基本的文明礼仪和行为规则。但一部分孩子在情感态度、行为习惯方面缺少自我控制能力,注意力不易集中,上课不能认真倾听他人的发言,不会动脑思考问题,动手能力差等。为了促使学生养成良好的生活、学习习惯,树立正确的人生观、价值观和道德观,教材根据孩子的年龄特点及认知规律,在学习方式、学习习惯和学习态度上重点培养学生。

围绕"如何发展儿童判断、选择、适应、超越的能力,以争取个人幸福、适应新生活"的教育主题,突出教材的生活指导意识,发展儿童对幸福生活的感受能力和创造能力。一方面,通过现实情境的捕捉和再创造,让儿童感受生活的美好和快乐,激发学生热爱生活的情感;另一方面,通过引入儿童生活中的典型问题,鼓励儿童在探寻问题解决方案的过程中,参与生活、创造生活,展示儿童多样化的个性和丰富的智慧,培养积极乐观的生活态度及道德判断能力。

二、课程目标

（一）本学段课程目标

新课标对第一学段课程目标的要求见表 2-4。

表 2-4　新课标对第一学段课程目标的要求

核心素养	本学段目标
政治认同	· 知道社会主义核心价值观
道德修养	· 知道健康生活、卫生习惯的基本常识和要求 · 懂礼貌、讲诚信，守约定，不撒谎，与同伴友好相处 · 爱护家庭、学校和公共环境卫生，爱护公物，遵守公共秩序
法治观念	· 遵守学校纪律，维护课堂秩序 · 了解生活中的规则，知道在生活中人人都应遵守规则，具有初步的规则意识 · 了解生活中基本的安全常识，掌握常用的求助信息
健全人格	· 热爱生命，懂得自我保护，远离伤害 · 体会成长的快乐，能够看到自己的进步和不足，学会欣赏他人的优点和长处 · 能够感知自己的消极情绪，知道可以向老师和家人寻求帮助
责任意识	· 学会自己的事情自己做，减轻父母的负担 · 热爱学校和班集体，积极参与学校和班级活动，有集体荣誉感，能够关心和帮助他人 · 亲近自然，爱护动植物

（二）本学期学习目标

（1）通过比较小学校园生活与幼儿园生活的差异，感知角色的转换，体验到上学的快乐，能尽快地适应、喜欢小学生活，并融入校园生活中。

（2）通过辨析活动、模拟演练等方式，熟悉新老师、新同学，喜欢和他们交往，知道结交新朋友的方法和技巧。尊重国旗，会唱国歌。初步树立安全及遵守规则的意识，学习保护自己。

（3）通过角色扮演、听故事、看视频等活动，懂得课本的来之不易，爱惜书本、爱惜书包，学会整理书包，珍惜学习用品，知道自己的事情自己做，知道保护图书的简单方法。

（4）通过观察、讨论、访谈等方式，了解、熟悉校园环境以及学校设施等，尝试利用学校中的设施解决自己的一些问题。了解、熟悉学校生活的规律、规则，懂得并遵守学生生活的规则与纪律，逐步适应并喜欢上校园生活。知道玩耍的安全常识，要健康、有节制地玩耍。

（5）通过观看视频、实践活动等，知道在家庭中安全与健康方面的一些基本知识。掌握一些意外伤害的基本处理方法和救助办法，形成安全意识，提高自我保护的能力。知道合理搭配饮食，懂得健康的身体与合理饮食息息相关。明白力所能及地做些家务是自己的责任，也是锻炼自己的机会。

(6) 通过观察和观看视频，了解季节变化对自己生活的影响及冬季易发疾病的相关知识，能够积极适应变化，亲近自然、欣赏自然，快乐健康地生活。

(7) 通过参与班级庆元旦活动、调查、访问等活动，了解元旦和春节的来历及相关民俗，感受新年的文化内涵，初步体会“新年”的意义。

(8) 通过回顾一学期的学校生活，发现自己和同学的成长和变化，进一步认识自己和同学。知道自己的进步离不开他人的帮助，愿意制作“小礼物”并送给他人表达美好的祝愿和感谢。

三、课程内容

（一）教材简析

本册教材始终站在儿童生活的立场上，将体系化的要求渗透于儿童生活的逻辑之中，设计思路是以儿童的生活为基础的，沿着儿童生活不断变化与发展的逻辑展开，是真正反映儿童成长需要的教材。

第一单元“我是小学生啦”，是一年级教科书的起始单元，是为了帮助学生顺利地从学前生活过渡到学校生活，从而情绪稳定、心情愉快地学习。第二单元“校园生活真快乐”，是在学生学习第一单元已经认识到自己的角色和身份发生了转变的基础上，结合入学教育，帮助学生顺利过渡，适应学校生活。第三单元“家中的安全与健康”，其定位主要是家庭，主题一和主题三侧重于安全，主题二和主题四侧重于健康，旨在帮助学生形成安全意识，提高自我保护的能力，养成良好的饮食习惯和作息习惯，学会健康生活。第四单元“天气虽冷有温暖”，通过感受冬季的自然特点，帮助学生了解季节变化对生活的影响，在欢度新年中引导学生对新生活充满希望和憧憬，帮助他们感受生活的美好和快乐。

（二）单元结构

本册教材根据“自我成长、公共生活”“学校生活”“家庭生活”“自然生活、国家生活”四个领域，设计了“我是小学生啦”“校园生活真快乐”“家中的安全与健康”“天气虽冷有温暖”四个单元。

第一单元主要针对学生学校生活的开始这一重大事件，引导学生以积极的心态适应学校生活这一新的生活形式。这里的空间逻辑是从家庭到学校，隐含着孩子身份的重大转变，包括对自己角色的认同与适应。

第二单元主要围绕学生适应学校这一新的生活空间及其中重要的生活事件展开，主要目的在于引导学生认识与了解自己的新校园，增进对校园及学校生活的亲近感，为学生积极愉快地适应制度化学校生活打下基础。

第三单元主要引导学生了解家庭生活，特别是有学校生活介入后的家庭生活的变化：由自然的家庭生活状态，进入到文明健康、安全愉快、自主治理的家庭生活状态。本单元的教学意图，在于提升学生家庭生活的品质，使家庭生活在学生"上学后"发展为一种积极向上、讲究文明与自治、注重安全与健康、与学校生活相协调的状态。

第四单元引导学生了解季节变化对自己生活的影响，从而积极适应变化，亲近自然、欣赏自然。引导学生了解新年的文化内涵，初步体会新年的文化意义；引导学生回顾本学期的学校生活，对新学期自己的成长抱有美好的期待。

（三）活动内容

一年级上道德与法治课程内容及活动设计见表 2-5。

表 2-5　一年级上道德与法治课程内容及活动设计

单元主题	课程内容		活动设计	课时安排
第一单元 我是小学生啦	1. 开开心心上学去	・上学啦，真高兴 ・爱新书，爱书包	・游戏活动：击鼓传花说伙伴、网小鱼 ・实践活动：小书包找朋友 ・榜样故事：交朋友 ・采访活动：访学校教工人员 ・模拟演练：按照规则做 ・辨析活动：这样安全吗	12 课时
	2. 拉拉手，交朋友	・我的好伙伴 ・"网"到一个新朋友 ・好友大搜索 ・认识你真好		
	3. 我认识您了	・我的老师 ・我还想认识…… ・该请谁来帮帮我 ・这样做对吗		
	4. 上学路上	・不同的上学路 ・这样安全吗 ・路上的温暖 ・交通"信号"要知道		

表 2-5（续）

单元主题	课程内容		活动设计	课时安排
第二单元 校园生活真快乐	5. 我们的校园	·校园探秘 ·这个地方很特别 ·我最喜欢的地方	·探究活动：参观学校 ·实践活动：我们的升旗仪式 ·体验活动：我最喜爱的课间游戏 ·小组合作：共同完成一项学习任务 ·辨析活动：这样做好吗 ·榜样故事：课堂作业认真做	12 课时
	6. 校园里的号令	·神秘的指挥 ·铃声告诉我 ·升国旗了 ·保健节拍		
	7. 课间十分钟	·我喜欢的课间游戏 ·玩个课间小游戏 ·课间还要做什么 ·这样做好吗		
	8. 上课了	·课前准备好 ·多提问题勤举手 ·大家一起学 ·课堂作业认真做		
第三单元 家中的安全与健康	9. 玩得真开心	·放学回家玩什么 ·这样玩好吗 ·你会跟它们玩吗 ·开个玩具交流会	·创新活动：生活中，我有新玩法 ·角色表演：食物的营养 ·体验活动：摸一摸热水杯 ·实践活动：制定作息时间表 ·辨析活动：这样吃好吗	12 课时
	10. 吃饭有讲究	·干干净净吃饭好 ·我在餐桌上 ·食物的诉说 ·这样吃好吗		
	11. 别伤着自己	·在家会有危险吗 ·危险是怎么发生的 ·受伤了怎么办		
	12. 早睡早起	·几点睡，才合适 ·没早睡，真糟糕 ·早点睡，按时起 ·我能一个人睡		

表 2-5（续）

<table>
<tr><th>单元主题</th><th colspan="2">课程内容</th><th>活动设计</th><th>课时安排</th></tr>
<tr><td rowspan="4">第四单元
天气虽冷有温暖</td><td>13. 美丽的冬天</td><td>·冬天在哪里
·不一样的冬天
·冬天真好玩</td><td rowspan="4">·探究活动：寻找冬天
·创新活动：我班的元旦联欢会
·体验活动：我准备这样过春节
·实践活动：制作贺卡、送祝福</td><td rowspan="4">12 课时</td></tr>
<tr><td>14. 健康过冬天</td><td>·冬天不怕冷
·冬天的保健
·快快好起来
·冬天有温暖</td></tr>
<tr><td>15. 快乐过新年</td><td>·欢度元旦
·开个元旦联欢会
·大家一起过春节
·多样的传统新年</td></tr>
<tr><td>16. 新年的礼物</td><td>·新年的收获
·收获哪里来
·新年心愿</td></tr>
</table>

四、课程实施

（一）课程资源

（1）《义务教育道德与法治课程标准（2022 年版）》《青少年法治教育大纲》《关于培育和践行社会主义核心价值观的意见》《完善中华优秀传统文化教育指导纲要》《教育部关于全面深化课程改革 落实立德树人根本任务的意见》及党的十八大以来中央有关德育的其他文件。

（2）教材学材：《道德与法治》一年级上册。

（3）教师用书：《道德与法治 · 教师教学用书》一年级上册。

（4）配套资源：与教材配套的同步训练。

（5）可开发利用的资源：挖掘来自儿童自身、学校、家庭、社区、社会、网络的音频、视频、文字、图片等资源，让课程资源更加丰富。

（二）教学活动

儿童获取知识的主要途径是通过活动主动进行建构的，而不是依赖教师的直接传授。通过引导儿童主动参与各类活动来进行教与学，是本课程教学的一大特点。教师是儿童学习的支持者、合作者、指导者。教师是为儿童创设适宜的活动环境与条件的支持者；与儿童共同进行活动的合作者；在参与儿童活动的过程中，引导活动向正确方向发展，带领儿童向着课程目标前进的指导者。

教学活动中，教师可采用故事教学、情景模拟、角色扮演、案例研讨、法治辩论、价值辨析等多种教学方法，引导儿童通过观察、调查、讨论、参观、访问、游戏、演练、交流等与问题对话、与同伴合作、与老师互动，来获得对自然、社会、学校、家庭的亲身体验和感受，获得丰富的知识或经验，获得创造性和实践能力的发展。

（三）活动实施及安排

一年级上道德与法治课程活动实施与安排见表 2-6。

表 2-6　一年级上道德与法治课程活动实施与安排

时间安排	课程内容	主要学习活动	主要学习方法	组织形式
1～4 周 12 课时	第一单元 我是 小学生啦	·参与游戏：击鼓传花说伙伴、网小鱼 ·唱儿歌童谣：交通信号儿歌 ·参加实践活动：小书包找朋友 ·听榜样故事：绘本《交朋友》 ·设计采访活动：访学校教工人员 ·体验模拟演练：按照规则做 ·进行批判反思：这样安全吗	·游戏法 ·访谈法 ·情景模拟法 ·角色扮演法 ·练习法 ·体验学习 ·探究学习 ·问题解决式学习 ·小组合作学 ·讨论法 ·参观法	·个人自主学习 ·同桌合作学习 ·小组分工协作 ·集体参与学习 ·家长协助学习 ·开方式学习
2～8 周 12 课时	第二单元 校园生活 真快乐	·设计探究活动：参观学校 ·参加实践活动：升旗仪式 ·参与体验活动：我最喜爱的课间游戏 ·参与小组合作：共同完成一项学习任务 ·进行批判反思：这样做好吗 ·学习榜样故事：课堂作业认真做		
9～12 周 12 课时	第三单元 家中的安全 与健康	·设计创新活动：生活中，我有新玩法 ·参与角色表演：食物的营养 ·参与体验活动：摸一摸热水杯 ·设计实践活动：制定并执行作息时间表 ·进行批判反思：这样吃好吗		
13～16 周 12 课时	第四单元 天气虽冷 有温暖	·参与探究活动：寻找冬天 ·设计创新活动：我班的元旦联欢会 ·参加体验活动：我准备这样过春节 ·进行实践操作：制贺卡、送祝福		

（四）实施建议

课程目标是本课程的宗旨和价值导向。在教与学的过程中应全面把握目标，始终把培养品德良好、乐于探究、热爱生活的儿童作为教学的出发点和最终目标。重视儿童的精神成长及深层次的态度、观念、思维方式、情绪情感发展；重视儿童的真实体验与良好行为习惯的形成；保护儿童的好奇心，培养实践能力，特别是创造能力发展，确保课程目标的全面实现。

以活动为教与学的基本形式，让儿童成为活动的主人。关注儿童的实际生活，关注儿童的兴趣与需要，关注儿童成长过程中的困惑与问题，从中捕捉有教育价值的课题作为教与学或课程的生长点，提高教与学的实效性。活动形式要服务于内容，符合儿童的生活经验、认识能力、学习方式等，引导儿童积极地参与、发表自己的见解，发展儿童的自主性、思考与判断能力，让活动真正成为儿童的活动。

从本校本班学生实际出发，制定有针对性的切实可行的"学期课程纲要""单元学习方案""课时教学设计"。

五、课程评价

（一）评价的目的和原则

评价的根本目的是激励每个学生的发展，促进每个学生的品德发展与生活能力提升。评价依据《义务教育道德与法治课程标准（2022年版）》《青少年法治教育大纲》等文件的相关规定，进行多元、开放、整体的评价。

（二）评价的内容和方法

评价以质性评价为主，量化评价为辅，重视学生在新课标所规定的课程目标和课程内容方面的个性化表现。

本学期总评成绩＝过程性评价（60％）＋终结性评价（40％）

一年级上道德与法治课程评价见表2-7。

表 2-7　一年级上道德与法治课程评价表

<table>
<tr><th colspan="7">过程性评价(60分)</th></tr>
<tr><th colspan="2">评价维度</th><th>评价标准</th><th>评价要素</th><th>评价主体</th><th>评价方法</th><th>评价说明</th></tr>
<tr><td rowspan="5">政治认同
道德修养
法治观念
健全人格
责任意识</td><td>情感与态度</td><td>·爱亲敬长,爱集体、爱祖国
·珍爱生命,热爱自然</td><td>·能从语言及行动上表达出爱的情感</td><td>·教师评
·自己评
·小组评</td><td>·观察
·访谈
·问卷</td><td>·优秀 6
·良好 4
·合格 2</td></tr>
<tr><td>行为与习惯</td><td>·初步养成良好的生活、卫生习惯
·具有规则意识,养成基本的文明行为习惯</td><td>·学习用品放整齐
·言谈举止文明、卫生习惯好</td><td>·家长评
·教师评
·伙伴评</td><td>·观察
·访谈</td><td>·优秀 6
·良好 4
·合格 2</td></tr>
<tr><td>知识与技能</td><td>·掌握自身必需的基本知识和基本技能
·具有与同伴友好交往、合作的基本方法和技能
·了解生活中的自然常识</td><td>·基本知识能说出
·基本方法会运用
·基本技能已掌握</td><td>·教师评
·自己评
·小组评</td><td>·观察
·问卷
·访谈</td><td>·优秀 6
·良好 4
·合格 2</td></tr>
<tr><td>体验与感悟</td><td>·具有初步的探究能力
·体验提出问题、探究或解决问题的过程
·喜欢提问和探寻问题的答案</td><td>·认真倾听、主动交流、积极参与等
·积极参与课前、课堂或课后的体验、探究、实践等活动</td><td>·教师评
·家长评
·小组评</td><td>·观察
·查阅资料袋</td><td>·优秀 6
·良好 4
·合格 2</td></tr>
<tr><td>实践与创新</td><td>·喜欢动手动脑,乐于创造
·能根据需要动手做简单的道具、小物品等来开展活动
·学习简单的调查研究方法</td><td>·积极参与课前、课堂或课后的材料收集或整理
·创造性制作作品及成果展示等</td><td>·教师评
·家长评
·小组评</td><td>·查阅资料袋
·作品分析</td><td>·优秀 6
·良好 4
·合格 2</td></tr>
<tr><th colspan="7">终结性评价(40分)</th></tr>
<tr><th colspan="3">评价项目</th><th colspan="2">评价主体</th><th colspan="2">评价方法</th></tr>
<tr><td colspan="3">纸笔测试</td><td colspan="2">教师评</td><td colspan="2">期末测试</td></tr>
</table>

(三) 评价结果

学期总成绩以等级呈现,共分四个等级:优秀、良好、合格、还需努力。"还需努力"的学生需要反思自己的行为、习惯等,在教师、家长、同伴的帮助下争取达到合格。

第三节 《道德与法治》(一年级下册)课程纲要

一、课程背景

(一)《义务教育道德与法治课程标准(2022年版)》的相关要求

新课标对一年级下册教材内容的要求见表2-8。

表2-8 新课标对一年级下册教材内容的要求

学习主题	第一学段内容要求	核心素养内涵
道德教育	·乐于探究,在学习与生活中遇到问题时能够想办法解决,提高动脑动手能力 ·做事认真,有始有终,不拖拉 ·学习分辨是非,做了错事勇于承认和改正,不撒谎 ·关心他人,乐于与同伴合作、分享 ·亲近自然,感受自然的美,保护动物,爱护一草一木,保护自然环境 ·知道社会主义核心价值观的概念,能记住社会主义核心价值观	·道德修养(个人品德:诚实守信、团结友爱;社会公德:相互尊重、助人为乐、爱护公物、保护环境) ·政治认同(价值取向:践行和弘扬社会主义核心价值观)
生命安全与健康教育	·养成良好的饮食和个人卫生习惯 ·爱护家庭、学校和公共环境卫生	·道德修养(个人品德:自律自强;社会公德:爱护公物、保护环境)
法治教育	·知道学校生活有规则,树立规则意识 ·讲信用,守约定,承诺的事情要做到	·法治观念(守法用法意识和行为:树立法治意识,养成守法用法的思维方式和行为习惯)
中华优秀传统文化与革命教育	·尊敬父母长辈,体贴家人,承担力所能及的家务劳动	·责任意识(主人翁意识:对自己负责) ·道德修养(家庭美德:尊老爱幼)

(二)本册教材中编排的内容

一年级下册教材是在学生基本适应新生活的基础上编写的,针对这一时期孩子发展中存在的突出的现实问题——好习惯的缺失,引导孩子形成稳定的生活方式,即养成基本的新的生活习惯,这是本册教材的核心教育主题,也符合学生心理发展的规律。这里的生活,依然是一个整体的视角,包括日常生活的好习惯,学习的好习惯,与自然、家人同侪共在的好习惯。遵循着这一发展阶段孩子的心理亲近程度,本册的单元设计分为自我(日常生活与学习)、自然、家人、伙伴四个板块。

第一单元“我的好习惯”,由第 1 课“我们爱整洁”、第 2 课“我们有精神”、第 3 课“我不拖拉”、第 4 课“不做‘小马虎’”组成,主要针对学生日常生活中的基本问题而设计。

第二单元“我和大自然”,由第 5 课“风儿轻轻吹”、第 6 课“花儿草儿真美丽”、第 7 课“可爱的动物”、第 8 课“大自然,谢谢您”四课组成。

第三单元“我爱我家”,由第 9 课“我和我的家”、第 10 课“家人的爱”、第 11 课“让我自己来整理”、第 12 课“干点家务活”四课组成。

第四单元“我们在一起”,由第 13 课“我想和你们一起玩”、第 14 课“请帮我一下吧”、第 15 课“分享真快乐”、第 16 课“大家一起来合作”、第 17 题“我们都是少先队员”五课组成。

(三) 本册教材内容与前后内容的联系

与一年级下道德与法治课程相关联的单元内容见表 2-9。

表 2-9　与一年级下道德与法治课程相关联的单元内容

领域	前内容	本册内容	后内容
自我成长	一上:我是小学生啦 适应学校生活 (角色转换)	一下:我的好习惯 (习惯养成)	三上:快乐学习 掌握适合自己的学习方法
家庭生活	一上:家中的安全与健康 上学后家庭生活的调整	一下:我爱我家 基本家庭生活观	三上:家是最温暖的地方
自然生活	一上:冬天的保健	一下:我和大自然 一下:我们在一起 乐群、分享、合作、互助	二下:试种一粒籽

(四) 学习能力

对于一年级的学生来说,养成好习惯,感受大自然,体验家庭的爱与温暖,感受和朋友在一起的快乐,是一年级下册道德与法治课程目标的内在要求,也是学生在学习生活上必须形成的态度。通过上一个学期的学习,学生逐渐适应了校园生活,渐渐熟悉了学校生活的规律、规则,初步树立了安全意识和规则意识。但由于一年级的学生,年龄小,自我控制能力差,违反规则和不遵守学校纪律的现象时有发生，需要教师重点抓好学生的习惯养成、日常行为。让学生在学校里能够生动，活泼，主动地学习，发挥个性特长，健康快乐地成长。

教师要根据孩子的年龄特点及认知规律，在学习方式、学习习惯和学习态度上重点培养学生，培养学生会独立思考、合作交流、认真倾听的习惯，关注学生学习过程中的整体学习状态和学习需要，使学生学会合作的基本方法和技能；交往的方式和技巧，进而培养学生的规则意识和自我保护能力。

二、课程目标

（一）本学段课程目标

新课标对第一学段课程目标的相关要求见表 2-10。

表 2-10　新课标对第一学段课程目标的相关要求

核心素养	本学段目标
政治认同	· 知道社会主义核心价值观
道德修养	· 知道健康生活、卫生习惯的基本常识和要求 · 懂礼貌、讲诚信、守约定、不撒谎，与同伴友好相处 · 爱护家庭、学校和公共环境卫生，爱护公物，遵守公共秩序
法治观念	· 了解生活中的规则，知道在生活中人人都应遵守规则，具有初步的规则意识 · 了解生活中基本的安全常识，掌握常用的求助信息
健全人格	· 热爱生命，懂得自我保护，远离伤害 · 体会成长的快乐，能够看到自己的进步和不足，欣赏他人的优点和长处 · 能够感知自己的消极情绪，知道可以向老师和家人寻求帮助
责任意识	· 学会自己的事情自己做，减轻父母的负担 · 亲近自然，爱护动植物

（二）本学期目标

（1）通过同桌互助、现场示范、阅读绘本故事、讲述生活小故事的活动，从静态整洁的认识转换到对日常生活中动态整洁的认识，掌握保持整洁的方法和技巧，养成爱整洁的好习惯。领会有精神的样子，知道只有当外在的精神与内在的精神配合在一起的时候，才是真正的有精神。

（2）通过比赛的方法、激励的方法、用积分的方法等寻求有针对性的、个性化的方法与技巧，逐步克服拖拉、马虎的坏习惯，养成不拖拉、不马虎的好习惯。

(3) 通过观察、探究、体验爱的真谛，学会爱、乐于爱，不仅爱人，还要去爱人类赖以生存的大自然中的花草树木和小动物，在培养爱心的过程中快乐地成长。

(4) 通过介绍家庭成员、阅读绘本故事、讲述家庭生活小故事的活动，回忆甜蜜往事，体验家庭生活的欢乐与幸福，激发热爱父母、孝敬长辈、热爱家庭生活的积极情感和态度。

(5) 通过模拟生活场景、阅读绘本故事、回忆生活中遇到的困难、情景表演等唤起已有的生活经验，体验交往中的友谊与温暖、分享交往时的经验与基本技能；分析遇到困难时，如何选择合适的人求助。理解分享的概念，体验分享的魅力，感受分享的快乐，加深对合作意义的认识，养成乐于合作、主动合作的意识。

三、课程内容

（一）教材简析

第一单元“我的好习惯”，主要针对学生日常生活中的基本习惯问题，包括从外在基本文明形象“我们爱整洁”到内在精神气质体现的“我们有精神”，同时针对学生在这一时期普遍存在的问题——作业拖拉、马虎，设计了“我不拖拉”“不做‘小马虎’”等课，引导孩子在基本适应学校生活后，养成文明卫生、乐学勤学的好习惯。

第二单元“我和大自然”，利用这一学期是春季——这一在全国都是一个利于孩子到户外活动、亲近自然的季节，引导他们克服现代人普遍存在的自然缺失症，建立与自然的亲切关系。这里包括对身边动物、植物的了解、欣赏与相互作用以及与动物、植物的共生中要注意的问题。

第三单元“我爱我家”，引导学生反思自己与家人的关系，加深与家人血脉相依、共生共存的基本感情，通过了解自己生命的由来，观察自己与家人在外貌与性格上的相似性，懂得自己与家人的特殊血缘关系，并初步了解家庭的结构。

第四单元“我们在一起”，主要是引导学生养成与同伴“共在”的观念与习惯，这里针对这一年龄孩子中在乐群、互助、分享、合作等方面存在的问题，引导孩子反观自己的生活，解决与同伴相处时的这些问题，从而形成和谐共进、共同成长的同伴关系。

（二）单元结构

一年级下道德与法治课程教学主题和教材逻辑见表 2-11。

表 2-11　一年级下道德与法治课程教学主题和教材逻辑

教学主体	养成好习惯
教材逻辑线索	自我—自然—家庭—同伴 （我的好习惯—我和大自然—我爱我家—我们在一起） 明线：时间与空间；暗线：共在感

（三）活动内容

一年级下道德与法治课程内容及活动设计见表 2-12。

表 2-12　一年级下道德与法治课程内容及活动设计

单元主题	课程内容		活动设计	课时安排
第一单元 我的好习惯	1. 我们爱整洁	·镜子里的我 ·这样做好不好 ·保持整洁有办法 ·这样是爱整洁吗	·照镜子活动：用爱整洁、有精神、不拖拉等标准、榜样为镜，对照检查自己，从中发现自身问题、差距等 ·辨析活动：观看视频、图片等，辨析自己或他人是否做到了讲文明、讲卫生、乐学、勤学 ·研读绘本：认识到好习惯不是个人问题，体会好习惯的社会意义 ·探究活动：探究日常生活中养成好习惯的经验、做法 ·实践活动：在成人的正确指导下，克服生活中不良行为，确定可行的目标，并努力去做，养成好习惯	12 课时
	2. 我们有精神	·这样真精神 ·有精神才好 ·我们天天有精神		
	3. 我不拖拉	·“等一下”与“还没完” ·拖拉一下没关系吗 ·和“拖拉”说再见		
	4. 不做“小马虎”	·生活中的“小马虎” ·怎样才能不马虎		
第二单元 我和大自然	5. 风儿轻轻吹	·风儿在哪里 ·和风儿一起玩 ·风儿能帮我们 ·风儿的“脾气”	·探究活动：在成人的陪同下，到大自然中欣赏、亲近大自然；观察自然现象、认识常见的植物、动物，与大自然有共在感 ·辨析活动：观看视频、辨析案例，判断自己或他人是否做到了爱护动植物，保护大自然 ·研读绘本：阅读绘本，对身边的动物有亲近感，有好奇心，乐于探究 ·实践活动：种植自己喜欢的花、草或饲养自己喜爱的小动物	12 课时
	6. 花儿草儿真美丽	·走，看花看草去 ·爱护花和草 ·花草面前要小心		
	7. 可爱的动物	·我喜欢的动物 ·我和我的动物朋友 ·怎样才是真喜欢 ·别让自己受伤害		
	8. 大自然，谢谢您	·大自然的礼物 ·大自然中的快乐		

表 2-12（续）

单元主题	课程内容		活动设计	课时安排
第三单元 我爱我家	9. 我和我的家	·我来到我家 ·我的家人 ·我身上有家人的“影子” ·家人的故事	·调查活动：调查家庭成员之间的关系、爱好、工作情况等；初步懂得家的构成 ·分享展示：回忆成长经历，展示家庭照片、分享与家人的爱和家的温暖 ·研读绘本：阅读绘本，感受家人之间的爱，体会亲情的美好 ·实践活动：爱护家庭环境卫生，学习整理自己的用品，学着做家务，用自己的行动来表达对家人的爱	12 课时
	10. 家人的爱	·家人的爱藏在哪里 ·相亲相爱一家人 ·让家人感受到我的爱		
	11. 让我自己来整理	·小雨和他的“小伙伴” ·找不到“小伙伴”了 ·送“小伙伴”回家 ·养成整理的好习惯		
	12. 干点家务活	·我做过的家务活 ·做点家务很不错 ·再来学一招 ·这时怎么办		
第四单元 我们在一起	13. 我想和你们一起玩	·大家一起欢乐多 ·想一起玩怎么办 ·为什么玩不下去了	·体验活动：根据创设的情境，现场模拟与同伴一起生活的场景，体验乐群的意义、与同龄人共处的快乐 ·分享交流：回忆成长经历，列举与同伴相处时产生的矛盾与问题等，进一步探讨解决这些问题的方式、方法、途径 ·探究活动：探究与同伴相处时的经验、做法，掌握与人交往的基本技能 ·实践活动：完成一项需要合作的任务，体会合作的重要性	12 课时
	14. 请帮我一下吧	·大家都会有困难 ·我要求助吗 ·我会求助 ·温暖的“接力棒”		
	15. 分享真快乐	·分享阅读更有趣 ·分享的魔力 ·快乐地分享 ·他是“小气鬼”吗		
	16. 大家一起来合作	·有人帮，不一样 ·生活中的合作 ·为啥合作不下去 ·一起做做看		
	17. 我们都是少先队员	·我们入队了 ·我们的队礼 ·在队旗下前进		

四、课程实施

(一) 课程资源

(1)《义务教育道德与法治课程标准(2022 年版)》《青少年法治教育大纲》《关于培育和践行社会主义核心价值观的意见》《完善中华优秀传统文化教育指导纲要》《关于全面深化课程改革落实立德树人根本任务的意见》以及党的十八大以来中央有关德育的其他文件。

(2) 教材学材:《道德与法治》一年级下册。

(3) 教师用书:《道德与法治·教师教学用书》一年级下册。

(4) 配套资源:与教材配套的同步训练。

(5) 可开发利用的资源:挖掘来自儿童自身、学校、家庭、社区、社会、网络的音频、视频、文字、图片等资源,让课程资源更加丰富。

(二) 学习活动

(1) 向生活学习。一年级学生主导的道德学习方式就是向生活学习。向生活学习,包括生活的三个维度:过去的生活、当下的生活与未来的生活。依据教材“以人为本”的原则,聚焦儿童的生活与成长,选择具有价值导向性、富含道德与教育意义的生活事件作为学生学习内容的“原材料”。推动学生深度学习,解决儿童成长中所遭遇的道德基本问题,激发儿童反思、建构自己的生活,提升学科核心素养。

(2) 在活动中体验。课程目标主要通过儿童在教师指导下的活动过程中的体验、感悟和主动构建来实现。创设儿童自主选择活动的主题、内容、材料、方式,鼓励学生深度参与,尤其鼓励儿童动手做,以多种形式如语言、绘画、动作、表演等,表现与分享活动的成果。把原有经验作为学习的“原点”,着眼于学生发展的“远点”,将学生原有生活经验与新的感知相互作用,生成新的感悟并形成正确的价值认同,使学生在参与活动中得到真正的发展。

五、课程评价

(一) 评价的目的和原则

评价的根本目的是激励每个学生的发展,促进每个学生的品德发展与生活能力提升。评价依据《义务教育道德与法治课程标准(2022 年版)》《青少年法治教育大纲》等文件的相关规定,倡导多元、开放、整体的评价观。评价目标、内容、手段和方法,从单一、封闭走向开放、多元,尊重学生的差异,进行开放性、发展性的、鼓励性的评价。

（二）评价的内容和方法

评价以质性评价为主，量化评价为辅，重视学生在新课标所规定的课程目标和课程内容方面的个性化表现（表 2-13）。

本学期总评成绩＝过程性评价（60 分）＋终结性评价（40 分）

表 2-13 一年级下道德与法治课程评价量表

<table>
<tr><th colspan="2">评价维度</th><th>评价标准</th><th>评价要素</th><th>评价主体</th><th>评价方法</th><th>分值</th></tr>
<tr><td rowspan="5">政治认同
道德修养
法治观念
健全人格
责任意识</td><td>情感与态度</td><td>·爱亲敬长，爱集体、爱祖国
·珍爱生命，热爱自然</td><td>·能从语言及行动上表达出爱的情感</td><td>·教师评</td><td>·观察</td><td>·优秀 6
·良好 4
·合格 2</td></tr>
<tr><td>行为与习惯</td><td>·初步养成良好的生活、卫生习惯、学习习惯
·养成基本的文明行为习惯</td><td>·能在成人的帮助下制定可行的目标并努力完成
·不怕困难、乐于在别人的帮助下战胜困难
·卫生习惯好、生活习惯好、学习习惯好</td><td>·家长评</td><td>·访谈</td><td>·优秀 6
·良好 4
·合格 2</td></tr>
<tr><td>知识与技能</td><td>·掌握自身必需的基本知识和基本技能
·具有与同伴友好交往、合作的基本方法和技能
·了解生活中的自然常识</td><td>·基本知识能说出
·基本方法会运用
·基本技能已掌握</td><td>·教师评
·小组评</td><td>·问卷</td><td>·优秀 6
·良好 4
·合格 2</td></tr>
<tr><td>体验与感悟</td><td>·具有初步的探究能力
·体验提出问题、探究或解决问题的过程
·喜欢提问和探寻问题的答案</td><td>·认真倾听、主动交流、积极参与等
·积极参与课前、课堂或课后的体验、探究、实践等活动</td><td>·教师评
·家长评
·小组评</td><td>·观察
·查阅资料袋</td><td>·优秀 6
·良好 4
·合格 2</td></tr>
<tr><td>实践与创新</td><td>·喜欢动手动脑，乐于创造
·能根据需要动手做简单的道具、小物品等来开展活动
·学习简单的调查研究方法</td><td>·积极参与课前、课堂或课后的材料收集或整理
·创造性制作作品及成果展示等</td><td>·教师评
·家长评
·小组评</td><td>·查阅资料袋
·作品分析</td><td>·优秀 6
·良好 4
·合格 2</td></tr>
</table>

终结性评价（40 分）

评价项目	评价主体	评价方法
纸笔测试	教师评	单元测评
	教师评	期末考试

（三）评价结果

学期总成绩以等级呈现，共分四个等级。优秀、良好、合格、还需努力。“还需努力”的学生需要反思自己的行为、习惯等，在教师、家长、同伴的帮助下争取达到合格。

第四节 《道德与法治》（三年级上册）课程纲要

一、课程背景

（一）《义务教育道德与法治课程标准（2022 年版）》的相关要求

新课标对三年级上册教材内容的要求见表 2-14。

表 2-14 新课标对三年级上册教材内容的要求

学习主题	第二学段内容要求	核心素养内涵
道德教育	·关心家庭生活，主动分担家务劳动 ·尊重老师，感受老师的辛劳；学会和同学平等相处，知道同学之间要相互尊重、友好交往 ·了解个体与集体的关系，关心集体，有互助意识，积极参加集体活动，维护集体荣誉 ·初步理解社会主义核心价值观的要求，并在日常生活和集体活动中践行社会主义核心价值观	道德修养（个人品德：热爱劳动；家庭美德：尊老爱幼；社会公德：文明礼貌、相互尊重） 健全人格（理性平和：开放包容；友爱互助：相互帮助） 政治认同（价值取向：践行和弘扬社会主义核心价值观）
生命安全与健康教育	·初步感受学习知识的乐趣，能够自主参与各种活动，养成自主学习的习惯；正确对待学习中的困难，学会化解消极情绪 ·知道生命只有一次，理解生命的珍贵，懂得珍惜生命，呵护生命 ·树立安全自律意识，学会自我保护技能，远离危险；知道保护隐私的重要性，能够识别陌生环境谨慎与陌生人交往	健全人格（自尊自信：珍爱生命，能够自我调节和管理情绪、坚韧弘毅；理性平和：学会处理与他人、社会的关系） 责任意识（主人翁意识：对自己负责；有序参与：具有法治意识，守规矩重程序）
法治教育	·知道法律能够保护我们的生活，了解道路交通、环境保护、消防安全等生活中常用的法律 ·树立民主、平等观念，积极参与民主管理，在集体生活中平等待人	法治观念（宪法法律至上：遵守宪法和法律；生命安全意识和自我保护能力：掌握基本的自我保护办法） 责任意识（有序参与：根据规则参与校园生活的民主实践）
中华优秀传统文化与革命教育	·感受父母长辈的养育之恩，以恰当的方式表达对他们的感激、尊敬和关心 ·了解自己的家庭成员，知道弘扬优秀家风的意义，初步体会中国人的家庭观念 ·理解中华民族传统美德，如仁爱、诚信、谦逊等	道德修养（家庭美德：尊老爱幼；社会公德：文明礼貌、相互尊重）

（二）本册教材中编排的内容

本册教材根据“学习生活”“学校生活”“安全成长”“家庭生活”四个学习主题，设计了“快乐学习”“我们的学校”“安全护我成长”“家是最温暖的地方”四个单元。第一单元“快乐学习”，包括“学习伴我成长”“我学习，我快乐”“做学习的主人”三个主题；第二单元“我们的学校”，包括“说说我们的学校”“走近我们的老师”“让我们的学校更美好”三个主题；第三单元“安全护我成长”，包括“生命最宝贵”“安全记心上”“心中的‘110’”三个主题；第四单元“家是最温暖的地方”，包括“父母多爱我”“爸爸妈妈在我心中”“家庭的记忆”三个主题。

（三）本册教材内容与其他册内容的联系

与三年级上道德与法治课程相关联的单元内容见表2-15。

表2-15　与三年级上道德与法治课程相关联的单元内容

承上（前内容）	本册内容	启下（后内容）
二上：假期有收获 周末巧安排 二下：学习有方法 坚持才会有收获	三上：学习伴我成长 我学习，我快乐 做学习的主人	三下：我和我的同伴
二上：我爱我们班	三上：说说我们的学校 让我们的学校更美好	四上：我们班四岁了 我们的班规我们订
二下：安全地玩	三上：安全记心上 心中的“110”	三下：生活离不开规则
二上：我生活的地方	三上：父母多爱我 爸爸妈妈在我心中 家庭的记忆	四上：少让父母为我操心 这些事我来做 我的家庭贡献与责任

教材聚焦儿童健康成长中的学习问题和安全问题，同时承接低年级段关于家庭、学校两个生活领域的内容，一方面针对学生学习过程中出现的学习不自信、学习不得法的情况，另一方面也从学习观的角度，帮助学生树立全面、正确的学习观，为学生形成良好的学习行为、学习习惯打下基础。学生的安全问题在三年级仍较突出，需要加强学生的防范意识、自我保护意识，增强学生的自我保护能力。学生的学习问题和安全问题构成了本册教材两个主要的学习主题。在低年级的学习中，学生对家庭生活已有了初步的认识和情感体会，但还需要增进学生对家庭情感的理解，帮助学生理解父母的爱，同时也增进学生对父母

的爱，并在行动上进一步引导学生把对父母的爱现实化、具体化。这一注重家庭关系的主题，构成了中年级家庭教育的完整内容，也为四年级以班级为单位的学校生活内容做了铺垫。

（四）学习能力

三年级是小学生形成自信心的关键期，有的孩子对自己充满信心，有强烈的表现欲望，能在接受别人的评价中发现自身的价值，产生兴奋感、自豪感；有的孩子在陌生、严肃、冲突、约束、遭受指责等情况下，容易产生紧张、害怕的情绪，自我调控能力差。针对学生不同的性格、学习态度等，需要培养学生问题解决的能力、与他人合作完成学习任务的能力。

(1) 搜集整理资料的能力：学生能根据“学习主题”的提示，课前进行信息搜集，并对搜集的资料进行归纳、整理。多数学生能主动参与，但有少数学生积极性不高。

(2) 问题解决能力。问题解决学习是道德与法治学科中学生经常使用的一种学习方法，学生直接面对实际问题，学习、研究并尝试提出某种解释问题或解决问题方案的学习方式。针对社会生活中的某种现象或实事，学生能提出问题、查询资料、访问调查，但对于解决问题的能力还有些欠缺。在学习过程中，对社会价值观和人的行为方式的思考与判断能力还有待提高。

(3) 与他人合作完成学习任务的能力。本册教材教学活动方式多样，如讨论、辩论、参观、调查、访问、游戏、角色扮演、模拟活动等都需要学生合作完成，学生通过前两年的学习，有了一定的合作能力，在合作中，他们既有共同的目标，又有明确的分工，同时在这一过程中分享成功、体验快乐，但学生的责任感和创新意识还需进一步加强。

二、课程目标

（一）本学段课程目标

新课标对第二学段课程目标的相关要求见表 2-16。

表 2-16 新课标对第二学段课程目标的相关要求

核心素养	本学段目标
政治认同	·初步理解社会主义核心价值观的要求，在日常生活和集体活动中加以践行
道德修养	·掌握基本的交往礼仪，懂得个人成长离不开社会和他人的支持与帮助，诚实守信 ·孝敬父母，尊重师长，体会父母的养育之恩和师长的辛劳

表 2-16（续）

核心素养	本学段目标
法治观念	·具有规则意识并学会遵守规则 ·知道法律能够保护自己的生活
健全人格	·初步认识和体验人的生命是可贵的，珍惜生命 ·能够识别消极情绪，学习调节情绪的方法 ·做事有耐心，在克服困难中增强自信心 ·学会适应环境的变化
责任意识	·主动参与力所能及的家务，学会承担家庭责任 ·热爱集体，积极参与集体活动和民主管理，有互助意识

（二）本学期目标

(1) 通过观看视频、信息搜集、小调查等体会学习对于成长的重要意义，树立终身学习观；知道学习具有多空间、多途径和多方式的特点，感受学习的快乐；树立积极对待困难的态度，并学会克服学习中遭遇的困难。

(2) 通过体验活动、实践活动、小组合作学习等，体会每个人都蕴含学习的潜力，树立学习的自信心；在学习上愿意多观察、多思考、多提问；合理地安排时间，提高学习效率；学习并掌握适合自己的学习方法。

(3) 通过观察、讨论、访谈等方式，了解学校的历史和发展，增加对学校的亲近感、荣誉感和归属感；了解学校的组织结构及其功能；能够绘制学校的简单平面图。感受老师工作的辛苦，体会老师对学生的爱；理解老师、体谅老师，学会和老师进行沟通；学会用实际行动来表达对老师的尊重和感谢。

(4) 通过观察、体验、观看视频、案例分析、小组合作等，懂得学校对自身成长的重要意义；认识到自己是学校的一员，有责任为学校发展作贡献；了解接受义务教育既是自己的权利也是自己的义务，能用法律保护自己受教育的权利。

(5) 通过观察体验，观看视频、调查访谈等，认识到自己的出生、成长都倾注了家人无数的心血，体会生命的来之不易；认识到生命不可重来，爱惜自己的身体，有珍爱生命的意识。

(6) 通过观看视频、案例分析、实践活动等，自觉遵守交通规则，防止溺水、火灾等伤害的发生，提升自我保护意识；掌握基本的安全知识和技能，学习应对日常生活中的紧急情况。通过防盗、防骗、防拐、防性侵教育，初步认识社会的复杂性，提高分辨意识，学会自护自救。

(7) 通过观察、体验活动、实践操作等，体会父母对自己的爱，尝试走进父母的内心世界，理解父母爱子女的多种方式；从与父母之间的爱出发，加深对父母的了解，以力所能及的方式表达对父母的爱。

(8) 通过调查、访问、资料的收集与整理等，了解并熟悉家庭内部的各种关系和称呼，了解自己家庭的过去；从传统节日和语言文字中感受中国人重视家庭的传统观念。

三、课程内容

（一）教材简析

三年级上册教材以单元编排的方式，每个单元反映生活的一个侧面，突出一个鲜明的教育主题，这一教育主题表达了编者明确的设计意图以及新课标中要求完成的教育内容。单元主题下设学习主题，每个学习主题均有一个引导学生学习、研讨的话题，下面又生成多个小话题。每课的内容力求打破学科界限，将各学科的内容综合起来，体现综合课程的特点。每个单元所涵盖的学习内容表现为一组完整的经验和一组有意义的学习活动。单元中的每一课又力求从不同的角度来表现单元主题所要达到的教育目标。

（二）单元结构

第一单元“快乐学习”，主要包括全面的学习观、多种学习体验、学习自信心、学习好方法等内容。

第二单元“我们的学校”，主要内容包括了解学校的历史与机构，认识教师的工作，体会教师工作的辛苦，并从整体上认识学校对学生成长的意义，在此基础上，激励学生为学校建设作出贡献。

第三单元“安全护我成长”，主要包括珍爱生命、树立自我保护意识，防范各种意外事故和不良分子对学生造成的伤害等内容。

第四单元“家是最温暖的地方”，注重从感情维度引导学生体会父母的爱，理解父母爱的方式，同时引导学生表达自己对父母的爱，通过社会性学习，认识家庭历史、家庭组成，并在此基础上，引导学生体会我国重视家庭的传统观念。

这四个主题将来源于不同生活领域的素材整合是建立在儿童生活基础上的主题与活动，这些主题与内容将品德教育与学生的社会性发展有机地融为一体。

（三）活动内容

三年级上道德与法治课程内容与活动设计见表 2-17。

表 2-17　三年级上道德与法治课程内容与活动设计

单元	教学内容		活动设计	课时
第一单元 快乐学习	1. 学习伴我成长	·成长离不开学习 ·处处可学习	·调查采访:成人的学习情况 ·游戏活动:折千纸鹤 ·实践活动:学做一道凉菜 ·案例分析:怎样合理利用时间	12
	2. 我学习,我快乐	·学习的快乐 ·战胜困难更快乐		
	3. 做学习的主人	·人人都能学得好 ·多在心中画问号 ·我和时间交朋友 ·好经验共分享		
第二单元 我们的学校	4. 说说我们的学校	·我们的足迹 ·我们的学校不简单 ·有了事情找哪里? ·一起画张平面示意图	·探究活动:学校的昨天与今天 ·调查采访:老师们的工作 ·观察活动:班主任的一天 ·调查报告:向校长信箱投建议	12
	5. 走近我们的老师	·我和老师的故事 ·老师,您辛苦了		
	6. 让我们的学校更美好	·我们的成长天地 ·我为学校出点力		
第三单元 安全护我成长	7. 生命最宝贵	·我们的生命来之不易 ·爱护身体　珍惜生命	·体验活动:5 分钟妈妈 ·闯关活动:防火、防溺水等知识竞赛 ·角色扮演:陌生人来访	12
	8. 安全记心上	·平安出行 ·不让溺水悲剧发生 ·“119”的警示 ·安全通行证		
	9. 心中的“110”	·有点警惕性 ·不要上当受骗		
第四单元 家是最温暖的地方	10. 父母多爱我	·父母默默的爱 ·多一些理解	·观察体验:爸爸妈妈的一天 ·探究活动:我和爸妈比童年 ·调查采访:我的家史小调查 ·展示活动:我心目中的家	12
	11. 爸爸妈妈在我心中	·我们都爱父母 ·我们了解父母吗? ·爱父母,在行动		
	12. 家庭的记忆	·家庭称呼抢答赛 ·“家史”小调查 ·传统节日中的“家” ·语言文字中的“家”		

四、课程实施

（一）课程资源

（1）《义务教育道德与法治课程标准（2022 年版）》《青少年法治教育大纲》以及党的十八大以来中央有关德育的其他文件。

（2）教材学材：《道德与法治》三年级上册。

（3）教师用书：《道德与法治·教师教学用书》三年级上册及配套练习册。

（4）合理利用和挖掘多种社会资源，如学校师生、家长、社区人员等资源；本地区的传统节日、文化活动、社会公益活动等，学生生活中发生的一些有关上当受骗、溺水、违反交通规则的事例，国家和地区的一些重要事件或突发事件等加以整理、开发。

（5）利用网络、电视、电影、广播、报纸、杂志等信息媒体获取与课程相关的资源。

（6）利用校内环境设施和校园网络、图书馆等，结合少先队活动、主题班会、课外活动小组、文体活动、校本课程等，丰富和拓展本册教材的内容。

（二）教学活动

新课标在教学建议中指出，要“丰富学生实践体验，促进知行合一”，并提出了多种教学方法建议，如注重案例教学、积极探索议题式、体验式、项目式等多种教学方法等；要注重选择、设计和运用个人和社会生活的典型事例，鼓励学生探究、讨论，提高学生的价值辨析能力。

（三）实施建议

（1）根据小学生心理发展水平和认知特点，联系三年级学生的生活经验，采取由浅入深、由近及远、循环往复、螺旋上升、形式多样等方式，引导学生通过学习从不同角度、侧面感悟和践行核心价值观。

（2）从本班学生的生活实际出发设计教学。教与学要植根于学生的生活，以学生生活中的现实问题为抓手，以实际生活案例为依托，真正满足学生真实的道德需求。建立学习小组，通过体验学习、探究学习、问题解决学习，解决他们真实的道德困惑，让学生在学习中体会到法治让生活更美好。

（3）理解教材的设计意图。教材中的留白设计，如图标内容、阅读角、知识窗等栏目，需要学生去观察、操作和探究，教师在教学中不能唱独角戏，要把活动权交给学生，让他们充分地交流、讨论、动脑、动手、反思、体验。

(4) 教师要创设学习情境，提供学习资源，并给予方法指导，为学生搭建自主道德学习的“支架”，关注教学过程中的生成性。教师通过创设任务情境或问题情境，激发学生主动学习和探究的兴趣，鼓励他们大胆尝试解决问题的方法。

(5) 课程中积极发挥绘本生动活泼、有启发性的作用，引导孩子们通过自主阅读、小组讲述或者表演等形式，自然而然地懂得其中蕴含的规则、法理等，使教学从课堂延伸到学生更广阔的生活领域，做到实实在在的知行合一。

(6) 注重教学与学校整体德育活动的融合。利用教材的开放性设计走向学校日常德育活动，深化或拓展教学重点；利用教材的框架整合学校的日常德育活动，实现课堂与日常德育的良性互动。

五、课程评价

(一) 评价的目的和原则

评价的根本目的在于积极促进学生发展，全面了解和掌握学生的道德和社会认知以及发现和解决问题等方面的能力，以帮助教师改进教学，提高教学的实效性，保证课程目标的实现。评价依据《义务教育道德与法治课程标准(2022年版)》《青少年法治教育大纲》等文件的相关规定及贯彻培养学生核心素养的顶层设计要求，遵循实事求是、公平公正、鼓励性原则、形成性评价、诊断性评价、终结性评价相结合的原则。从每个学生的原有基础出发，尊重学生的个性特点。注意认知和操行相统一，显性表现和隐性品质相统一。

(二) 评价的内容和方法

(1) 学习态度及学习习惯。包括学生课前材料收集、学习过程中的表现和完成学习任务的态度等。

(2) 学习能力和学习方法。包括学习中观察、探究、思考、表达，收集、整理、分析资料的能力和方法，与他人合作完成学习任务的能力等。

(3) 学习结果。完成学习任务的质量和进步程度，包括情感、创新精神、个性、能力、道德表现及活动产生的作品等。

评价方法：评价以质性评价为主，量化评价为辅，重视学生在新课标所规定的课程目标和课程内容方面的个性化表现(表 2-18)。

本学期总评成绩＝过程性评价(60 分)＋终结性评价(40 分)

表 2-18　三年级上道德与法治课程评价量表

<table>
<tr><td colspan="6">过程性评价(60 分)</td></tr>
<tr><td colspan="2">评价维度</td><td>评价要点(以核心素养为主要维度)</td><td>评价主体</td><td>评价方法</td><td>评价说明</td></tr>
<tr><td rowspan="5">政治认同
道德修养
法治观念
健全人格
责任意识</td><td>行为与习惯</td><td>·课前学习用品摆放整齐,学习习惯好
·课前能按要求搜集资料并做好相关信息的梳理与归纳
·养成安全、健康的良好生活和行为习惯。学会认识自我,掌握一些调整自己情绪和行为的方法
·学会清楚地表达自己的感受与见解,倾听他人的意见,与他人平等的合作与交流,积极参与集体活动</td><td>·家长评
·教师评
·自己评
·小组评</td><td>·观察
·访谈
·问卷</td><td>·优秀 4
·良好 2
·合格 1</td></tr>
<tr><td>知识与技能</td><td>·理解日常生活中的道德行为规范和文明礼貌
·知道有关防溺水、防火灾、防盗、防骗、防性侵的知识及交通常规,学会日常生活中基本的自救自护方法</td><td>·家长评
·教师评
·伙伴评</td><td>·观察
·访谈</td><td>·优秀 4
·良好 2
·合格 1</td></tr>
<tr><td>情感与态度</td><td>·珍爱生命,热爱生活。养成自尊自律、乐观向上的态度
·爱亲敬长,养成文明礼貌、热爱集体、有责任心的品质
·初步形成规则意识、法制观念
·感受中国人重视家庭的传统观念</td><td>·教师评
·自己评
·小组评</td><td>·观察
·问卷
·心得体会</td><td>·优秀 4
·良好 2
·合格 1</td></tr>
<tr><td>体验与感悟</td><td>·积极参与课前、课堂或课后的体验、探究等活动
·学习从不同角度观察社会事物和想象,对生活中遇到的道德问题作出正确的判断,尝试合理地、有创意地探究和解决生活中的问题</td><td>·教师评
·家长评</td><td>·查资料袋活动
·心得体会</td><td>·优秀 4
·良好 2
·合格 1</td></tr>
<tr><td>实践与创新</td><td>·初步掌握收集、整理和运用信息的能力。能够选用恰当的工具和方法分析、说明问题
·乐于实践与创新,并能创造性地完成相关的活动作品
·积极参与课前、课堂或课后的调查、采访等实践活动</td><td>·教师评
·家长评
·小组评</td><td>·查资料袋
·作品分析</td><td>·优秀 4
·良好 2
·合格 1</td></tr>
</table>

<table>
<tr><td colspan="3">终结性评价(40 分)</td></tr>
<tr><td>评价项目</td><td>评价主体</td><td>评价方法</td></tr>
<tr><td rowspan="2">纸笔测试</td><td>教师评</td><td>单元测评</td></tr>
<tr><td>教师评</td><td>期末考试</td></tr>
</table>

(三)评价结果

学期总成绩以等级呈现,共分三个等级。等级与分值的换算如下。

80分及以上为优秀；70～79分为良好；60～69分为及格，学生可根据评价结果反思自己的行为、习惯、学习习惯等是否还存在需要改进的地方。

第五节　《道德与法治》(三年级下册)课程纲要

一、课程背景

(一)《义务教育道德与法治课程标准(2022年版)》的相关要求

新课标对三年级下册教材内容的要求见表2-19。

表2-19　新课标对三年级下册教材内容的要求

学习主题	第二学段内容要求	核心素养内涵
道德教育	·懂得邻里之间要和睦相处 ·体验公共设施给人们生活带来的便利，形成爱护公共设施人人有责的意识 ·学习环境保护的基本常识，增强环境保护意识 ·学习基本的网络道德规范，做到文明上网 ·初步理解社会主义核心价值观的要求，并在日常生活和集体活动中践行社会主义核心价值观	·道德修养(个人品德：宽厚正直自律自强；家庭美德：邻里互助；社会公德：文明礼貌、助人为乐、爱护公物、保护环境) ·健全人格(友爱互助：真诚、友善，互帮互助) ·政治认同(价值取向：践行和弘扬社会主义核心价值观)
生命安全与健康教育	·了解自己，学会悦纳自己；正确对待挫折和困难，增强抗挫折能力 ·掌握良好的人际交往技能，学会倾听和表达，学会团结和包容，养成礼貌友好的交往品质，形成合群而独立的健康人格	·健全人格(理性平和：开放包容；积极向上：不怕挫折、坚韧不拔；友爱互助：具有同理心、互助精神) ·责任意识(主人翁意识：对自己负责)
法治教育	·了解制定规则要遵循一定的程序，树立参与意识和规则意识 ·知道法律能够保护我们的生活，了解道路交通、环境保护、消防安全等生活中常用的法律 ·树立民主、平等观念，积极参与民主管理，在集体生活中平等待人	·法治观念(权利与利益相统一：享受法律赋予的权利，也必须履行法律规定的责任) ·责任意识(有序参与：具有民主与法治意识，守规矩，重诚信)
中华优秀传统文化与革命教育	·理解中华民族传统美德，如仁爱、诚信、谦逊等 ·从衣、食、住、行等方面，感受中华人民共和国成立以来的伟大成就	·道德修养(家庭美德：邻里互助；社会公德：文明礼貌、相互尊重、诚实守信) ·政治认同(家国情怀：热爱家乡，热爱伟大祖国)

表 2-19（续）

学习主题	第二学段内容要求	核心素养内涵
国情教育	·感受身边的变化，了解家乡的发展，对祖国未来充满信心 ·初步树立生态文明意识，领悟“绿水青山就是金山银山”的道理	·政治认同（家国情怀：热爱家乡，热爱伟大祖国，自觉铸牢中华民族共同体意识） ·道德修养（社会公德：文明礼貌、保护环境）

（二）本册教材中编排的内容

本册教材根据自我成长、学校生活、社区生活、公共生活四个生活领域，设计了“自我与同伴”“社区与家乡”“公共生活”“交通与通信”四个学习主题。下设四个单元，第一单元“我和我的同伴”，包括“我是独特的”“不一样的你我他”“我很诚实”“同学相伴”四个主题；第二单元“我在这里长大”涉及的主要内容是“我的家在这里”“我家的好邻居”“请到我的家乡来”；第三单元“我们的公共生活”，主要内容有“大家的‘朋友’”“生活离不开规则”“爱心的传递者”；第四单元“多样的交通和通信”，共有“四通八达的交通”“慧眼看交通”“万里一线牵”三个主题。

（三）本册内容与前后内容的联系

本册教材设计了学生成长主题与学校生活主题的内容，这些内容聚焦于自我与同伴交往。学生与同伴交往是学校生活的重要组成部分，也是影响儿童健康成长的重要因素。因此，本册教材针对自我与同伴交往问题，引导学生对此进行深入学习，提升学生同伴交往经验，帮助学生建立良好的同伴关系。这部分内容也与本套教材四年级下册的第一单元“同伴与交往”共同构成中年级段教材完整的同伴交往话题的内容。本册教材设计的社区与家乡、公共生活、交通与通信这三个学习主题也为后续教材中家乡文化与家乡发展，公共生活中的权利与义务、国家生活中传媒与网络、劳动与行业等学习主题作铺垫。

（四）学习能力

三年级学生的生活足迹不止在家庭、学校，他们已初步接触了社区生活和公共生活。由于缺乏对这些生活领域的系统了解，学生对社区和公共生活的认识都是零散的、偶然的，不足以帮助学生形成正确的公共生活意识、良好的公共行为以及关爱、同情的社会性情感，更不足以引导学生积极构建有意义的社区生活和公共生活。因此本册教材选取了离学生生活稍远的社区生活和公共生活领域的内容，以便引导学生系统地了解社区生活和公共生活。

培养学生的理性思维能力。关注每个学生的成长，发展学生丰富的内心世界和主体人格，体现以育人为本的现代教育价值取向，提高他们的人文素养，是本学科核心素养的一个重要方面。批判反思是道德理性的基本能力，作为道德学习方式的批判反思，它也是一种道德生活的方式。它使人能够在现实情境中有向善的姿态与可能。根据学生认知特点，将交通法规、消防安全等知识、真实案例引入课堂，激发探究兴趣，引导学生自主学习，培养学生的法治思维能力。

二、课程目标

（一）本学段课程目标

新课标对第二学段课程目标的相关要求见表 2-20。

表 2-20　新课标对第二学段课程目标的相关要求

核心素养	本学段目标
政治认同	· 感知中国特色社会主义的伟大成就 · 初步了解社会主义核心价值观的要求，在日常生活和集体活动中加以践行
道德修养	· 掌握基本的交往礼仪，懂得个人成长离不开社会和他人的支持与帮助，诚实守信 · 体验公共设施给自己生活带来的便利，爱护公共设施，遵守公共秩序
法治观念	· 具有规则意识并学会遵守规则 · 了解社会交往的基本规则，树立平等意识，互相尊重 · 知道法律能够保护自己的生活
健全人格	· 学会认识自己，理解他人，对他人有同情心 · 能够表达自己的感受和见解，倾听他人的意见，体会他人的心情和需要 · 学会适应环境的变化
责任意识	· 热爱自然，了解自然是我们生活的共同家园，懂得保护环境、爱护动物、节约资源

（二）本学期目标

（1）通过调查采访、阅读小故事等活动，多角度地了解自己的特点与品质；正视自己的不足，有信心改进自己；能够肯定自己、接纳自己，有自信成为更好的自己。

（2）通过体验活动、实践活动、小组合作学习等，了解人与人之间的不同；学会与不同的同学友好相处;体会不同对于我们生活的积极意义;知道诚实就是实话实说,不撒谎、不虚假;懂得需要克服胆怯、虚荣等心理来做到诚实;愿意在生活中做一个诚实的人。

(3) 通过观察、讨论、访谈等方式,认识到社区或村庄对人的成长的重要性,对其有归属感和认同感;能积极参与社区或村庄的公共生活,为其完善做出力所能及的贡献。

(4) 通过观察,观看视频等,学会与邻居小伙伴相处的方法,注意自己在邻里生活中的言行礼仪;体会邻里生活的温馨;学习处理邻里生活中的小摩擦。

(5) 通过观察体验、调查访谈等方式,了解家乡的自然环境和物产情况;能够使用地图找到自己的家乡;了解家乡的人,热爱家乡,接纳外乡人。

(6) 通过调查采访、案例分析、小组合作等方式,知道什么是公共设施,体会公共设施给人们生活带来的便利;对破坏和滥用公共设施的不良行为产生厌恶感;知道公共设施受法律保护,破坏公共设施会受到法律惩罚;初步形成爱护公共设施人人有责的意识,并能自觉爱护公用设施。

(7) 通过观察体验、观看视频等,懂得规则的意义及其作用,体会没有规则的后果;树立规则意识并愿意自觉遵守规则。

(8) 通过观看视频、案例分析、实践活动等,体会日常生活中的关爱,初步形成乐于助人的动机。学习关爱他人的方法和智慧。

(9) 通过观察、体验活动、调查采访、案例分析等,了解不同的交通出行方式,懂得交通与人们生活的密切关系;掌握根据不同情况选择合适的交通方式;初步认识我国的交通发展状况;感受交通背后人们的辛劳付出。认识到交通发展给日常生活及社会带来的问题;了解为解决交通发展带来的问题而采取的各种措施,为解决这些问题献计献策。

(10) 通过调查、访问、资料的收集与整理等,了解不同的通信种类和方式,体会通信和人类生活的重要关系;了解通信方式的变迁;学会使用一些基本的通信方式,遵守通信的基本礼貌,注意信息安全。

三、课程内容

(一) 教材简析

三年级下册教材以单元编排的方式,共有四个单元,第一单元“我和我的同伴”,第二单元“我在这里长大”,第三单元“我们的公共生活”,第四单元“多样的交通与通信”，每个单元反映生活的一个侧面，突出一个鲜明的教育主题，作为学生学习活动指向的问题域。单元主题下设学习主题，每个学习主题均有一个引导学生学习、研讨的话题，下面又生成多个小话题。每课的内容力求打破学科界限，将各学科的内容综合起来，体现综合课程的特点。每个单元所涵盖的课文内容表现为一组完整的经验和一组有意义的学习活动。单元中的每一课又力求从不同的角度来表现单元主题所要达到的教育目标。

（二）单元结构

本册教材根据自我与同伴、社区与家乡、公共生活、交通与通信四个学习主题，设计了四个单元。内容涉及《义务教育道德与法治课程标准(2022 年版)》中的道德教育、生命安全与健康教育、法治教育、中华优秀传统文化与革命教育、国情教育的课程内容。第一单元主要内容包括学生的自我认识、学生对同伴的认识以及学生在学校生活中与同伴之间的交往等。第二单元主要内容包括从地理位置、从空间中的人、物、事的角度了解社区和家乡，引导学生为社区和家乡做力所能及的事情。第三单元内容主要包括公共设施、公共生活规则、公共生活中行为方式以及关爱、同情的社会性情感等。第四单元内容着重围绕公共生活中交通和通信事业的发展与人们生活之间的关系来展开。

（三）活动内容

三年级下道德与法治课程内容与活动设计见表 2-21。

表 2-21　三年级下道德与法治课程内容与活动设计

单元	教学内容		活动设计	课时安排
第一单元 我和我的同伴	1. 我是独特的	·我有自己的特点	·体验活动：参与“找不同”“与不倒翁的对话”等游戏，认识人与人之间的差异、肯定自己、接纳自己 ·角色扮演：在情境模拟中体会不同对于生活的积极意义，理解并尊重他人的差异 ·案例分析：讲述诚实故事、分析诚实行为的表现和后果 ·探究活动：参与团队合作游戏，如“蒙眼画脸谱”“海岛逃生”等活动，探究同学间如何真诚相待，互相帮助 ·实践活动：搜集古今中外诚实的故事、名言，召开一次分享会	12 课时
		·我能变得更好		
	2. 不一样的你我他	·找找我们的“不同”		
		·与“不同”友好相处		
		·“不同”让生活更精彩		
	3. 我很诚实	·诚实与说谎		
		·让诚实伴随我成长		
	4. 同学相伴	·同学相伴的快乐		
		·不让一个人落下		

表 2-21（续）

单元	教学内容		活动设计	课时安排
第二单元 我在这里长大	5. 我的家在这里	·热爱这里的一草一木 ·我能做点什么	·调查活动：调查了解家乡的发展变化、自然环境和物产情况；了解家乡人，热爱家乡，接纳外乡人 ·角色扮演：模拟与邻居互动的场景，如借东西、求帮助、处理生活中的小摩擦等，学会相处的方法，体会邻里友好的重要性 ·参观访问：参观家乡美食制作或手工艺制作等活动，在实践中感受家乡的文化和魅力 ·实践活动：亲自参与一次社区或村庄的公共生活、公益活动，为社区发展贡献力量	12 课时
	6. 我家的好邻居	·邻居家的小伙伴 ·邻里间的温暖 ·不给邻居添麻烦		
	7. 请到我的家乡来	·我的家乡在哪里 ·我是家乡小导游 ·家乡的特产真不少 ·我的家乡人		
第三单元 我们的公共生活	8. 大家的“朋友”	·认识我们的“朋友” ·善待我们的“朋友”	·调查活动：实地调研公共设施的种类、作用、受损情况等，感受公共设施的重要 ·角色扮演：在角色扮演中体验破坏公共设施的危害，能自觉爱护公用设施 ·案例分析：通过观看视频、分析案例等，体会日常生活中的关爱，学习关爱他人的方法和智慧 ·实践活动：参与“规则小卫士”评选活动，树立规则意识并自觉遵守规则	12 课时
	9. 生活离不开规则	·生活处处有规则 ·守规则要自觉		
	10. 爱心的传递者	·我们都有爱心 ·善于帮助别人		
第四单元 多样的交通与通信	11. 四通八达的交通	·我的出行体验 ·多样的交通方式 ·家乡交通在发展 ·怎能忘记他们	·调查活动：调查常见交通方式的特点及其与人们生活的密切关系；感受交通给生活带来的便利及问题 ·案例分析：从交通拥堵、环境污染等方面对案例进行分析，探讨解决交通问题的方法、措施，能为解决这些问题献计献策 ·模拟体验：利用不同的通信方式模拟通信活动，传递信息。了解不同的通信种类，体验不同通信方式的特点，提升信息素养 ·实践活动：如何运用学到的信息安全知识防止网络欺凌	12 课时
	12. 慧眼看交通	·交通发展带来的问题 ·交通发展大家谈		
	13. 万里一线牵	·神通广大的现代通信 ·历史上的通信 ·飞速发展的通信世界 ·通信交往中的文明		

四、课程实施

（一）课程资源

（1）《义务教育道德与法治课程标准（2022 年版）》《青少年法治教育大纲》以及党的十八大以来中央有关德育的其他文件。

（2）教材学材：《道德与法治》三年级下册。

（3）教师用书：《道德与法治·教师教学用书》三年级下册及配套练习册。

（4）合理利用和挖掘多种社会资源。如学校师生、家长、社区人员等资源；本地区的传统节日、文化活动、社会公益活动等，学生生活中发生的一些上当受骗、溺水、违反交通规则的事例，国家和地区的一些重要事件或突发事件等加以整理、开发。

（5）利用网络、电视、电影、广播、报纸、杂志等信息媒体获取与课程相关的资源。

（6）利用校内环境设施和校园网络、图书馆等，结合少先队活动、主题班会、课外活动小组、文体活动、校本课程等，丰富和拓展本册教材的内容。

（二）学习活动

（1）课前开展收集整理信息的活动。依据道德与法治课学科特点，多数主题活动需要学生课前搜集相关信息或资料，为课堂上汇报交流做好准备。如学习“请到我的家乡来”时，课前让学生收集家乡的歌曲、特产、名人、民谣、方言等材料以便学生更好地了解家乡的自然环境、物产、家乡的人的情况；让学生收集、整理和交流资料时，教师通过提出若干问题，提示收集、整理和交流资料的要点，避免学生不假思索地摘取资料。

（2）根据本学期的教学内容，每个单元都设置了调查活动或采访活动。调查采访也是学生进行道德学习活动的自主学习方式。如学习“我是独特的”一课时，设计了“他人眼中的我”调查采访活动；再如学习“四通八达的交通”时，设计了“我身边的交通”“衣食住行与交通发展的关系”的调查采访活动。教师要为学生自主探究和解决问题提示方法和步骤，避免放任学生进行盲目而低效的探究活动。

（3）体验学习。体验学习是学生通过身体的各种感官进行学习的一种方式。本学期设计了多次体验活动，如学习“慧眼看交通”时，利用周末与父母到交通闹市区，感受周末与平时出行的不同体验，学习“生活离不开规则”时，通过游戏让学生体验守规则与不守规则两种截然不同的后果，懂得规则的意义及其作用，树立规则意识。

(4) 小组学习。小组合作学习是道德与法治课堂开展探究学习所必需的交流平台。教师指导各小组成员进行合理分工、平等讨论，并让每个学生轮流担任组长，负责组织小组的活动、交流和汇报，使小组学习成为培养学生平等民主意识与合作交往能力的过程。

(5) 学生每人准备一个成长记录袋，记录自己本学期学习过程中收集的资料、调查表格、采访记录、实践性作品等，学期末进行展评。

五、课程评价

(一) 评价的目的和原则

评价的根本目的在于积极促进学生发展，全面了解和掌握学生的道德和社会认知以及发现和解决问题等方面的能力，以帮助教师改进教学，提高教学的实效性，保证课程目标的实现。评价依据《义务教育道德与法治课程标准(2022年版)》《青少年法治教育大纲》等文件的相关规定及贯彻培养学生核心素养的顶层设计要求，遵循实事求是、公平公正、鼓励性原则、形成性评价、诊断性评价、终结性评价相结合的原则。从每个学生自身出发，尊重学生的个性特点，注意认知和操行相统一，显性表现和隐性品质相统一。

(二) 评价的内容和方法

评价内容包括：

(1) 学习态度及学习习惯(占比 30%)，包括学生课前材料收集、学习过程中的表现和完成学习任务的态度等。

(2) 学习能力和学习方法(占比 30%)，包括学习中观察、探究、思考、表达，收集、整理、分析资料的能力和方法，与他人合作完成学习任务的能力等。

(3) 学习结果(占比 40%)，是指完成学习任务的质量和进步程度，包括情感、创新精神、个性、能力、道德表现及活动产生的作品等。

评价方法：评价以质性评价为主，量化评价为辅，重视学生在新课标所规定的课程目标和课程内容方面的个性化表现。

本学期总评成绩＝过程性评价(60 分)＋终结性评价(40 分)

三年级下道德与法治课程评价量表见表 2-22。

表 2-22　三年级下道德与法治课程评价量表

项目	评价内容	评价标准	评价方法	评价说明
过程性评价（60%）	课堂表现（30 分）	· 课前准备充分，学习资料的搜集符合前置预习单的要求（9 分） · 能积极举手发言，能耐心倾听别人发言（9 分） · 积极参与小组活动（12 分）	· 老师、学生根据平时观察记录和学生的表现给予教师评价、自我评价、学生互评	· 优：24～30 分 · 良：18～24 分 · 及格：18 分 · 待努力：<18 分
	家庭习惯养成（30 分）	· 每次课后能按时完成相关的实践作业（如调查、访谈等）（15 分） · 按照学科核心素养的要求践行道德准则、道德规范、道德修养（15 分）	· 家长根据学生的表现给予评价	· 优：24～30 分 · 良：18～24 分 · 及格：18 分 · 待努力：<18 分
终结性评价（40%）	重点考核学生道德认知、道德情感和道德行为，分认知能力和行为评价能力，具体内容为教材和日常行为表现（40 分）	· 期末测试的评分标准，按对错给分	· 纸笔测试，以新课标为依托	· 优秀：书写工整，卷面整洁，总分≥40 分 · 良好：书写较工整，卷面较整洁，30 分≤总分<35 分 · 合格：书写能做到工整，总分>24 分 · 待努力：总分<24 分

（三）评价结果

学期总成绩以等级呈现，共分三个等级。

80 分及以上为优秀；70～79 分为良好；60～69 分为及格，学生可根据评价结果反思自己的行为、习惯、学习习惯等还需要改进的地方。

第三章 聚焦核心素养的单元整体教学设计研究

第一节 指向核心素养的单元整体教学设计
——以《道德与法治》六年级下册
“让世界更美好”单元为例

小学道德与法治课程单元整体教学设计是落实立德树人、深化课程改革的必然要求，是提升学生核心素养的有效途径。核心素养导向下的小学道德与法治课程单元整体教学设计，是指从单元的角度出发，建立学科核心素养与学科核心内容之间的关系。本章节依据新课标，以《道德与法治》教材为蓝本，基于单元素养目标，选择有利于培养核心素养的学习内容和情境素材，制定学习目标、选择学科内容、设计学习活动、开展课堂教学、进行学习评价，使学科核心素养具体化，即可培养、可干预、可评价。本研究的目的是通过一个阶段的学习让学生完成主题单元的学习任务，形成单元能力。现以《道德与法治》六年级下册“让世界更美好”单元为例，作一探讨。

一、单元视角下的课标分析

《义务教育道德与法治课程标准(2022 年版)》明确以素养本位为课程设计的基本遵循，围绕政治认同、道德修养、法治观念、健全人格、责任意识五大核心素养，统整课程内容。六年级下册第四单元“让世界更美好”涉及领域为“我们的国家生活、我们的共同世界”，围绕“共同的世界—发展力量”这一大概念，以“科技”“国际组织”“和平与发展”为逻辑主线，设计了本单元内容的学习。立足新课标的要求，本单元以科技、和平、发展为基础，指向政治认同、法治观念等核心素养的培育，引导学生了解我国在科技发展、国际组织、维护世界和平与发展等方面所起的重大作用，增强学生的国家认同感、自豪感，形成正确的价值取向和责任意识。

二、基于新课标的教材分析

教材分析应该与所讲主题相关,分析单元与单元之间的关系、课时与课时之间的关系,从整体上把握教材内容,把零碎的知识重新整合。“让世界更美好”主题内容是小学阶段《道德与法治》教材的最后一个单元。本单元的学习内容是对五年级上册第三单元“我们的国土　我们的家园”、第四单元“骄人祖先　灿烂文化”主题价值内涵的不断扩展,也是本册第二单元“爱护地球　共同责任”、第三单元“多样文明　多彩生活”国际视野教育主题内容由近及远地不断加深。这部分内容与初中阶段“了解全人类共同价值的内涵、领悟构建人类命运共同体的意义”的内容要求相衔接,为后续“国情教育”奠定了基础。

三、基于新课标的学情分析

学情分析应基于本单元的既定课程标准来思考。分析学生本单元要解决的基本问题或驱动性问题是什么?学生的现有水平如何?学生已有的知识或经验基础有哪些?学生在学习、探究方面的能力如何?学生要取得所需的学业成就还缺什么?学生的困难障碍是什么?学习的难点在哪里?学生的兴趣、生活经验、认知规律、思维特点、学习气氛、意志品质、价值观念等如何?

小学六年级学生已经对战争带来的苦难、国际组织等有一定的了解,但是对于战乱地区的人们所遭受的灾难缺乏一定的认知,对联合国和世界贸易组织等这些组织还不够了解。教师在组织学生进行“让世界更美好”这一主题单元的学习时,可让学生根据课前学习任务单的要求,通过网站、影视资料等搜集与本课教学相关的资料,培养收集、整理、分析资料的能力。课上,学生在教师的引导下展示、交流。教师通过具体的实例、数字、图片系统分析战争给人们带来的灾难,通过展示的课件让学生了解加入世界贸易组织后对中国和世界的影响,增强学生的政治认同,培养学生的责任意识。

四、基于教材内容的单元核心概念提炼

单元核心概念的提炼离不开学科本位及学段定位,确定单元结构,教师要思考:本单元涉及的核心概念、思想有哪些?核心概念、思想之间关系如何?如何设计核心概念、思想的层级性与阶梯性?每课时预期达到什么程度?这需要教师基于教材内容、结合学生的认知水平和发展规律,立足新课标解读课程核

心素养的内涵，明确主题教学整合的依据与标准，通过对教学内容的整体把握和深度关联来实现。

六年级下册第四单元“让世界更美好”教育主题所对应的是新课标中第三学段的课程内容。内容要求是了解改革开放以来我国取得的伟大成就，明确中国特色社会主义道路是指引中国发展繁荣的正确道路，理解只有走中国特色社会主义道路才能够实现中华民族伟大复兴，初步感受百年未有之大变局和世界发展趋势，能够举例说明构建人类命运共同体的意义。素养内涵主要为“政治认同、道德修养、法治观念、健全人格和责任意识”，引领学生构建“我与国家和人类文明关系”的逻辑，明确“关心时事，热爱和平，具有国际视野”“关心国家，具有主人翁意识、责任感”“具有奉献精神、勇于担当，具有公共意识和公共精神”的核心概念，逐步形成“构建人类命运共同体”的理念。基于本单元教学主题的内容安排，教师充分考虑学生的已有经验和认知水平，通过横向连贯和纵向提升，优化教学设计与实施，促进单元大概念教学的有效落实。

五、研制素养导向的学习目标

基于目前学校和一线教师的实际情况，这里所指的“单元”不是强调跨学科、跨学段、综合性的“单元”，而是基于道德与法治核心素养、学生认知规律和学科知识逻辑体系建构的最小的教学单位。“指向核心素养的单元整体教学设计”体现在对道德与法治教学单元内容进行的二度开发和整体设计方面。首先要确定单元目标，思考本单元的主题是什么，本单元可以实现哪些核心素养，本单元的核心目标是什么。

学生的经验基础和发展需求是学习目标设计的重要依据，学生经过六年的学科系统知识的学习、跨学科的主题学习及德育课程的学习，其人生观、世界观、价值观已在潜移默化中逐步建立。借助平时生活经验的积累及专题资料搜集等活动，学生对我国在科技发展、国际组织、维护世界和平与发展等方面所起的作用已有浅显的了解，对科技发展、和平问题有自己的见解，但受限于认知能力、视野范围，需要老师的引导及对单元知识的梳理、概括。基于以上单元素养培育和学情分析，教师制定了如下单元学习目标。

（1）通过自主查阅资料、观看视频、案例分析、调查、辩论、探究等活动了解科学技术、国际组织在世界发展中的重要作用。

（2）通过信息梳理、展示分享、阅读思考、模拟表演等活动感悟科学精神，感受世界人民对和平的美好追求。

(3) 通过小组合作学习、探究学习、项目式学习等形式进行自主的知识建构，了解我国在促进世界和平与发展方面所作的重要贡献，萌发热爱科学、热爱和平的情感及国家认同感。

本单元的学习目标突出素养导向，力求实现目标与手段的统一、过程与结果的统一，为学生经历“完整的学习”勾画清晰的蓝图。

六、设计关键任务，开发学习资源

“指向核心素养的单元整体教学设计”不仅重视真实情境的学习任务设计，也强调学习任务与评价任务的一致性。每一个学习任务的背后，都有明确的评价意图。没有评价，就没有课程。评价任务是大单元设计的关键。有目标必须有评价，如果没有评价就等于没有目标。评价任务可以评价目标写得是否准确、恰当。把设计好的评价任务嵌入教学过程中，使得课堂教学体现教学评一致，所以评价任务是承上启下的关键。

《道德与法治》六年级下册第四单元“让世界更美好”第10课“我们爱和平”话题中，教师针对“借助资料、数据，知道‘一带一路’倡议是推动构建人类命运共同体的重要实践平台，明确中国为推动世界和平制定了有效的‘中国方案’”这一学习目标，设计了“积极参与合作探究，交流‘一带一路’倡议”的相关资料和数据，能用自己的语言表达出“‘一带一路’倡议是推动构建人类命运共同体的重要实践平台”这样的评价任务，保证了学习目标与评价任务的一致性。

指向核心素养的单元整体教学设计注重开发来自学生的学习资源，利用预学单这一学习工具，为学生提供预学情境和任务支架，引领学生开展课前预学，自主收集、整理相关学习资源，唤醒学生已有的生活经验。“让世界更美好”单元的学习内容需要学生进行相关资料、信息的收集与整理，如收集国际组织的资料、第二次世界大战以来世界各地发生的战争与冲突的资料时，可通过登录相关的官方网站，查找近年来有关本主题的新闻报道，或到图书馆查阅资料，把预学成果作为重要的课堂学习资源。

指向核心素养的单元教学方案指向了核心知识、学科思想方法、关键能力和必备品格、深度参与和持续探究。核心素养导向下的单元教学，通过对情境、问题、活动等的整合，追求知识学习的条件化、任务化和活动化，让学生获取结构化知识和必备品格，掌握解决问题的思路和方法，培养关键能力，并在解决任务的过程中，学生的品格得到升华。

七、生成问题导向的学习过程

在设计学习过程时，首先要思考以下问题：创设什么样的情境导入课堂？设置什么样的问题，引导学生产生认知冲突？如何引导学生自主探究？针对重难点采取什么样的互动方式引导学生深层建构？通过这些问题让学生经历完整的学习过程。《义务教育道德与法治课程标准(2022年版)》提出，思想政治理论、道德与法律规范都不是自发生成的，必须发挥在教学中的主导作用。要求教师要按照灌输性和启发性相统一的原则，做到“灌中有启”“启中有灌”。如在设计本单元“我们爱和平”的主题学习时，教师应遵循“唤醒、体验、反思、实践”的进阶思维设计学习活动。创设的任务情境是“童眼看世界”，选取了“战争的眼睛、抗疫的眼睛、军人的眼睛”三双最有特点、最具代表性的“眼睛”，引导学生积极互动。通过查阅新闻、展示交流收集的资料，摘录我国在国际争端问题上发出的“中国声音”，写下对该事件的思考，以唤醒学生对战争的理解，对和平的渴望。借助“一带一路”倡议实施以来，共建国家取得辉煌成就的图片及文字资料，引导学生体验中国为推动构建人类命运共同体所作的贡献，感悟“一带一路”是造福世界的“富裕带”，是惠及人民的“幸福路”，感受中国向世界传递用发展促进和平的信心，引发学生由衷地为“中国方案”点赞。以有价值的问题引导学生积极体验与思考，通过思维的不断进阶，培育学生构建“我与国家和人类文明关系的逻辑”，形成“热爱和平，具有国际视野、勇于担当，具有公共意识和公共精神”的大概念，逐步树立“构建人类命运共同体”的理念，促进素养目标的落实。

八、设计指向“教—学—评”一致性的评价

教学评价是指向核心素养的单元整体教学设计的重要环节。评价方式、评价内容对单元目标的达成评价是否有效？是否能够引导、促进学生深度学习？单元教学是否有效，要通过教学评价来观察分析，寻找证据，通过搜集信息判断是否达成学习目标，进而确定下一步单元教学的措施和方向。注重形成性评价，强化高阶思维能力的考核，实现由“考查学生背了多少、记了多少”向“考查学生思考了多少、领会并付诸实践了多少”的转变。只有设计了关注学习过程的“教”，“评”才能更贴合“学”，基于“学”论证出来的“教”，最容易设计促进“学”的“评”，这样的教学设计才能让“教、学、评”成为一体。

在设计六年级下册第四单元“让世界更美好”教学时，教师设计了这样的单

元整体教学评价:能够借助照片、数据、实证材料、实例清楚、正确地说明中国在科技发展、国际组织、维护世界和平与发展等方面所起的重大作用;讲述构建人类命运共同体的意义;说出自己如何以实际行动为维护和平作贡献。这样的教学评价既开阔了孩子的国际视野,培养了孩子的公共意识,又使孩子养成关心国家、关心时事习惯,热爱和平的美好情感,勇于担当的责任感。

总体来说,指向核心素养的单元整体教学设计是以教材单元为基础,以单元大概念为核心,进行整体的结构化教学设计,构建具有目标内在关联的单元整体框架,以大主题为统领,设计真实情境,整合学习内容,并逐步分解到内容逻辑关系及梯度的课时任务及活动中,通过一个个活动,引领学生完成具有内在联系任务的学习事件,通过学科事实性知识的呈现与核心概念的归纳,实现层级性转化。

从“课程标准”转化为“学习目标”,从“课时教学”到“单元重构”,从“知识点”到“学科大概念”,学生对学习先有一个整体上的结构认识,再认识学习各个具体的部分,然后再找到部分与部分之间的关系,形成对学习的完整认识。单元整体教学设计是国家对课程教学质量的要求,是学生学习差异的现实需求,是教师优质教育理想的追求。

第二节　二年级上册第一单元“我们的班级”教学设计

一、单元分析

（一）课标分析

（1）本单元培养学生的核心素养主要表现为:政治认同、法治观念、责任担当等。

（2）本单元对应的学段要求。

内容要求:乐于探究,在学习和生活中遇到问题时能想办法解决,提高动手能力。知道社会主义核心价值观的概念,能记住社会主义核心价值观。知道学校生活有规则。树立规则意识。爱护家庭、学校和公共环境卫生。

学业要求:养成良好的卫生和生活习惯;能够保护自然环境,爱护公共卫生。

教学提示:围绕“热爱学,创意生活”主题,小组合作设计制作简单、有创意的手工作品，培养动脑筋发现问题、解决问题的能力。通过听故事等方式，初步了解社会主义核心价值观的内涵。通过收集相关信息和图片，树立公共卫生意识，积极参与维护公共环境卫生的活动。了解《中小学生守则》，懂得遵守规则的重要性，自觉遵守学校规则。

（二）教材分析

单元学习主题：本单元一个相对集中的教育主题是奠基公共意识。班级是离学生最近的准社会、公共生活空间，“我们的班级”是学生最熟悉的共有、共享的准生活空间。

单元学习内容：公共意识建立在公共生活之上，关乎社会中的每一个人。公共生活离不开生活的规则，有规则的公共生活有利于培养学生的公共意识和责任感。本册教材聚焦“公共意识”这个大概念。第一单元“我们的节假日”，引导学生在节假日里参与各类社会实践中渗透公共意识；第二单元“我们的班级”，引导学生在班集体里参与班级生活承担责任中渗透公共意识；第三单元“我们在公共场所”，引导学生在公共场所里感受公共秩序、公共道德规范中渗透公共意识；第四单元“我们生活的地方”，引导学生在了解家乡生活、文化和发展的活动中渗透公共意识。本单元的教材内容从学生的较为熟悉的班级生活入手，班集体是儿童生活中最重要的微观社会环境。丰富多彩的集体生活能给学生强烈的安全感、归属感与荣誉感，愉快、温暖的班集体是儿童健康成长的摇篮。

主题一：我爱我们班。这个主题通过班级生活体验和班级故事，引导学生初步树立班级的集体生活观念，萌发集体归属感和集体荣誉感。

主题二：班级生活有规则。这个主题的核心是引导学生树立集体生活中的规则意识，明确共同生活的规则是为了一起生活得更美好而人为设立的，合理地调整和设立并遵守规则可以改善生活。

主题三：我是班级值日生。引导学生理解集体生活中的岗位与义务的意义，主动负责地扮演集体角色，将集体荣誉和规则意识落实为自己的行为，当好值日生。

主题四：装扮我们的教室。通过装扮教室的一系列活动，强化集体观念，引导学生通过积极地参加集体活动，勇于承担集体责任而深化共同生活的规则。

本单元四个主题的内在联系是递进关系。前三课是从集体感到集体规则再到集体责任，最后一课是实践课，也是总结课。

（三）学习者分析

良好的公德意识和公共责任感不是天生的，是要从小、从身边小事培养的。经过一年的班级生活后，学生对这个准公共空间已经略微熟悉，但这种熟悉是对日常活动场所的物理空间的熟悉，而非对作为社会空间的真正熟悉。通过本单元学习，引导学生深入理解班级的社会空间的意义，从集体感到规则意识，再到集体责任，进一步培养学生热爱集体的情感和能力。

二、单元规划

（一）单元学习目标

1. 本学段课程目标

政治认同：知道社会主义核心价值观。

道德修养：爱护家庭、学校和公共环境卫生，爱护公物，遵守公共秩序。

法治观念：了解生活中的规则，知道在生活中人人都应遵守规则，具有初步的规则意识。

健全人格：能够表达自己的感受，学习倾听他人的意见。

责任意识：热爱学校和班集体，积极参与学校和班级活动，有集体荣誉感，能够关心和帮助他人。

2. 本学段学业质量描述

能够陈述社会主义核心价值观的概念。

能够结合个人与学校生活，按照正确的行为要求去行动，具有良好的意志品质。

在学校生活情境中，能够遵守与他人的约定，维护学校秩序，爱护公共设施。

3. 本单元素养目标

通过回顾与同学交往的点滴往事，反思集体生活，感受班级同学的友爱与温暖；体会班级生活需要团结、合作、包容、配合，愿意与同学团结协作，享受群体生活。

通过回忆荣誉的来历，发现班级值得肯定的地方，建立集体荣誉感，进而对集体产生归属感、责任感。

结合日常班级生活从不同角度进行观察，理解规则对公共生活的意义和价值，产生好的公共生活需要规则的意识，学会制定规则。

通过游戏的方式模拟班级生活中规则的运行过程，发现规则在实施中需要修订和完善，通过规则的制订修订过程，懂得公共规则大家订的公共生活伦理。

通过参与值日活动，发现值日中遇到的真实问题，学会从集体的角度来明确优秀值日生的标准。理解集体生活中的岗位与义务的意义。

通过故事再现情境树立正确的值日观，结合自己学校和班级值日生的现实要求，明辨公共责任观念，发现身边的值日榜样，用实际行动争当优秀值日生。

通过装扮教室的实践活动，营造好的班级文化，产生责任感和荣誉感。深化公共责任意识和创新精神，提升公共生活的能力。

通过展示活动，感受大家的努力给班级带来的变化，并为自己能够为班级的变化尽力而开心。激发班级是大家的，大家一起使她变得更好的集体感、责任感和荣誉感。

（二）单元评价任务

（1）回顾与同学交往的点滴往事，发现和分享身边的团结友爱事例，寻找到积极的班级生活体验。

（2）回忆班级荣誉的来历，发现班级值得肯定的地方，分析并发现班级荣誉与同学和个人努力的关系。

（3）对日常生活中的各种规则进行观察分析，发现并能说出规则对公共生活的价值。

（4）参与班级游戏，体会公共生活中规则的运行过程，从讲文明、守规则角度寻找和发现问题，并能民主商议，公平自主地制订班级规则，修订和完善规则。

（5）说出自己值日中遇到的真实问题，和同学、老师共同商讨最好的解决办法，妥善处理值日中遇到的问题。

（6）用优秀值日生——热情、公平、公正、有方法、有坚持的标准去发现身边的值日榜样，做一名优秀值日生。

（7）在装扮教室的活动中承担相应的角色与任务，从班级生活需求和教室的环境出发进行装扮活动，分工合作、协商，解决活动过程中遇到的问题，深化公共责任感、荣誉感及创新精神。

（8）进行展示活动，小组学生介绍自己小组的创意，过程中的细节，设计的原因与含义。说出大家的努力给班级带来的变化和感受。

（三）单元结构化活动

1. 单元设计理念与思路

公共意识指现代公民对社会公共领域的理性认识和行为的自觉性。公共意识是展现现代社会文明的重要要求，是维持社会秩序的重要保障，是重塑文化氛围的重要途径。

小学生是祖国的未来，培养良好的道德习惯，不仅关系到学生的健康成长，更重要的是关系到祖国的前途和命运。公共规范意识、公共利益意识、公共环境意识、公共参与意识，构筑了现代公共意识的底座。“公共性”在每个人身上折射出的现代素养体现了一个民族迈向现代化的文明高度。班级是离学生最近的公共生活空间，教师应在学生参与班级生活承担责任中渗透公共意识，对学生进行公共意识的启蒙教育。

2. 单元教学结构表

“我们的班级”单元整体教学知识线、认知线、教学线见表 3-1。

图 3-1　“我们的班级”单元整体教学知识线、认知线、教学线一览表

<table>
<tr><th colspan="3">单元主题</th><th>知识线</th><th>认知线</th><th>教学线</th></tr>
<tr><td rowspan="3">奠基公共意识</td><td rowspan="3">我们的班级</td><td>我爱我们班</td><td>我爱我班吗</td><td>·班级有哪些快乐、温暖的生活
·班级有哪些团结、友爱、理解、包容的故事
·班级获得了哪些荣誉，是怎样获得的</td><td>·回顾班级的集体生活，体验班级活动快乐多
·分享班级团结友爱的故事，感受集体生活的温暖
·举行我为班级点个赞活动，爱护班集体荣誉
·进行我来跳个集体舞活动，感受班集体的和谐、团结</td></tr>
<tr><td>班级生活有规则</td><td>我遵守班规了吗</td><td>·班级规则对班级公共生活的意义是什么
·如何制定班规
·怎样遵守班规</td><td>·留心观察班级生活，调查了解同学遵守文明规范的现状，产生对建立班级规则的认同感
·在自主制定班级规则的过程中，感受到自己作为班级主人的责任感和自豪感
·把“约定”制作成文明旗，树立自觉遵守班规的意识，形成正确的价值观</td></tr>
<tr><td>我是班级值日生</td><td>我如何做好值日生</td><td>·值日生的职责是什么
·当值日时遇到难题怎么办
·怎样当好值日生</td><td>·根据已有的生活体验，说说值日生的工作内容，明确职责，增强集体责任感
·联系已有的生活经验，引出其经历过的值日困惑，并再现困惑。一起讨论、交流，寻找解决问题的正确方法与途径
·寻找身边的优秀值日生，为自己树立榜样，促使自己落实行动，争做优秀值日生</td></tr>
</table>

表 3-1（续）

单元主题			知识线	认知线	教学线
奠基公共意识	我们的班级	装扮我们的教室	怎样装扮我们的教室	·他们的教室好在哪 ·装扮我们的教室应该怎么做 ·这样装扮，美在哪	·展示本班学生走访、观察、收集到的漂亮班级的图片。讨论：这些教室好在哪 ·分小组设计教室美化蓝图，然后通过相互补充完善再整合到一起，感受公共生活中的问题需要大家共同解决 ·动手美化教室，体会行动为班级带来的可喜变化

3. 单元课时规划表

"我们的班级"单元整体教学课时规划见表 3-2。

表 3-2 "我们的班级"单元整体教学课时规划表

课型课时	课时目标	达成评价	任务活动
活动课 我爱我们班 2 课时	·知晓班级活动的快乐，感受集体的温暖 ·知晓积极参加集体活动是热爱集体、维护集体荣誉的表现 ·懂得班集体的事需要团结协作，也需要方法、技能	·能列举自己曾参加过的班级活动，说出其中的乐趣 ·能分享班级团结友爱的故事，说出感受 ·能说出班级取得的荣誉，以及荣誉背后的故事和感受	·信息梳理：把课前分组收集的班级生活的资料按学习任务单上的要求进行整理 ·交流分享：根据已有的生活经验，谈谈班级活动快乐温暖、团结友爱故事 ·探究活动：回顾班级取得哪些荣誉，探究这些荣誉背后的故事
活动课 班级生活有规则 2 课时	·知道规则在班级中的重要性 ·自觉自愿遵守班级生活规则	·能列举事例说明班级规则在班级生活中的作用 ·能主动、自觉地用实际行动履行遵守班级生活规则	·研究性学习：民主商议自主制订班级规则，了解班级规则的制定过程和要求 ·体验活动：把"约定"制成文明棋
实践课 我是班级值日生 2 课时	·知道当好值日生是热爱集体的表现 ·知道当值日生时应该怎么做	·能说出做值日对班级生活的意义 ·能列举具体事例表述做值日时遇到的难题及解决的办法 ·能以实际行动当好优秀值日生	·榜样引领：寻找优秀值日生，夸一夸 ·体验活动：进行一次有意义的值日活动 ·辨析活动：辨析值日生在值日中的错误观念及做法 ·问题解决式学习：探究值日时出现的问题，商讨解决问题的办法
实践课 装扮我们的教室 2 课时	·在班级活动中承担相应的角色与任务 ·学会用不同方式、方法为班级服务，提高实践能力	·能根据自己的观察说出漂亮的教室美的地方 ·能与同学合作设计出教室美化蓝图 ·能与同学一起把教室装扮得更美丽、漂亮	·探究活动：我们一起来设计 ·创新活动：大家一起来美化 ·展示活动：我们的教室更漂亮

4. 单元实施策略

(1) 回忆的过程中，不管是集体生活还是同学交往，都要特别关心普通同学，包括集体生活中比较孤立和不受欢迎的同学。

(2) 集体舞活动要关注学生的真实体验，还可以根据实际情况进行替换。

(3) 通过规则的制订过程，懂得公共规则大家订的公共生活伦理。抽象的问题可以通过具体的事例和过程体验来理解，可选择一个方面展开讨论，达成共识。

(4) 装扮教室的实践活动必须是自己班级的实践行动的过程及问题体现，要调动所有孩子积极参与，实现公共意识、责任及能力教育。

三、单元评价

“我们的班级”单元整体教学评价(表 3-3)。

表 3-3　“我们的班级”单元教学评价量表

<table>
<tr><th colspan="7">过程性评价＋多元化评价</th></tr>
<tr><th colspan="2">评价维度</th><th>评价标准</th><th>评价要素</th><th>评价主体</th><th>评价方法</th><th>评价说明</th></tr>
<tr><td rowspan="5">政治认同
道德修养
法治观念
健全人格
责任意识</td><td>情感与态度</td><td>·喜欢集体生活
·爱护班级荣誉</td><td>·能从语言及行动上表达出喜爱集体生活的情感</td><td>·教师评
·自己评
·小组评</td><td>·观察访谈</td><td>优秀 10
良好 8
合格 6</td></tr>
<tr><td>行为与习惯</td><td>·养成良好的文明行为习惯
·遵守规则意识</td><td>·行为习惯好，能在实际行动上遵守规则</td><td>·家长评
·教师评
·伙伴评</td><td>·观察访谈</td><td>优秀 10
良好 8
合格 6</td></tr>
<tr><td>知识与技能</td><td>·积极地想办法完成岗位任务
·学会对同学的付出表达感情</td><td>·基本任务能完成
·基本方法会运用</td><td>·教师评
·自己评
·小组评</td><td>·观察访谈</td><td>优秀 10
良好 8
合格 6</td></tr>
<tr><td>体验与感悟</td><td>·探究值日时出现的问题
·民主协商解决问题的办法</td><td>·能在值日时发现问题，并能和同学一起民主协商，找出解决问题的办法</td><td>·教师评
·家长评
·小组评</td><td>·观察检查学习任务单及资料袋</td><td>优秀 10
良好 8
合格 6</td></tr>
<tr><td>实践与创新</td><td>·喜欢动手动脑，乐于创造
·从班级生活需求和教室的实际环境出发进行装扮教室的活动</td><td>·积极参与一起讨论，设计好行动方案
·认真准备，创造性完成教室的装扮任务，并能介绍自己小组的创意及创意过程中的细节，设计的原因与含义等</td><td>·教师评
·家长评
·小组评</td><td>·查阅资料袋
·作品分析</td><td>优秀 10
良好 8
合格 6</td></tr>
</table>

第三节　二年级下册第三单元“绿色小卫士”教学设计

一、单元分析

（一）课标分析

(1) 本单元培养学生的核心素养主要表现为：政治认同、道德修养、责任担当等。

(2) 本单元对应的学段要求。

内容要求：乐于探究，在学习和生活中遇到问题时能想办法解决，提高动手能力；亲近自然，感受自然的美，保护自然环境。知道社会主义核心价值观的概念，能记住社会主义核心价值观。

学业要求：养成良好的卫生和生活习惯。能够保护自然环境，爱护公共卫生。

教学提示：围绕“热爱学，创意生活”主题，小组合作设计制作简单、有创意的手工作品，培养动脑筋发现问题、解决问题的能力。通过户外活动，接触自然环境，为保护自然环境做力所能及的事。

（二）教材分析

本单元的大主题是培育创新意识。以“绿色小卫士”为单元主题内容，引导学生从自己身边可触可感的水、空气、纸资源出发，理解自己所处时代的主题——绿色与环保，并通过自己的智慧与创造，改善生活环境，节约资源，过文明有创意的生活，成长为“绿色小卫士”。

二年级下教学内容在学习了“适用与习惯”“共在与共有”教育主题的基础上，针对时代要求和学生自身成长的需要，设立了“有创意地生活”的核心教育主题。

主题一：“小水滴的诉说”，承接一年级下册“我和大自然”单元中人与自然的关系视角，将水看作生命的重要组成部分，是与生命休戚与共的存在。通过“小水滴”的歌唱与遭遇不幸后的诉说，激发学生爱惜水的情感，同时引导学生有创意地珍惜水、节约水。

主题二：“清新空气是个宝”，是非常有时代气息的主题，针对当下我国大气污染的严峻现实，引导学生理解清新空气对美好生活的重要意义，懂得清新的空气需要靠大家共同努力来创造，要了解相关的法律法规，从小处着眼，身体力行，形成绿色环保的生活方式。

主题三："我是一张纸"，本课在设计思路上与第 9 课一致，采用了拟人和童话的表达方式，聚焦与学生天天打交道的文化用品——纸。引导学生明白纸的来之不易，从让朋友开心快乐的角度，引导学生在日常生活中创造性地将节约用纸落实到行为上。

主题四："我的环保小搭档"，是一个总结性的活动课，旨在通过创造性地寻找自己的环保小搭档，从小处着眼，细处着手，帮助学生在日常生活中切实落实绿色生活的观念。

本单元四个主题，前三课是三个并列的环保主题，最后一课是行动，可以看作总结。

（三）学习者分析

(1) 应具备能力：二年级是学生在小学阶段的一个关键期，在这一阶段，学生已积累了一些知识和经验，他们的节约、环保意识开始觉醒，对绿色环保有了初步的认知，具有了一定的节约节能意识和绿色环保意识，这为进一步提升学生的节约、环保意识提供了条件。

(2) 当下能力：二年级的小学生经过一年级和二年级上学期的学习，已具备一定的环保意识，有一些粗浅的、不经意的环保自我反思经验。但在他们的实际生活中，大都只知道平时用的日常用品随手拈来，不明白地球上的资源是有限的，地球上的资源是很宝贵的，也很少留心资源目前遭遇的污染状况。在这个新的成长时期，需要培养学生养成节约资源的法律意识，提升环保的意识观念。

(3) 欠缺能力：从学生的心理特点与认知程度来看，二年级学生的意志品质的自觉性、果断性、坚持性和自制性相对较差，认识水平和思维能力不高，对绿色生活方式了解不多，对于如何在生活中践行环保理念并没有清晰的认识。通过本单元的学习，学生能够初步感受到身边的资源遭遇到破坏以及资源的稀缺性和有效性。作为教师，要想引导学生把节约资源的行动落实到日常生活中，就要立足于学生已有的生活经验，通过各种活动让学生体会资源的有限性，帮助学生树立环保责任意识及参与意识，向学生渗透简单的法律法规，培育积极的生活技能和生活智慧。

二、单元规划

（一）单元学习目标

1. 本学段课程目标

道德修养：知道健康生活、卫生习惯的基本知识和要求。

法治观念：了解生活中的规则，知道在生活中人人都应遵守规则，具有初步的规则意识。

责任意识：亲近自然，爱护动植物。

2. 本学段学业质量描述

具有健康安全的生活习惯，具备勤俭节约的意识；爱护大自然。

3. 本单元素养目标

通过观察图片、观看视频和调查讨论了解我国水资源的匮乏及被污染的现状，认识水的珍贵，养成节约用水、保护水资源的好习惯。

通过日常观察、收集资料发现生活中、工农业生产中浪费水资源的现象及解决办法，掌握节约用水的好方法，做到科学合理、有创意地珍惜水、节约水。

借助资料收集、调查访谈了解身边的空气状况，通过亲身体验、观察比较清楚了解清新空气的作用，从小树立低碳环保的意识。

通过社会调查和实地考察，探究造成空气污染的原因和对人民生活的影响，关注家乡的生活质量，形成保护环境的意识。

通过创设情境、观察生活、观看绘本故事等体验纸与生活的关系，探究纸的发展历程、制作工艺，感受纸在生活中的作用，从小树立节约用纸、爱惜纸的好习惯。

结合生活中自己或他人的用纸现象进行反思，思考所面对的道德问题，独立进行道德判断。通过自主性活动寻找和创新节约用纸的方法，改善自己的用纸行为。

通过情境创设、观看图片和调查讨论深入理解环保行为，创造性地寻找自己的环保小搭档，愿意与环保小搭档一起爱护环境、保护地球。

通过范例引领、展示分享体会环保小搭档的作用，从小处着眼，细处着手，树立环保意识，做个环保小卫士，让居住的家园更美丽。

（二）单元评价任务

(1) 观察图片、观看视频和调查讨论，清晰、客观地表述出我国水资源的匮乏以及本地区水资源情况和污染现状，真实地表达出自己的感受。

(2) 小组合作、分享交流生活中浪费水的现象并给出科学合理的解决办法，讨论日常生活中节水的好办法、小妙招，并创造性地把这些好的方法运用到实际生活中去。

(3) 进行资料的收集与整理，走访调查访自己生活所在地周围的空气质量状况，亲身体验、直观感受清新的空气对生活的重要性，有保护环境的意识。

(4) 进行社会调查，实地考察，找到造成空气污染的原因和对人民生活的影响，从小处着眼，身体力行，遵守环境保护相关的法律法规，过绿色环保的生活。

(5) 观看图片、视频，观察生活，发现纸与生活的关系，纸的发展历程、制作工艺，用自己的语言说出纸在生活中的作用，表达对纸的真情实感。

(6) 对生活中自己或他人的用纸的现象进行分析，找出现实生活中正在践行的节约用纸的好的做法以及在接下来的生活中准备去践行的节约用纸的倡议书、"金点子"、行动方案等，真正将所学落实到行动中，并使之日常化。

(7) 观看图片，进行调查讨论，清楚身边有哪些环保小搭档，找到环保小卫士，并与环保小搭档一起爱护环境、保护地球。

(8) 学习范例，进行展示分享，说出环保小搭档的作用，从小处着眼、细处着手，在日常生活中切实落实绿色生活的观念，做个真正的环保小卫士。

(三) 单元结构化活动

1. 单元设计理念与思路

文明绿色生活是现代人的基本人文素养，依据学生身心发展水平，从日常生活中感受和体验到的问题入手，选择水、空气、纸三个主题，体现人与自然和谐共生，是生命共同体的观念。从小培养学生的环保意识是现代教育的一项内容，通过可持续发展的环保教育，培育学生的生态意识、低碳意识、节约意识、环保意识等，让绿色生活的理念深入心灵并成为学生的生活习惯。本单元的学习主题是针对二年级学生的认知规律而设计的，这里的创造性重在引导学生有不断改进生活的热情与追求，养成一种积极、主动的生活意识，引导学生从生活的细节入手，在具体的生活事件中进行创新尝试，培育全方位的创新意识，以实现在生活创新中成长的目的。

2. 单元教学结构表

"绿色小卫士"单元整体教学知识线、认识线、教学线见表 3-4。

图 3-4 “绿色小卫士”单元整体教学知识线、认识线、教学线一览表

教育主题			知识线	认知线	教学线
培养创新意识	绿色小卫士	小水滴的诉说	如何保护小水滴	·小水滴珍贵吗 ·小水滴遭遇了哪些不幸 ·如何帮助小水滴	·展示缺水地区图片、视频、文字资料及文中的绘本故事，体会缺水的不便，体验水的珍贵和来之不易，感受水的珍贵 ·借助小水滴的自述、小侦探行动等感受生活垃圾和工业废水对水资源造成的污染 ·利用世界水日、节约用水公益广告、海绵城市示意图感受节约用水的实际行动 ·寻找生活中节水的“金点子”、小妙招，发现更多珍惜水、节约水、创造性使用水的方法
		清新空气是个宝	清新空气哪里来	·清新的空气对美好生活有哪些重要意义 ·空气污染的原因是什么 ·如何保护清新空气	·观察清新空气图片或真实的生活场景，结合已有经验感知清新空气对人们生活的积极影响 ·利用空气质量调查表、收听、收看当地气象报告等方法了解，判断本地的空气质量 ·利用空气污染调查的结果和本地空气的质量，研究空气污染的原因，增强保护空气质量的责任感 ·利用说一说、做一做等方式，谈谈预防空气污染、保护空气质量等环保意识与行为
		我是一张纸	怎样节约每张纸	·纸的用途有哪些 ·纸从哪里来 ·如何做节约用纸小达人	·分享展示生活、学习、各行各业的各类用纸，感受纸的用途广、作用大 ·观看古代及现代的造纸工艺，感受纸张的来之不易，形成珍惜纸张的习惯 ·参与小组合作学习、交流、讨论等活动，探讨节约用纸的“金点子”、好办法
		我的环保小搭档	如何过绿色低碳环保的生活	·为什么过绿色低碳环保的生活 ·身边有哪些环保小搭档 ·如何过绿色低碳环保的生活	·设计“环保行为”调查表，自主学习、小组讨论交流生活中的环保行为 ·寻找生活中的环保小搭档，设计自己的环保小搭档 ·展示自己制作的环保小搭档

3. 单元课时规划表

“绿色小卫士”单元整体教学课时规划见表 3-5。

表 3-5　“绿色小卫士”单元整体教学课时规划一览表

课型课时	课时目标	达成评价	任务活动
活动课 小水滴的诉说 3 课时	·知道水的珍贵 ·知道水资源当前所遭遇的危机 ·知道如何节约用水，能创造性地使用水	·能用自己的语言表达出水对生命、地球和人们生活的重要意义 ·能结合自己的生活经验，运用具体数字或事例说明水资源的危机 ·能在日常生活中找到珍惜水、节约水的方法，创造性地使用水	·创设任务情境：创设表演或对话的情境来理解水的珍贵 ·探究活动：设计“我跟着小水滴的旅行”活动，探究小水滴在旅游的过程中遭遇的不幸 ·范例引导：展示生活中珍惜水、节约水的范例，分享节水小妙招 ·设计与展示活动：展示自己设计的公益广告
活动课 清新空气是个宝 3 课时	·知道清新空气对生活的重要意义 ·知道造成空气污染的原因 ·知道如何根据空气质量调整自己的生活	·根据观察到的场景并结合自己的亲身体验，说出清新空气在美好生活中的重要性 ·能根据实践调查结果举例说出工业、农业、日常生活中的污染现象 ·能说出国家防治空气污染的法律法规的具体内容 ·能列举出保护清新空气切实可行的具体方法和措施	·观察活动：观察清新空气对人们生活的积极影响的场景，认识清新空气对美好生活的重要性 ·探究活动：利用空气质量记录表统计、分析本地空气的质量 ·研究性学习：根据空气污染小调查的结果及课前收集的资料，了解造成空气污染的常见原因，设计并展示清新空气保护计划
活动课 我是一张纸 3 课时	·知道纸在生活中的重要作用 ·感知纸张来之不易 ·能用实际行动爱惜纸张	·借助生活经验，说出纸在日常生活中的重要作用 ·根据造纸工艺和造纸流程说明纸的来之不易 ·列举事例说出节约张纸、保护环境的具体做法	·观察活动：创设情境，观察生活，感受纸的作用大 ·研究性学习：通过造纸流程与造纸工艺研究纸的来历 ·探究活动，探究纸与树木、森林、环保之间的密切关系 ·实践活动：寻找创新节约用纸的方法
实践课 我的环保小搭档 2 课时	·知道环保的重要性 ·形成绿色环保的行为习惯和生活观念 ·树立关注环保的责任与意识	·结合“环保行为”调查结果，说出环保的好处 ·能说出生活中的环保小搭档 ·能说出怎样做才是为环保作贡献	·实践活动：调查生活中的环保行为 ·创新活动：动手制作笔筒 ·展示活动：展示自己动手制作的笔筒

（四）单元实施策略

（1）重现生活情境，既要联系学生的生活实际，也要联系我国水、空气等资源状况的实际，引导学生认识到资源的珍贵，唤醒意义体验。

（2）开展探究活动，引导学生理解宏观城市管理和微观的日常行为，提升生活经验，有创意地珍惜资源、节约资源。

（3）创设生活情境，渗透法治教育。从小处着眼、细处着手，帮助小学生在日常生活中切实落实绿色生活的观念与行为，联系学生实际，做到知行合一。

三、单元评价

“绿色小卫士”单元整体教学评价见表 3-6。

表 3-6 “绿色小卫士”单元整体教学评价量表

<table>
<tr><th colspan="7">过程性评价＋多元化评价</th></tr>
<tr><th colspan="2">评价维度</th><th>评价标准</th><th>评价要素</th><th>评价主体</th><th>评价方法</th><th>评价说明</th></tr>
<tr><td rowspan="5">政治认同
道德修养
法治观念
健全人格
责任意识</td><td>情感与态度</td><td>·认识生活中的各种资源
·节约资源　保护环境</td><td>·能从语言及行动上表达出节约资源，保护环境的情感</td><td>·教师评
·自己评
·小组评</td><td>·观察访谈</td><td>优秀 10
良好 8
合格 6</td></tr>
<tr><td>行为与习惯</td><td>·有保护资源与环境的意识和行为
·养成低碳环保的生活习惯</td><td>·能把低碳环保的生活理念落在实际行动上</td><td>·家长评
·教师评
·伙伴评</td><td>·观察访谈</td><td>优秀 10
良好 8
合格 6</td></tr>
<tr><td>知识与技能</td><td>·掌握低碳环保生活的方法
·具有创新思辨的自主学习能力</td><td>·基本任务能完成
·基本方法会运用</td><td>·教师评
·自己评
·小组评</td><td>·观察访谈</td><td>优秀 10
良好 8
合格 6</td></tr>
<tr><td>体验与感悟</td><td>·探究造成资源浪费、污染的主要原因
·感受优质资源对生活的重要性</td><td>·能找到解决问题的好办法</td><td>·教师评
·家长评
·小组评</td><td>·观察检查学习任务单及资料袋</td><td>优秀 10
良好 8
合格 6</td></tr>
<tr><td>实践与创新</td><td>·有创意地生活
·积极主动地过绿色环保生活</td><td>·积极参与，创造性地寻找自己的环保小搭档
·展示分享自己的环保小搭档，说出环保小搭档的作用</td><td>·教师评
·家长评
·小组评</td><td>·查阅资料袋及作品分析</td><td>优秀 10
良好 8
合格 6</td></tr>
</table>

第四节　六年级上册第四单元
“法律保护我们健康成长”教学设计

一、单元分析

（一）课标分析

（1）本单元培养学生的核心素养主要表现为：政治认同、健全人格、法治观念、责任担当等。

（2）本单元对应的学段要求。

内容要求：初步认识法律的概念及特征，感受法律对个人生活和公共生活的重要性，养成自觉守法、遇事找法、解决问题靠法的思维习惯和行为方式。了解未成年人的权利，增强自我保护意识，学会自我保护。了解未成年人不良行为的危害，知道违法要承担法律责任，自觉抵制不良行为，主动预防未成年人犯罪。

学业要求：掌握社会生活的道德规范和必备的法律常识；具有一定的法治意识和社会责任感；做到遵纪守法、担当责任，养成亲社会的行为和品格。

教学提示：结合身边的案例，讨论我们为什么需要法律，法律对我们意味着什么，在生活中如何做到遵纪守法，如何借助法律解决问题；结合身边的案例，学习法律知识，掌握运用法律维护自身合法权益的途径，结合《中华人民共和国未成年人保护法》及相关资料，了解未成年人的家庭保护、社会保护、网络保护等相关规定；结合《中华人民共和国未成年人犯罪法》分析未成年人违法犯罪案例，认识违法犯罪的特点、危害和法律后果，培育和增强防范遭受侵害的意识和能力。

（二）教材分析

单元学习主题：本单元的教育主题是培育法治素养。以“法律保护我们健康成长”为单元主题内容，以“我们和法律”为轨迹，以法律的应用为主要内容，培养学生运用法律解决问题的意识，了解法律的运行机制，从而对依法治国、依法办事产生更深的认同，打上法治思维的烙印。

单元学习内容：围绕“法律保护我们健康成长”这一学习主题，以“法律对未成年人的特殊保护”和“知法守法，依法维权”为逻辑主线，设计了“我们受特殊保护”“知法守法依法维权”两课内容。该主题是法治教育的落脚点，具有鲜明的价值导向。

本单元共两个主题具体如下。

第一个主题:我们受特殊保护。引导学生了解关于未成年人的法律知识,对自身的法律属性有所认知,了解国家给予未成年人特别关怀,制定专门法律来全方位保护未成年人。

第二个主题:知法守法,依法维权。将视野从未成年人扩展到一般公民,引导学生依法维权,守法不违法,了解维权的途径、方法和技巧。通过学习,引导学生进一步树立规则意识,敬畏法律,养成遵纪守法的行为习惯,具备一定运用法律知识辨别是非、维护自身合法权益的能力,为在初中阶段进一步强化宪法法律至上、民主法治等理念,培养学生的法治观念打下基础。

(三)学习者分析

六年级的小学生处于心理和生理成长期的未成年人,通过前三个单元的学习,对法治体系有了较为系统的认知,能够将生活中的现象与法律条文相对应,能够从法律的角度认知日常生活现象和人们的社会行为。但是由于年龄还小,自身经历有限,社会阅历少,自我保护和防范意识不足,六年级小学生在权利受到侵害,或是遇到纠纷时,很少有用法律解决问题的意识,很难运用法律比较有效、智慧的维护权利。通过本单元的学习为学生提供方法的指导,帮助学生增强自我保护意识和能力,在实际生活中落实法律规范和法治精神。

二、单元规划

(一)单元学习目标

1. 第三学段(五至六年级)课程目标

政治认同:初步了解国情,具有维护国家利益和祖国尊严的意识和行为,形成中国人的身份认同感。

道德修养:懂得自律,诚实守信,能够得体地与人交往,团结友爱,能够平等友好地与他人相处,学会合作。

法治观念:知道《中华人民共和国民法典》,了解未成年人的权利,树立用法律保护个人生命财产安全的意识。知道违法要承担责任,形成守法意识。

健全人格:认识个人与社会、国家和世界的关系,能够适应社会环境的变化。

2. 第三学段(五至六年级)学业质量描述

能够结合实例讲述法律面前人人平等的原则。

能够用与生活相关的法律维护自己的合法权益。

能够遵守法律规定。

3. 本单元素养目标

通过分析未成年人的特点，了解未成年人的特殊性，理解法律对未成年人给予特殊保护的意义所在。树立规则意识与责任担当。

通过课前检索国家专门保护未成年人的法律，以及收集与分享、小组合作探究等方式学习专门保护未成年人的法律；学会运用法律武器维护自己的合法权益，促进自身健康成长。

通过讲述“家庭照片”背后的故事，合作探究“阅读角”内容，体会来自家庭、学校、社会的关爱和保护；体会这份关爱对未成年人健康成长的重要意义。

借助“广场舞事件”“法律体验园”案例交流，通过观看绘本《吕慧娴与法的故事》、微视频“法律保障我的权利”，学习运用相应法律在法定范围内正确、有效地维护权利，养成用法律解决问题的思维方式。

通过浏览真实法治案件，辨析虚拟主人公事例，链接法律条文，阅读绘本，认识到违法犯罪都需要承担责任。要自觉遵守法律，做守法公民。

通过阅读绘本、讨论案例、链接法律条文，了解校园欺凌行为、性侵害等行为，懂得自我保护。

（二）单元评价任务

（1）分析未成年人的特点，说说自己眼中未成年人的特点。讨论并说出做家务的意义，思考自己可以为家庭、学校和社会做哪些有意义的事情，并力所能及地付诸行动。

（2）课前检索国家专门保护未成年人的法律，课上进行分享、交流，讲一讲自己的收获与体会；思考自己可以通过哪些努力以解决未成年人保护中存在的问题，分析未成年人犯罪的主要特征，并对预防未成年人犯罪提出建议。

（3）讲述“家庭照片”背后的故事，合作交流“阅读角”内容，说出自己的感受和体会。结合生活实际，探讨家庭、学校、社会在保护未成年人方面还存在的问题及应对措施，提出保护留守儿童的建议。

（4）进行案例交流，阅读绘本故事、观看视频资料，举出一些权利的名称，说出法律条文的内容，根据创设的情境，列举生活中的事例，讨论解决问题对应的法律条文。

（5）观看真实法治案件，辨析虚拟主人公事例，阅读法律条文及绘本内容，说出合法维权的做法有哪些，不同的维权方式、力度和效力有何不同。

(6) 阅读绘本，运用法律条文讨论案例，探讨校园欺凌行为、性侵害等行为的原因，说出面对这些行为应采取的正确态度和做法，积极运用法律实现智慧生活。

(三) 单元结构化活动

1. 单元设计理念与思路

少年兴则国兴，少年强则国强。一个社会对未成年人的态度，可以反映它的文明程度。为未成年人创造良好的社会环境，是全社会共同的责任。家庭、学校、社会都应当树立尊重、保护、教育未成年人的良好风尚，关心、爱护未成年人。

本单元重视法律的实际应用，旨在培养学生运用法律解决问题的意识，提高学生的法治观念和法律意识。

一方面，学生通过学习我国制定的专门保护未成年人的法律及在其他一些法律中规定了保护未成年人的特别条款，知道在自己的权利受到侵害时可运用法律武器进行捍卫和维护权利。另一方面，学生作为公民，也应当知晓法律，学好法律，遵守法律，不违法犯罪，做守法公民，树立有权利就有义务的观念。

2. 单元教学结构表

“法律保护我们健康成长”单元整体教学知识线、认识线、教学线见表 3-7。

表 3-7 “法律保护我们健康成长”单元整体教学知识线、认识线、教学线一览表

<table>
<tr><th colspan="3">学习主题</th><th>知识线</th><th>认知线</th><th>教学线</th></tr>
<tr><td rowspan="2">培育法治素养</td><td rowspan="2">法律保护我们健康成长</td><td>我们受特殊保护</td><td>·我们为什么受特殊保护</td><td>·什么是未成年人
·《未成年人保护法》有哪些主要内容
·未成年人有哪些特殊保护</td><td>·通过调查采访、讨论交流等活动理解法律对未成年人予以特殊保护的意义
·借助文字资料、视频图片等思考为什么要制定专门的法律保护未成年人
·通过主题班会、创新实践等活动提出保护留守儿童的建议</td></tr>
<tr><td>知法守法依法维权</td><td>·如何做到知法守法，依法维权</td><td>·怎样运用法律依法维权
·法律为什么要惩处违法犯罪行为
·为什么维权需要证据</td><td>·通过情景创设、调查参访等讨论解决问题对应的法律，寻找对应法律的方法
·借助典型案例，探讨合法维权的做法
·借助已有经验和相关资料探讨防止校园欺凌行为、性侵害的正确做法</td></tr>
</table>

（四）单元课时规划表

“法律保护我们健康成长”单元整体教学课时规划见表 3-8。

表 3-8 “法律保护我们健康成长”单元整体教学课时规划一览表

课型课时	课时目标	达成评价	主要活动内容
活动课 我们受特殊保护 2 课时	·知道未成年人的特殊性 ·学习保护未成年人的法律，理解其重要意义 ·认识社会对未成年人的特殊保护	·能说出未成年人的特殊之处 ·能说出我国为保护未成年人制定的专门法律 ·能提出家庭、学校和社会在保护未成年人方面存在的问题	·讨论交流：未成年人的特殊性 ·调查采访：未成年人保护中存在的问题 ·探究活动：分析未成年人犯罪的主要特征 ·主题班会：对预防未成年人犯罪提出建议 ·创新实践：提出保护留守儿童的建议
活动课 知法守法 依法维权 2 课时	·树立运用法律维护权利的意识 ·远离违法犯罪行为，形成守法意识与习惯 ·学会用正确的方式依法维权	·能举例说明生活中的合法维权的做法 ·能说出防止校园欺凌行为、性侵害等行为的正确做法	·创设情境：列举生活中的事例，讨论解决问题对应的法律条文，寻找对应法律的方法 ·案例分析：分析法治案件，辨析虚拟主人公事例，探讨合法维权的做法 ·模拟演练：创设情景，进行一次维权模拟，了解维权的方式方法 ·探究活动：探讨出现校园欺凌行为、性侵害等行为的原因 ·创新实践：说出防止校园欺凌、性侵害等行为的正确做法

（五）实施策略

（1）将法治教育与儿童的现实生活相结合，学生在生活中的部分行为表现，本身就体现了对法律的遵守。

（2）在遵守法律知识准确的基础上，将“法言法语”转化为“童言童语”，既要体现法治精神、理念、原则，力求法律知识的准确性，又要充分考虑并体现学生的年龄特点。

（3）注重法治教育与道德教育的结合。

（4）注重将法治教育与儿童的行为实践相结合。

三、单元评价

“法律保护我们健康成长”单元教学评价见表 3-9。

表 3-9 “法律保护我们健康成长”单元整体教学评价量表

过程性评价＋多元化评价

评价维度		评价标准	评价要素	评价主体	评价方法	评价说明
政治认同 道德修养 法治观念 健全人格 责任意识	情感与态度	·具有法律意识和观念 ·学法懂法，知法守法	·能用自己的语言表达出法律的敬畏。 ·用真实的行动做到学法懂法，知法守法	·教师评 ·自己评 ·小组评	·观察访谈	优秀 10 良好 8 合格 6
	行为与习惯	·能够自觉主动学习和遵守法律。 ·能够运用法律保护自己，主动承担起属于自己的义务	·能从语言及行动上表达健康的生活态度和生活习惯	·家长评 ·教师评 ·伙伴评	·观察访谈	优秀 10 良好 8 合格 6
	知识与技能	·知道什么是未成年人及其特殊保护和社会各界的特殊关爱。 ·认识到学法懂法的重要性，学会用正确的方式维权	·基本内容能知晓。 ·基本方法会运用	·教师评 ·自己评 ·小组评	·观察访谈	优秀 10 良好 8 合格 6
	体验与感悟	·用法律约束和规范自己的行为，守法不违法。 ·运用法律手段依法维权	·能找到辨别和筛选信息的好办法	·教师评 ·家长评 ·小组评	·观察检查任务单、资料袋	优秀 10 良好 8 合格 6
	实践与创新	·进行一次模拟维权活动。 ·用法律维护权利，在维权的过程中了解维权的途径、方法和技巧	·积极参与，探究依法维权的方式、方法。 ·分享依法维权的途径、方法和技巧	·教师评 ·家长评 ·小组评	·查阅资料袋及作品分析	优秀 10 良好 8 合格 6

第五节　六年级下册第四单元“让世界更美好”教学设计

一、单元分析

（一）课标分析

（1）本单元培养学生的核心素养主要表现为：政治认同、健全人格、法治观念、责任担当等。

（2）本单元对应的学段要求。

内容要求：了解改革开放以来我国所取得的伟大成就，明确中国特色社会主义道路是指引中国发展繁荣的正确道路，理解只有走中国特色社会主义道路才能够实现中华民族伟大复兴。初步感受百年未有之大变局和世界发展大势，能够举例说明构建人类命运共同体的意义。

学业要求：珍爱生命，具有安全意识，具备维护社会安全的基本技能，具有一定的法治意识和社会责任感；能够增强对伟大祖国、中华民族、中华文化、中国共产党、中国特色社会主义的认同，关心国家大事，为实现中华民族伟大复兴而努力学习。

教学提示：观看有关主题展览，感知中国共产党团结带领中国人民取得的伟大成就，感受中国特色社会主义的优越性，坚定走中国特色社会主义道路的决心。通过收看新闻和查找生活中的例子，了解世界发展局势以及人类发展面临的挑战，初步感受中国坚定不移奉行互利共赢的开放战略，走和平发展道路的意义。

（二）教材分析

大主题：本单元的教育主题聚焦世界发展。围绕“共同的世界——发展力量”这一学习主题，以“科技”“国际组织”“和平与发展”为逻辑主线，设计了“科技发展　造福人类”“日益重要的国际组织”“我们爱和平”三课内容。

第一个主题：科技发展　造福人类。从科学的求真精神入手，认识科技是人类探索世界的重要手段。本学习主题下设“对世界的不断探索”“科技改变世界”“科技让梦想成真”三个二级标题，通过对这三个核心问题的探究，让学生感受科技是人类认识自然、认识世界、认识自身的重要手段；科技可推动社会发展、改变人类生活，善用科技才能造福人类；科技可实现人类的飞天梦想、水中畅游的梦想及人类的无穷梦想。

第二个主题：日益重要的国际组织。本学习主题下设“国际组织”“联合国和世界贸易组织”“中国与国际组织”三个二级标题，通过对这三个核心问题的探究，知道国际组织是为共同的目标而组成、有不同的类型、可促进和平与发展；知道联合国是最重要的国际组织，世界贸易组织是最重要的国际经济组织；知道中国是联合国安理会常任理事国，和平、发展、合作、共赢是中国特色外交的旗帜，中国为世界和平与发展所担负的大国责任。

第三个主题：“我们爱和平”。本学习主题下设“战争带来的危害”“和平是世界潮流”“中国为和平作贡献”三个二级标题，通过对这三个核心问题的探究，了解战争给世界带来极大的灾难，认识和平的重要性；感受世界人民对和平的渴望以及所做的努力；了解中国为维护世界和平所作出的卓越贡献，为打造人类命运共同体所付出的努力。

单元内容联系：第四单元“让世界更美好”主题内容是《道德与法治》教材的最后一个单元，本单元的学习内容是在五年级上册第三单元“我们的国土　我们的家园”、第四单元“骄人祖先　灿烂文化”主题价值内涵基础上的不断扩展，也是本册第二单元“爱护地球　共同责任”、第三单元“多样文明　多彩生活”国际视野教育主题内容由近及远的不断加深。这部分内容与初中阶段的“了解全人类共同价值的内涵、领悟构建人类命运共同体的意义”的内容要求相衔接，为后续“国情教育”奠定基础。学生通过对本单元内容的学习，了解我国在科技发展、国际组织、维护世界和平与发展等方面所起的重大作用，突出中国的国际地位，真切地感受中国力量为全球发展、世界和谐所付出的努力，获得国家认同感。

（三）学习者分析

小学阶段的学生有着强烈的好奇心、探究欲，特别是对科学探究的兴趣、美好生活的向往更加浓厚。经过六年学科系统知识的学习及跨学科的学习及德育教育，学生的人生观、世界观、价值观在潜移默化中逐步建立。借助平时生活经验的积累及参与学校举行的科技比赛、党史知识竞赛、爱国演讲、专题资料搜集等活动，学生对我国在科技发展、国际组织、维护世界和平与发展等方面所起的作用已有浅显的了解，对科技发展、和平问题有自己的见解，但受限于认知能力、视野范围，需要老师的引导及对单元知识的梳理、概括。

针对学生的年龄特点、思维品质及心理因素的考量，教师应以“和”作为本单元德育教育的落脚点，向学生系统地介绍科技发展的历程、国际组织的作用、世界和平的趋势，帮助学生形成人类世界共存共荣的意识，激发学生让世界变得更美好的责任感、使命感，让学生了解我国在科技发展、国际组织、维护世界和平与发展等方面所起的重大作用，增强学生的国家认同感、自豪感。培养学生的创新意识、科学精神及解决问题的方法和能力。

学生在探究的过程中，感受世界人民对和平的美好追求，真切感受我国在促进世界和平与发展所作的重要贡献，体会中国智慧、中国力量对世界和谐、促进人类命运共同体的重要性。对如何善用科技提出自己的建议、对构建人类命运共同体、共建美好世界进行初步的设想。

二、单元规划

(一)单元学习目标

1. 本学段课程目标

政治认同:在日常生活中践行和弘扬社会主义核心价值观,有以实现中华民族伟大复兴为己任的使命感。

法治观念:了解每个人都有维护国家利益和安全的责任。

健全人格:认识个人与社会、国家和世界的关系,能够适应社会环境的变化。

责任意识:树立主人翁意识,维护民族团结、祖国统一和国家安全的责任意识。

2. 本学段学业质量描述

能够讲述构建人类命运共同体的意义;能够践行社会主义核心价值观,维护公共秩序和社会安全;能够就如何实现可持续发展提出建议。

3. 本单元素养目标

通过自主查阅资料、观看视频、案例分析、调查、辩论、探究等活动认识科技是人类认识自然、认识自身、认识世界的重要手段,理解科学的探索和求真精神;认识科技是推动社会发展、改变人类生活、实现人类的梦想的重要力量。理解科学的实践和创造精神;学会运用科学的人文精神,辩证地看待科技对人类社会的影响,形成善用科技的理念。

通过信息梳理、展示分享、阅读思考、模拟表演等活动了解国际组织的类型,知道联合国和世界贸易组织的性质与作用;了解中国在联合国的地位与作用,感知我国在国际事务中日益增强的影响,认识中国为构建人类命运共同体所担负的大国责任。

通过小组合作学习、探究学习、项目式学习等形式进行自主的知识建构,认识并体会战争给人类生命安全、生态环境及文化遗产等方面带来的巨大伤害;体会和平的美好,感受世界人民对和平的渴望和为和平所作的不懈努力;了解中国为世界和平所作出的卓越贡献,知道中国军队是维护世界和平的坚定力量。

（二）单元评价任务

（1）自主查阅“日心说”“地心说”的资料、观看“郑和下西洋、达尔文的进化论”等视频、分小组讨论历史上的几次动力革命对生产、生活的影响，搜集古今中外科学家的故事，探寻科学家的优秀品质。结合现实生活进行案例分析，介绍信息技术和互联网技术给人们的生活、工作和学习带来的快捷和便利。调查科技应用给人们带来了哪些烦恼，举例说明科技给社会带来的潜在风险和危害；阅读介绍中国航天梦的资料，畅谈人类还有哪些梦想，探讨能否通过科技发展实现这些梦想。

（2）分小组收集并展示某一国际组织的资料，分类说明其所属的类型；收集整理中国在联合国的地位与作用的相关资料，汇报交流中国对联合国事务的支持；围绕“气候变暖、贫富差距”等某一问题，代表不同的国家发表看法，提出解决问题的办法，探究中国在构建人类命运共同体过程中所担负的大国责任。

（3）通过小组合作探究、进行项目式学习等方式探讨战争在给人类生命安全、生态环境及文化遗产等方面带来的巨大伤害；列举具体事例谈谈和平的美好；查阅资料说说世界人民对和平的渴望和为和平所做的不懈努力；用图片、文字资料、视频资料等展示中国为世界和平所作出的卓越贡献。

（三）单元结构化活动

1. 单元设计理念与思路

从现代社会的发展来看，科技、国际组织、和平毫无疑问是人类取得文明成就的保障，在可预见的未来，也是人类世界实现美好未来的保障。因此，向学生系统地介绍科技发展的历程、国际组织的作用、世界和平的趋势，激发学生责任感、使命感；还可了解我国在科技发展、国际组织、维护世界和平与发展等方面所起的重大作用，增强学生的国家认同感、自豪感。

2. 单元教学结构表

“让世界更美好”单元教学结构见表 3-10。

表 3-10　“让世界更美好”单元整体教学知识线、认知线、教学线一览表

学习主题			知识线	认知线	教学线
关注世界发展	让世界更美好	科技发展造福人类	科技发展是如何造福人类、改变社会的	·科技对人类认识世界的意义是什么 ·科技对改变世界的重要作用是什么 ·如何善用科技，造福人类	·对科学史上的著名案例进行分析，感悟科学家探索求真的科学精神 ·以三次工业革命、信息技术和互联网技术的发展与应用为例，认识科技动力极大地改变了人类的生产和生活方式，推动了社会的发展，实现了人类的梦想。感悟科学的知识、科学思想、科学精神的重要价值 ·辨析科技给人们带来的好处及危害，探讨如何避免科技的负面影响，善用科技。感悟科学的人文精神
		日益重要的国际组织	中国在国际组织中的重要作用有哪些	·国际组织的作用是什么 ·联合国和世界贸易组织的作用是什么 ·中国在国际组织中发挥了怎样的作用	·从国际组织产生的背景、类型和作用等方面对国际组织的形成有一个总体认识 ·探究联合国、世贸组织的性质和作用；体会这两大组织对世界和平与发展的贡献 ·收集集中体现中国在联合国的地位和作用的资料，阅读介绍二十国集团、亚太经合组织等资料，感受中国对联合国事务的支持 ·体会中国在国际组织中的主要作用及影响力，感受我国的国际地位和国际责任
		我们爱和平	中国为世界和平作出了哪些贡献	·战争带来的伤害有哪些 ·为什么说和平是世界的潮流 ·中国为构建人类命运共同体做了哪些贡献	·借助相关资料去观察战争，感受战争给人类生命、财产、精神及环境带来的伤害 ·观看各国纪念第二次世界大战活动的视频资料，重点探讨二战发动国、战败国德国举行纪念活动的原因，体会和平是当今世界的潮流 ·借助“一带一路”倡议实施以来，共建国家取得辉煌成就的图片及文字资料，认识“一带一路”建设是推动构建人类命运共同体重要实践平台，了解中国为推动世界和平制定的“中国方案” ·借助教师展示的“维和行动的”资料及自己收集的相关资料，深入了解中国军队为促进和平所付出的努力及维护世界和平所作出的巨大贡献

3. 单元课时规划表(含课型、课时、目标、任务、作业等)

"让世界更美好"单元课时规划见表 3-11。

表 3-11 "让世界更美好"单元整体教学课时规划一览表

课型 课时	课时目标	达成评价	任务活动
活动课 科技发展造福人类 3 课时	·能列举科学史上的著名案例 ·能以三次工业革命或互联网为例说明科技是推动社会发展、人类实现梦想的重要力量 ·能辩证地看待科技对人类社会的影响,善用科技	·能对科学史上的某一著名案例进行分析 ·能以三次工业革命为例说出动力升级对人们生产和生活的影响 ·能列举互联网技术对自己生活、学习的影响 ·能说出科技给人类带来的影响	·信息梳理:把课前分组收集的著名天文学家、航海家、生物学家的资料按照学习任务单上的要求进行整理 ·案例分析:运用科学史上的著名案例("日心说"的提出和证明、开辟的航线、生物进化论)分析科技是人类认识世界和自身的重要手段 ·探究活动:以三次工业革命为例,探究动力的升级对人们生产和生活的影响 ·现身说法:说出互联网技术给自己生活、学习带来的方便与快捷 ·解决问题:通过辨析活动,辩证地分析科技给人们带来的好处及危害,探讨如何避免科技的负面影响,善用科技,造福人类
活动课 日益重要的国际组织 3 课时	·能够讲述不同类型国际组织的作用 ·能说出联合国和世界贸易组织对世界和平与发展的贡献 ·能够感知我国在国际事务中的影响日益增强为世界和平与发展承担着大国责任	·能按照分类标准说明国际组织所属类型和作用 ·能用思维导图绘制出联合国主要机构、职责和作用 ·能说出世界贸易组织标志的寓意、作用 ·能说出中国在联合国的地位、作用及影响力 ·能通过模拟表演表达自己的观点	·信息梳理:把课前分组收集的国际组织的资料按学习任务单上的要求进行整理 ·展示及分类:分小组介绍国际组织产生的背景及其作用,并按照一定的分类标准进行分类 ·探究活动:利用思维导图探究联合国、世贸组织的性质、作用等 ·现身说法:根据自己的生活经验,谈谈中国加入世界贸易组织后的变化及影响 ·展示分享:展示收集到的集中体现中国在联合国的地位和作用的资料,分享介绍二十国集团、亚太经合组织等资料 ·模拟表演:围绕某一问题全球性问题(如气候变化、恐怖主义等),开展模拟联合国大会的活动

表 3-11（续）

课型 课时	课时目标	达成评价	任务活动
活动课 我们 爱和平 3 课时	·能够列举具体事例说明战争带来的伤害 ·能够认识到和平的重要性 ·能够列举具体实例说明中国为和平作贡献	·能从人类生命安全、生态环境、文化遗产等方面说出战争带来极大的灾难 ·能用相关事件说明和平是全世界人民的共同愿望 ·运用“一带一路”倡议、“维和部队”等资料分享中国为打造人类命运共同体、促进世界和平与发展所做制定的“中国方案”，展现的“中国智慧”	·信息梳理：把课前分组收集的有关第二次世界大战以来世界各地发生的战争与冲突的资料按照学习任务单上的要求进行整理 ·探究活动：借助相关资料，用同龄人的眼光去观察战争，感知战争给人们生命、财产、精神及环境带来的伤害 ·案例分析：观看各国纪念第二次世界大战纪念活动的视频资料，重点探讨二战发动国、战败国德国举行纪念活动的原因。结合近段时间的国际新闻，开一个新闻发布会，感知现在的世界局势仍不太平 ·展示分享：借助收集的国际新闻，结合中国的和平共处五项原则探讨中国在处理国际争端中的立场、做法。通过“晒晒朋友圈”的小游戏，感知“一带一路”建设是推动构建人类命运共同体重要实践平台 ·讨论交流：展示“维和行动的”资料，深入了解中国军队为促进和平所付出的努力及维护世界和平所作出的巨大贡献

（四）单元实施策略

随着《义务教育道德与法治课程标准（2022 年）》的颁布，核心素养培育要求被正式提出，《道德与法治》教材依托真实情境下的大任务教学作为课程组织方式，把学习者引向课程实施和评价的主体，真正实现了单元教学设计与素养目标的有效对接。

教学活动：教师是学生学习的支持者、合作者、指导者。本单元教学的主要方式是学生通过自主的参与活动，主动地进行知识建构。教学活动中，教师可采用故事引领、情景模拟、角色扮演、案例研讨、法治辩论、价值辨析等多种教学方法,引导学生通过观察、讨论、模拟演练、交流等与问题对话、与同伴合作、与老师互动,获得丰富的知识或经验,进行本单元学习目标的达成。

学习活动:进行资料的整理与收集。本单元的学习内容需要学生进行相关资料、信息的收集与整理,如收集国际组织的资料、第二次世界大战以来世界各地发生的战争与冲突的资料等,收集资料的途径有:登录相关的官方网站、查找近年来有关本主题的新闻报道,到图书馆查阅资料,请教家长、老师或专家等。

在活动中体验。课程目标主要通过学生在教师指导下的活动过程中的体验、感悟和主动构建来实现。学生在案例分析、探究体验、项目式学习的过程中,把原有经验作为学习的“原点”,着眼于学生发展的“远点”,将学生原有生活经验与新的感知相互作用,生成新的感悟并形成正确的价值认同,使学生在参与活动中得到真正的发展。

探究核心问题,突出问题导向。本单元教学中让学生直面科技的负面影响,战争带来的灾害等,引导学生探讨如何善用科技、珍爱和平;学生在发现问题、分析问题、解决问题的过程中提升道德力、理解力和判断力,逐步形成正确的价值观、必备品格和关键能力。

(五)单元活动评价

1. 评价的内容和方法

单元学习评价是学生在完成本单元学习后的学业成就表现,课程目标的达成度,反映发展学生核心素养的要求。

本单元学业质量标准是以本学段核心素养为主要维度,结合单元课程内容,对学生学业成就的具体表现特征进行评价。

“让世界更美好”单元整体教学评价见表 3-12。

表 3-12　“让世界更美好”单元整体教学评价量表

过程性评价＋多元化评价					
评价维度	学段学业质量描述	课程内容要求	评价要素	评价主体	评价方法
政治认同 道德修养 法治观念 健全人格 责任意识	·初步了解习近平新时代中国特色社会主义思想的精髓，热爱人民军队 ·能够践行社会主义核心价值观，维护公共秩序和社会安全 ·能够结合实例论述如何维护国家利益和安全 ·能够用与生活相关的法律维护自己的合法权益 ·讲述构建人类命运共同体的意义	·理解科学的和求真精神、实践和创新精神、人文探索世界，辩证地看待人类对社会的影响懂得只有善用科技，才能造福人类 ·了解国际组织产生的背景及作用，知道不同类型的国际组织。学习联合国和世界贸易组织的相关知识了解他们对世界和平与发展的作用 ·学习我国在一些国际组织中作用及我国在国际事务中日益增强的影响	·能用自己的语言清晰地表达出科学史上著名科学家的科学精神 ·能说出科学发现和技术发明对人们生产和生活的影响。找到科技为人类造福的方法 ·能按照一定的分类标准对国际组织进行分类 ·说出中国加入世界贸易组织后的变化及影响及其他国际组织中的主要作用及影响力 ·说出联合国的主要机构和作用 ·积极主动地参与模拟表演，能针对具体问题提出解决办法，观点独特，有创新意识 ·在新闻发布会上，积极发言，观点鲜明 ·能以同龄人的眼光去观察战争，说出战争给人民生活带来的危害，给生命、财产、精神及环境带来的伤害 ·能用具体的事例阐述“一带一路”倡议，能用自己的语言讲述构建人类命运共同体的意义 ·能讲述人民解放军保家卫国的故事、能设计特殊意义的活动致敬心目中的英雄 ·能按照学习任务单收集资料、独立完成预习 ·能独立思考，创新思维；积极参与学校小组的活动；善于与团队协作，共同完成本单元的学习任务	·学生自己评 ·合作同伴评 ·学习小组评 ·全班同学评 ·教师根据评价量表、课前学习任务单的准备、课堂上学习表现、课上、课下的实际行动进行评价 ·家长根据学生的课前学习资料的准备、行为表现协助评价 ·师生根据课后作业的完成情况及期末学业水平的测试情况进行评价	根据每个学习主题的评价量表 查阅资料袋中的任务单、作品的完成情况 观察访谈

2. 评价结果

学期总成绩以等级呈现，共分四个等级。优秀、良好、合格、还需努力。还需努力的学生需要反思自己的行为、习惯等，在教师、家长、同伴的帮助学生争取达到合格。

第六节　五年级下册第一单元 “我们一家人”大单元教学设计

“我们一家人”单元教学基本信息见表 3-13。

表 3-13　“我们一家人”单元教学基本信息

单元主题:我们一家人	课程教师:
单元时长:四周	年级班级:五年级一班

一、第一阶段:单元目标——学生将达到什么样的预期结果

“我们一家人”单元目标见表 3-14。

表 3-14　“我们一家人”单元目标

<table>
<tr><td colspan="2">三大维度:自我维度</td></tr>
<tr><td colspan="2">六大领域:我们如何组织自己</td></tr>
<tr><td>核心概念</td><td>跨学科概念:观点、联系、责任
学科核心概念:责任担当、沟通理解、家国情怀</td></tr>
<tr><td>探究问题（驱动性问题）</td><td>事实性问题:
·探究与家人产生矛盾的原因
·探究与家人沟通的方法和技巧
·探寻传承和弘扬优秀家风的好方法
概念性问题:
·你心目中的美好家庭是什么样的
·理解家风的含义以及家风对个人、家庭和社会的重要性
辩论性问题:
·如何构建和谐的家庭氛围、理解家风、传承优秀家风</td></tr>
<tr><td>大观念</td><td>·理性平和:自尊自信,学会处理与家庭的关系,做家庭好成员
·责任担当:树立主人翁意识和责任意识
·家国情怀:对家庭的深厚情感上升到国家民族情感的启蒙</td></tr>
<tr><td>新知识:
·在家庭生活中懂得感恩父母,通过认识新的自我,换位思考理解家人、以积极的心态建设好自己的家庭,传承优良家风</td><td>新能力:
·尝试用积极的态度、有效的方法与家人沟通,化解矛盾;能为家庭分担责任</td></tr>
</table>

二、第二阶段:评价证据——哪些证据表明学生达到既定学习目标

“我们一家人”单元评价任务见表 3-15。

表 3-15　“我们一家人”单元评价任务

真实表现性任务				
任务要素				
目标	角色	受众	情境	作品
综合运用本单元所学的知识、技能以及观念向社区“争创和谐家庭 传承优秀家风”评选委员会宣讲自己的家庭,达到共担家庭责任、共创美好家园、传承优良家风的目的	家庭成员/宣传使者	学生、家人、社区群众	·创设一个代表家庭成员的宣传使者,准备参与社区举办的“争创和谐家庭 传承优秀家风”评选活动的情景,向评选委员会宣讲自己的家庭	·收集反映和谐家庭的照片、故事、视频等资料,做成优秀家风宣传展板、手抄报等 ·整理并撰写评选“争创和谐家庭 传承优秀家风”的宣讲稿
任务评价量规				
任务维度	超出成功标准	满足成功标准	接近 成功标准	远未达到 成功标准
内容	·除成功标准中所列出的基本要求外,还包括:立足家庭、家风,立意国家、民族 ·理性思考,积极服务社会,做一名家庭好成员和社会好公民	·能举例说出自己在家庭生活中的烦恼 ·掌握与家人沟通并化解矛盾的有效方法 ·联系生活实际,说出承担家庭责任的意义,学会关心和帮助家人的方法 ·分析我国不同历史时期的家风,懂得优秀家风对个人成长和社会良好风气的形成有积极的作用,并积极传承	·满足成功标准所列出的 4 项基本要求	·未达到成功标准所列出的 4 项基本要求

表 3-15（续）

任务评价量规				
任务维度	超出成功标准	满足成功标准	接近 成功标准	远未达到 成功标准
表达	除成功标准中所列出的基本要求外，还包括：优秀家风宣传展板、撰写的和谐家庭文稿等都要为评选活动传播正能量	·讲述的故事、阐述的实例，内容真实、思路清晰、语句通顺、意思完整 ·能根据评选委员会的要求完成宣讲内容，表达流畅、感情饱满 ·设计的“让家庭更美好”方案清楚，有利于实践行动	·满足成功标准所列出的3项基本要求	·未达到成功标准所列出的3项基本要求

三、第三阶段：学习经验——哪些探究任务能够使学生达成预期学习结果

“我们一家人”单元探究任务见表 3-16。

表 3-16 “我们一家人”单元探究活动结构化子任务

结构化子任务	子任务名称	子概念	子观念	时长	主要上课方式	工具	资源包
子任务一	·互相理解 ·主动沟通 ·争创和谐家庭	·功能联系 ·家庭生活 ·尊重理解	·认识新的自我，换位思考理解家人	2课时	·回忆、采访、分享、交流、展示	·采访记录单 ·实践任务单	·家庭生活照片或视频资料
子任务二	·分担家庭责任 ·建设和谐家庭	·观点 ·联系 ·责任担当	·以积极的心态建设好自己的家庭	2课时	·观察、体验、情境表演	·责任清单、案例	·“妈妈的一天”视频资料
子任务三	·探寻优秀家风，做优秀家风的传承者	·联系 ·观点	·传承与弘扬优良家风	2课时	·调查、案例分析、展示分享	·优秀家风采访单	·我国不同历史时期的家风文献资料
子任务四	·传承优秀家风 ·共创美好家园	·观点 ·反思 ·创造	·树立共创美好家园的责任意识	2课时	·讨论交流、撰写文稿、设计方案	·撰写文稿的材料	·宣传优秀家风的视频资料

四、第四阶段：探究实施——哪些学习经验表明达到既定学习结果

“我们一家人”单元探究活动见表 3-17 至表 3-20。

表 3-17　“我们一家人”(子任务一：互相理解　主动沟通　争创和谐家庭)单元探究活动表

搭建探究框架	主要提供问题探究任务分解框架表、学习资源等支架，探究家人不同方式的爱，学习换位思考，理性认识主动沟通的重要性和必要性，学会用恰当的方式和家人主动交流、经常沟通，能表达对家人的感激、关心	前期评估： 在老师宣布完本课时的探究任务后，学生分小组发表自己的看法，通过学生分享与家人之间的烦恼和困惑，初步评估学生对家人的了解情况	教学资源： PPT 课件
	学生活动	教师活动	学习资源
进入探究	·学习评选“争创和谐家庭　传承优秀家风”的活动方案 ·说出你心目中的和谐家庭的样子 ·欣赏歌曲，用一句话说说你对家的理解	·你作为家庭的宣传使者，准备参加社区举办“争创和谐家庭　传承优秀家风”活动，如何撰写文稿，向评审委员会介绍你的家庭 ·播放歌曲《让爱住我家》	·“争创和谐家庭　传承优秀家风”活动的评选方案
探究发现	活动一：探寻家人的爱 ·采访家人，听家人讲自己小时候的故事 ·收集照片，回忆我与家人之间的发生的事情 ·记录家人爱我的话语、行动 ·分享、展示、交流 活动二：诉说与家人相处的烦恼 ·读李晓欣的周记，说出他与家人相处时有哪些烦恼 ·回忆生活中与家人相处时的不愉快、不理解的地方 ·分享交流 ·听一听同学们和家人之间的烦恼事 ·思考：为什么会与家人产生矛盾 活动三：倾听困惑　理解家人 ·观看视频 ·思考：视频中的妈妈面对孩子的不理解有什么困惑 ·小组交流：我与家人相处不愉快时，他们是怎么想的 ·反思：听了家人的心声，我对造成这些“不愉快”的原因有没有新的认识呢	·指导学生按照课前学习任务单的内容进行讨论、交流 ·出示《李晓欣的周记》和“我的烦恼”课前调查表。引导学生思考：生活中，你遇到和李晓欣类似的烦恼时，是怎么做的 ·引导学生说出与家人出现不愉快时的真实想法，指导学生如何化解这些矛盾	·录制《李晓欣的周记》音频资料 ·拍摄《妈妈的困惑》视频资料

表 3-17（续）

梳理理解	·小组借助学习任务单、资料袋，有序分工，整理资料。发现自己与家人相处时的困惑 ·通过互动交流，发现问题，大胆表达，主动倾诉，引发思考 ·主动倾诉和学会倾听是彼此相互理解的基础和前提 ·理解家人关爱自己的不同方式	·引导学生回顾任务单的内容，各小组整理资料，进行合理分工 ·指名小组在全班交流新的发现	·提供调查采访的注意事项
深入探究	活动一：换位思考　读懂彼此 ·小组情景演绎 ·思考：剧中的妈妈面对孩子的不理解有什么困惑 ·进行情景分析 活动二：对比反思　读懂深爱 ·对比分析并说出父母与我的不同的决定背后深藏的爱 ·请选择与家人曾发生过的一个矛盾，以“你们的爱，我体会到了”为主题，给家长写一封“感恩信”	·情境再现：妈妈，下学期我不想上数学思维的拓展课，想报手工课，你同意吗 ·情境分析：你们是怎么思考出妈妈的这些反应的，依据是什么 ·回过头来再看“我的烦恼”，你是否读懂了父母对你“不同的决定，背后的深爱”	·情景剧内容
得出结论	·认同和接纳是解决与家人矛盾的前提，换位思考、理解家人，与家长主动沟通	·利用现实情境，引导学生思考如何与家人和谐相处	
知行合一	·用实际行动为自己的家庭参与“争创和谐家庭传承优秀家风”评选活动助力	·反思：作为小学生的我们能为和谐家庭做些什么	

表 3-18　“我们一家人”（子任务二：分担家庭责任　建设和谐家庭）探究活动表

搭建探究框架	主要提供问题探究任务分解框架表、采访记录表、学习资源（视频、网址）等支架，探究建设和谐家庭的方法	前期评估： 在老师宣布完本课时的探究任务后，学生分小组发表意见，通过学生分享家庭生活中关心帮助家人的做法，初步评估学生对担当家庭责任、民主构建和谐家庭的理解程度	教学资源： PPT 课件
进入探究	学生活动	教师活动	学习资源
	·欣赏歌曲并思考：我能为建设和谐家庭做些什么	·播放歌曲《相亲相爱一家人》	·歌曲《相亲相爱一家人》

表 3-18（续）

探究发现	活动一：美好家庭共创建 ·填写“家庭责任清单” ·小组探究：从不同的家庭责任单中，你有什么发现 ·读一读：《民法典》中相关表述 ·辩一辩：有同学认为：法律规定的都是父母的责任，我们是小孩子，和我们无关。你认为这种说法对吗？为什么 活动二：自立自强我能行 ·交流“我的自立清单” ·自立自强照片分享（小视频） ·家长对我的期待（播放音频） ·交流分享，完成自立自强评价表 活动三：家庭变化会应对 ·进行情景剧表演 ·思考：假如我的家庭发生这样的变化，我应该充当什么角色 ·谈谈我的感受或收获	·出示“家庭责任清单” ·出示《民法典》中相关表述 ·出示“自立自强”活动清单，引导学生讨论：哪方面做得最好？哪方面需要加强 ·指导学生如何根据剧本内容表演好情景剧	·家庭责任清单 ·自立自强活动清单 ·情景剧剧本
梳理理解	·通过参与活动认识到每个家庭成员都应承担家庭责任，建设美好家庭人人有责	·引导学生走进具体的家庭事务体验承担家庭责任的意义	
深入探究	活动一：关心互爱我主动 ·观看视频：妈妈让我来帮你 ·思考：妈妈遇到了什么烦心事？“我”是如何帮助妈妈的 ·现身说法：我家遇到类似的事情，我是怎样做的 活动二：促进和谐我参与 ·看一看：家人之间发生了什么纷争 ·议一议：你会如何处理 活动三：民主家庭共营造 ·小组内分享我家的民主生活小故事 ·设计“和谐家庭”民主生活会 ·制定“和谐家庭”民主公约	·播放视频《妈妈让我来帮你》 ·你们有没有留心观察过你们的家人，那如果碰到下面这样的情境，你会怎么做呢 ·展示家庭成员间很可能会产生纷争的情景，当家人意见不统一时，我们该怎么办呢 ·谈谈你的家庭民主生活小故事	·视频素材：《妈妈让我来帮你》 ·典型案例
得出结论	·力所能及地关心和帮助家人，主动参与、共同协商解决家庭问题，让家庭生活更加和谐美好	·引导学生体会和谐、民主的氛围对家庭建设的作用	
知行合一	·当家新体验：亲自主持一次“和谐家庭”一日游民主生活会，商讨一日游攻略，策划一日游方案	·家校合作，引导家长对学生参与的“和谐家庭”一日游做出客观评价	·学业质量评价表

表 3-19 “我们一家人”(子任务三：探寻优秀家风，做优秀家风的传承者)探究活动表

搭建探究框架	主要提供问题探究任务分解框架表、学习记录单、学习资源等支架，探究优秀家风蕴含的意义及对个人成长和社会良好风气形成的作用	前期评估： 在老师宣布完本课时的探究任务后，学生分小组发表了自己的看法，初步评估学生对家风背后的中华民族传统美德以及中华民族精神的理解程度	教学资源： PPT 课件
进入探究	学生活动	教师活动	学习资源
	·观看视频 ·思考：从视频中明白了什么	·播放视频：《六尺巷》	·视频资料：《六尺巷》
探究发现	活动一：探寻家风及其表现 ·聆听习近平总书记的家风故事 ·思考：什么是家风？它的表现形式有哪些 ·小组内交流 ·全班交流 活动二：探寻古代家规家训 ·各小组开展学习成果交流活动 ·第一小组：交流涵养德行——《朱子家训》家训讲了什么？从中又学到了什么 ·第二小组：选择“修身立志——诸葛亮《诫子书》”中的内容，阐述对内容的理解 ·第三小组：列举并分享一些仁人志士写给亲人们的家书 活动三：家风访谈 ·根据访谈结果，说出我家及被访谈人家的优秀家风是什么 ·说出优秀家风中蕴含的中华民族优秀传统美德 活动四：家风故事我讲述 ·分享我知道的优良家风故事 ·反思：从这些故事中感受到了什么	·播放音频：习近平总书记的家风故事 ·出示中国古代家训家规名言“玉不琢，不成器；人不学，不知义。有田不耕仓廪虚，有书不读子孙愚” ·指导学生以“探寻古代家规家训”为主题开展学习成果小组交流活动 ·出示家风访谈记录表，先让学生在小组内交流访谈内容，然后在全班分享 ·教师小结：优秀家风包括仁爱宽厚、乐于助人、尊老爱幼、勤俭持家等，归纳起来主要是“修身”“齐家”“治国”三个方面的内容	·音频资料：习近平总书记的家风故事 ·文献资料：中国古代家训家规名言 ·探寻古代家规家训的学习任务单 家风访谈记录表
梳理理解	·每一个家庭的优秀家风汇聚成中华民族的家风	·引导学生搜集、访谈古今中华好家风，探究中华好家风的内涵	

表 3-19（续）

深入探究	活动一：讲我家的家风故事 ·以小组为单位，讲一讲自家的家风故事 ·推荐小组内最具代表性的家风故事，在全班交流 ·说感受：在与同伴分享家风故事过程中，我受到的启发 ·思考：每个小伙伴的优秀家风中蕴含着中华民族的哪些优良品德 活动二：优秀家风代代传 ·说出传承优秀家风的好方法 ·选择一种传承优秀家风的好方法，为参加社区的“争创和谐家庭　传承优秀家风”评选活动做好准备	·引导学生如何通过优秀家风演讲、优秀家风宣传展板、优秀家风传承手抄报、优秀家风家训展示、网络传递家书等活动使优秀家风代代相传	·岳飞《精忠报国》的故事
得出结论	·优秀家风蕴含着中华传统美德，是国家发展、民族进步、社会和谐的基础	·不同家庭有不同的家风，优秀家风都蕴含着传统美德	
知行合一	·办一期“争创和谐家庭　传承优秀家风”手抄报	·从自身做起，从小事做起，传承和弘扬优秀家风	

表 3-20　“我们一家人”（子任务四：传承优秀家风　共创美好家园）探究活动表

搭建探究框架	主要提供子任务四分解框架表、学习资源等支架，完成“争创和谐家庭传承优秀家风”宣传文稿的撰写，参与好家风社区宣传实践，探究如何共建、共创美好家庭	前期评估： 在老师宣布完本课时的探究任务后，学生分小组发表了自己的看法，通过学生分享自己撰写的宣讲稿，初步评估学生能否胜任和谐家庭宣传使者这一角色	教学资源： PPT 课件
	学生活动	教师活动	学习资源
进入探究	·从更广阔的层面理解“家风”的含义 ·阅读撰写宣传文稿的要求	·通过前三个子任务的学习，你对和谐家庭有了深入的了解，运用本主题学习的知识、技能及观念撰写参加“争创和谐家庭　传承优秀家风”的宣传文稿	·提供撰写文稿的要求
探究发现	·列出撰写“争创和谐家庭　传承优秀家风”的宣传文稿的提纲 ·撰写宣传文稿	·教师对学生列出的提纲给出建设性意见或建议	

表 3-20（续）

梳理理解	修改宣传文稿要求： ·文稿要立足本单元责任担当、家国情怀的素养要求 ·文稿要有大视野、大情怀。不仅要体现家庭、家风，更要体现国家、民族	·对学生从家庭的深厚情感上升到国家、民族情感的启蒙教育，树立主人翁意识和责任意识。站在弘扬优秀家风可以塑造良好的社会风气、共创美好家园的高度来审视宣讲稿	·提供修改文稿的要求
深入探究	·模拟参与社区举办的“争创和谐家庭　传承优秀家风”的评选活动，向评选委员会宣讲自己的家庭	·展示“争创和谐家庭　传承优秀家风”实践活动评价单，进行多元评价	·“争创和谐家庭　传承优秀家风”实践活动评价量表
得出结论	·弘扬优秀家风是为了更好地传承	·为学生传承与弘扬优秀家风提供行为指引	
知行合一	·学习参加宣讲活动家庭好的做法，并付诸行动	·引导学生从小事和身边事做起，传承和弘扬优秀家风，向社会传递正能量	

五、第五阶段：单元反思——哪些问题或事件值得记录并改进

本单元立足家庭、家风，立意国家、民族，聚焦家庭生活，根据三大维度、六大领域及学科内容等，选择“我们一家人”为本单元学习主题，依据《义务教育道德与法治课程标准（2022 年版）》第三学段政治认同、道德修养、责任担当、健全人格的素养要求，从“小家”放眼“大家”的大视野、大情怀，创设一个作为家庭成员，化身宣传使者，参与社区举办的“争创和谐家庭　传承优秀家风”的评选活动的大情境，以任务的视角认识情境、知识从何而来，知识如何发生，知识到哪里去。

（一）预设预期学习成果，把握素养导向的单元逻辑

根据新课标，预设学生在学习本单元后“应知道的内容”和“应达到的最终目标”。在此基础上，将“我们一家人”单元着重培养的素养目标确定为“道德修养和责任意识”，并与学校教育目标接轨，将其分解成具体的学习任务，如通过完成子任务：互相理解、主动沟通、争创和谐家庭，掌握与家人沟通并化解矛盾有效的方法；通过完成子任务：做优秀家风的传承者，懂得优秀家风对个人成长

和社会良好风气的形成有积极的作用。如果学生能在现实生活中实现高通路“学习迁移”,“素养目标”培育就得以落实。

（二）细化素养表现水平，明确评价要求

“我们一家人”指向“道德修养”“责任意识”等素养培育，引导学生在家庭生活中懂得感恩父母及责任分担。以积极的心态建设好自己的家庭，传承优良家风。新课标对学段目标、内容要求和学业质量的要求见表 3-21。

表 3-21 新课标中相关学段目标、内容要求、学业质量的要求

<table>
<tr><th>核心素养</th><th>学段目标</th><th>内容要求</th><th>学业质量描述</th></tr>
<tr><td>政治认同</td><td>·了解中华优秀传统文化的主要代表性成果及其意义，为中华民族创造的文明成就感到自豪</td><td rowspan="3">·体贴父母长辈，能够与他们进行良好的沟通，主动参与力所能及的家务劳动，为父母分忧，懂得感恩
·了解中华文化的悠久历史和博大精深，体会中华传统文化的精髓</td><td rowspan="3">·能够结合家庭生活，理性思考，主动分担家务劳动，做一名家庭好成员
·能够用实例说明中华文化的源远流长和博大精深</td></tr>
<tr><td>道德教育</td><td>·孝敬父母，懂得感恩，养成孝敬父母的良好品质</td></tr>
<tr><td>责任意识</td><td>·学习参与家庭决策，为父母分忧</td></tr>
</table>

（三）确定合适评估证据，设计真实的单元情境任务

合适的评估证据不但能为教师教学提供正确的推论和改进依据，而且有助于教师更高效地实现“预期学习成果”，因此在确定本单元的评估证据时，教师选择的是思维清晰、构思合理、逻辑可靠的真实情境任务，即创设一个家庭成员化身宣传使者，准备参与社区举办的“争创和谐家庭　传承优秀家风”的评选活动的情境。将“真实情境任务”的评估标准设定为“互相理解主动沟通　争创和谐家庭”“分担家庭责任　建设和谐家庭”“探寻优秀家风　做优秀家风的传承者”“传承优秀家风　共创美好家园”四个具有系统性、关联性、递进性的子任务。创设问题情境，激发思维建构；创设真实情境，感受知识的作用和发展。

（四）规划单元学习活动，实现学习进阶

单元学习活动要和预期学习成果及合适的评估证据相一致。在大情境的

统领下，教师提出本单元的核心观点是让我们的家更美好。核心问题是“怎样让我们的家庭生活更美好”。继而形成指向单元目标、多课时可完成的核心任务——搜集、整理反映和谐家庭的照片、故事、视频等资料并撰写评选“争创和谐家庭 传承优秀家风”的宣讲稿。为引导学生完成这些核心任务，教师设计了四个子任务和一些小情境、小问题及若干学习活动，制定了任务评价量规，将学习活动达成评价以信息技术手段嵌入学习过程，四个子任务由浅入深、由易到难，形成教学的坡度和阶梯。

（五）依据素养目标，整体设计实践性作业

五年级学生通过系统地学习与实践已经具备了一定的探究实践和解决问题的能力，因此，教师在设计本单元的作业时，力求通过持续地学习实践，引领学生厚植家国情怀。如在完成子任务三的学习后，教师可要求学生选择办一期“争创和谐家庭 传承优秀家风”的手抄报，或进行一次优秀家风演讲，或制作一个优秀家风宣传展板；进行网络传递家书等其中一项活动作为实践作业，引领学生基于单元学习持续展开探究实践活动，使学生的学习生活与真实生活融为一体，在问题解决中落实知行合一。

通过设计“我们一家人”单元整体教学，教师深刻地感受到核心素养导向下的大单元教学设计突出的是完整的学习单位，强调知识结构化、学习情境化，落脚点是新知识、新方案、新产品的诞生和素养的提升。在实际操作中，教师要建立好学科核心素养与学科核心内容之间的关系，依据新课标和教材，选择有利于培养学科核心素养的教学内容和情境素材，制定学习目标、选择学科内容、设计学习活动、开展课堂教学、进行学习评价，环环紧扣，使学科核心素养具体化，可培养、可干预、可评价。

在进行重组、整合、开发本单元的教学设计时，教师也曾产生一些困惑：根据学情和新课标如何提取大观念、大主题、大任务，学生能否真正融入创设的任务情境去完成一个个活动，实现教学评一致性。

“大单元”是一种教学思想，也是教学手段，在接下来的教学设计中，教师要立足学生核心素养发展，构建学科任务群，强调课程的情境性和实践性，基于课标、教材、学情、资源去创设学生普遍熟悉的思政情景，提升学生的学科核心素养。

第七节　线上教育项目式跨学科学习案例
——探索海洋世界　爱护地球家园

一、项目缘起

《义务教育课程方案和课程标准(2022年版)》明确要求,探索大单元教学,积极开展主题化、项目式学习等综合性教学活动,促进学生举一反三、融会贯通,加强知识间的内在关联,促进知识结构化。《义务教育道德与法治课程标准(2022年版)》在课程实施中指出,要积极探索议题式、体验式、项目式等多种教学方式,引导学生参与体验,促进感悟与建构。2022年11月,受新冠肺炎疫情影响,学生开启了线上学习模式,现依据六年级下册“爱护地球　共同责任”单元,基于环境问题,设计“探索海洋世界　爱护地球家园”的项目式学习。

二、项目背景

海洋蕴藏着极其丰富的资源、负担着全球的水体循环系统运转,开发利用海洋是解决当前人类社会面临的人口膨胀、资源短缺和环境恶化等一系列难题的重要途径,是人类可持续发展的重要基础。发展海洋事业,建设世界海洋强国,增强全民族海洋意识是中国特色社会主义事业的重要组成部分。

儿童是未来开发海洋资源的生力军,我们必须让他们从小就了解、认识海洋,培养他们热爱海洋的情感,树立强烈的海洋意识,这具有重要的现实意义和战略意义。

“探索海洋世界　爱护地球家园”主题活动意在培养学生的独立性和自主性,教师通过启发式、探究式、讨论式、参与式教学,帮助学生实现线上自主、协作与线下探究实践相结合的混合学习方式,通过优质的网络资源,引导学生质疑、调查、探究,主动地、富有个性化地学习,充分发挥学生的主体作用,培养学生的环保意识、创新意识和实践能力。

三、项目内容

本案例主要以“探索海洋世界　爱护地球家园”为主题,科普物质科学、技术与工程的基础知识。知识内容涉及以下两方面:水是一种常见而重要的单一物质；人们为了使生产和生活更加便利、快捷、舒适，创造了丰富多彩的人工世界。该主题又可分为五个分主题：水的表面张力、虹吸现象、威力无穷的海洋世界、水的净化、自制过滤式净水器。

四、项目宗旨

古希腊哲学家泰勒斯认为万物起源于水，海洋孕育了人类最早的生命，水乳交融，生生不息。此次项目主题旨在通过亲近海洋、探索海洋，初步积累海洋科学、海洋生态等领域的知识，树立学生的海洋中国意识，共创蓝色中国！

五、项目目标

（1）结合互联网学习资源，了解海洋生物、海洋资源、深海环境、深海地貌等知识，培养他们热爱海洋的情感，树立起强烈的海洋意识。

（2）通过知识链接和微视频学习，认识液体表面张力、虹吸现象等水的奇特性质。

（3）通过动手探究，了解虹吸现象的工作原理及应用，培养学生批判性思维和分析解决问题的能力。

（4）利用身边的材料，自制连通器、自制过滤式净水器。实现多学科融合，培养学生的环保意识、创新意识和实践能力。

六、学习资源推荐地址

（1）“液体的表面张力”微课网址：

https://www.cdstm.cn/videos/videolishi/v445/201309/t20130930_473843.html

（2）“虹吸现象视频”微课网址：

https://www.cdstm.cn/videos/videolishi/v445/201312/t20131219_473854.html

（3）“抽水马桶”微课网址：

https://www.cdstm.cn/videos/Tops/qtxl/create/201711/t20171128_648195.html

（4）“为什么马桶总会剩下一点儿水”微课网址：

https://www.cdstm.cn/videos/Tops/v541/201505/t20150529_475486.html

（5）“深潜器”微课网址：

https://www.cdstm.cn/videos/Tops/v573/201608/t20160810_476102.html

（6）“神奇的香皂”微课网址：

https://www.cdstm.cn/videos/Tops/shkx/201712/t20171213_660350.html

(7)“吹不出泡泡的肥皂水”微课网址：

https://www.cdstm.cn/videos/videolishi/v586/201609/t20160922_476423.html

(8)“感受海洋”图解网址：

https://www.cdstm.cn/knowledge/kptp/mh/201710/t20171031_623844.html

(9)“深海矿产资源”图解网址：

https://www.cdstm.cn/knowledge/kptp/mh/201711/t20171106_627975.html

(10)“深海生物圈”图解网址：

https://www.cdstm.cn/knowledge/kptp/mh/201711/t20171106_627988.html

(11)“深海奇异生物”微课网址：

https://www.cdstm.cn/videos/Tops/v573/201608/t20160810_476101.html

(12)“深海环境”微课网址：

https://www.cdstm.cn/videos/Tops/v573/201608/t20160810_476099.html

(13)“深海地貌印象”图解网址：

https://www.cdstm.cn/knowledge/kptp/mh/201711/t20171106_627963.html

(14)“饮用水净化技术”微课网址：

https://www.cdstm.cn/videos/Tops/kpzg/dstdhb/201803/t20180308_744834.html

(15)“废水处理再净化不仅可以饮用还可以酿酒”微课网址：

https://www.cdstm.cn/videos/Tops/gwkjqq/201803/t20180308_719804.html

(16)“为什么必须节约利用淡水资源”微课网址：

https://www.cdstm.cn/videos/Tops/kpzg/xytdkx/201802/t20180206_701667.html

(17)“活性炭的吸附作用”微课网址：

https://www.cdstm.cn/videos/Tops/kpzg/sysdmfrc/201803/t20180301_713814.html

七、预期成果

(1) 撰写“探索海洋世界　爱护地球家园”研究报告、绘制思维导图。

(2) 过滤式净水器的设计方案、试验报告。

(3) 形成以手抄报、宣传画、倡议书、演讲稿、微视频等成果汇报资料。

八、“探索海洋世界　爱护地球家园”主题活动设计

(一) 知识板块:“奇特的水”

(1) 通过网络链接认识液体表面张力。

(2) 动手实验的材料:托盘、纸杯、水、图钉。

(3) 创新实践:利用水面张力画一幅水墨画。

(4) 通过微课认识虹吸现象。

(5) 了解虹吸现象的工作原理。

(6) 生活中的应用:为什么马桶总会剩下一点儿水。

课时安排:2 课时。

(二) 阅读板块:“海纳百川”

(1) 通过知识链接和科学阅读,了解海洋生物、海洋资源、深海环境、深海地貌等知识。

(2) 阅读介绍海洋资源、深海环境、深海地貌的书籍。

(3) 画一种最喜欢的海洋动物。

(4) 了解一种或几种常吃的海洋植物。

课时安排:4 课时。

(三) 探究板块:“动手实践”

(1) 了解饮用水净化技术。

(2) 自制过滤式净水器。

(3) 撰写实验报告。

(4) 制作节约水资源的手抄报、宣传画、倡议书、演讲稿、微视频等。

课时安排:4 课时。

(四) 成果展示板块:“浪花里的欢笑”

(1) 学生进行以海洋为主题的歌唱比赛。

(2) 学生进行以海洋为主题的讲故事比赛。

(3) 学生进行以海洋为主题的辩论会。

(4) 科学考察和研究。组织学生调查当地水污染现状及对居民生存状况的影响,写出调研报告,进行评比。

(5) 学生进行“绿色卫士”行动,树立“守护绿色,珍爱家园”的环境与公民意识,积极行动,从我做起,从现在做起,从身边事做起,保护生态环境,传播绿色文化、倡导绿色文明,共建绿色家园。

课时安排:8 课时。

总课时数:18 课时。

九、“探索海洋世界　爱护地球家园”主题活动流程和内容

活动的具体流程和内容如图 3-1 和表 3-22 至表 3-24 所示。

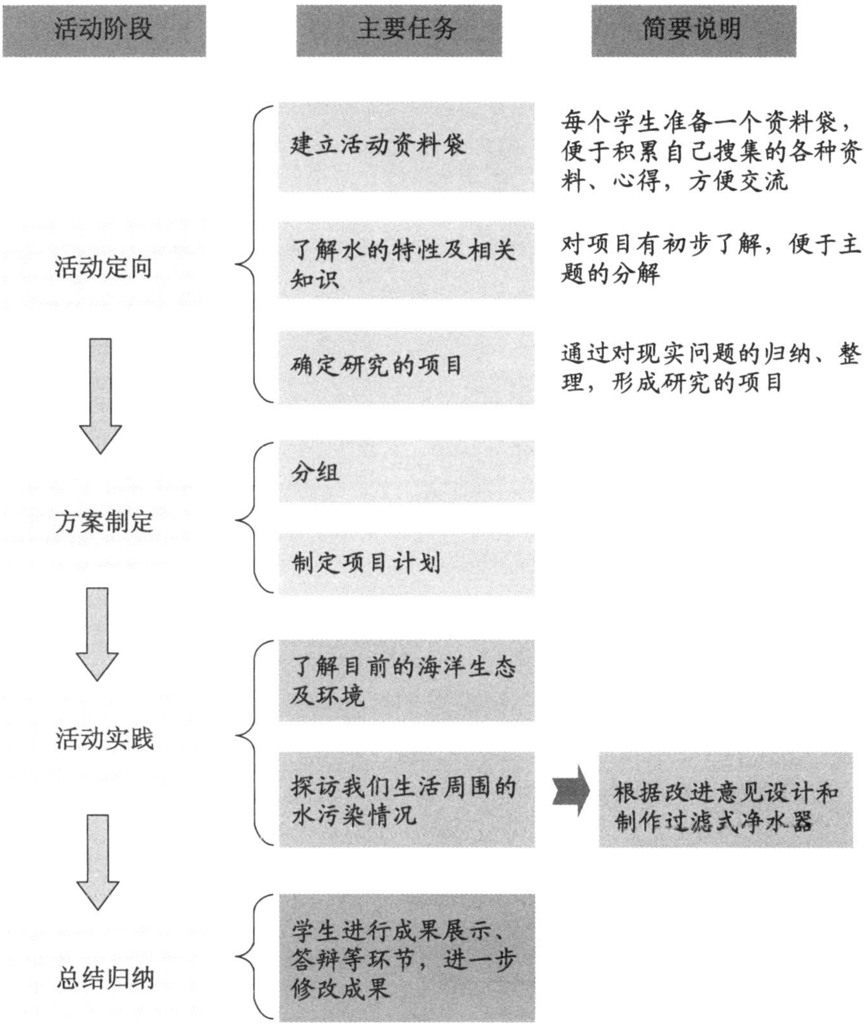

图 3-1　活动的具体流程和内容

表 3-22 “探索海洋世界 爱护地球家园”项目日志

<table>
<tr><td>项目名称</td><td colspan="3"></td></tr>
<tr><td>时间</td><td></td><td>地点</td><td></td></tr>
<tr><td>活动内容</td><td colspan="3">观看微课（ ） 观课视频（ ） 搜集资料（ ）
实践操作（ ） 其他（ ）</td></tr>
<tr><td>内容记录</td><td colspan="3"></td></tr>
<tr><td>想进一步
了解的内容</td><td colspan="3"></td></tr>
<tr><td>感受或收获</td><td colspan="3"></td></tr>
<tr><td>明天需要准备
的内容</td><td colspan="3"></td></tr>
</table>

记录人：

表 3-23　“探索海洋世界　爱护地球家园”主题活动
网上讨论记录表

<table>
<tr><td>讨论主题</td><td colspan="3"></td></tr>
<tr><td>讨论时间</td><td></td><td>讨论地点</td><td></td></tr>
<tr><td>参加讨论人员</td><td colspan="3"></td></tr>
<tr><td colspan="4">讨论内容记录</td></tr>
<tr><td>发言人</td><td>讨论内容</td><td>发言次数</td><td>被采纳数量</td></tr>
<tr><td>发言人 1</td><td></td><td></td><td></td></tr>
<tr><td>发言人 2</td><td></td><td></td><td></td></tr>
<tr><td>……</td><td></td><td></td><td></td></tr>
<tr><td>得到的
讨论结果</td><td colspan="3"></td></tr>
</table>

记录人：

表 3-24 “探索海洋世界　爱护地球家园”成果展示表

项目名称		完成时间	
活动组员		成果形式	
成果简介			
附录材料	活动记录表（　）份 访谈表（　）份　讨论记录（　）份 调查表（　）份　　其他		
实物材料	名称（　　） 内容： 功能：		
展示成果所需要的条件	展示人： 形式： 介绍词的设计：		

第四章　指向高品质学习的课时学历案研制

第一节　设计"教—学—评"一致性的课时学历案
——以四年级下册第三单元"生活离不开他们"为例

一、编制意义

近年来，由华东师范大学课程与教学研究所崔允漷教授及团队人员提出的"教—学—评"一致性的学历案设计成为教育研究的热门话题。学历案以"何以学会"为中心，以形成评价为导向，分解目标达成的过程，为学生的自主学习或有指导的学习提供清晰的思路。学历案不仅关注学什么，还关注怎么学，何以学会；不仅关注学习结果，更关注学习过程，让学生以正确的方式、正确的过程进入"在学习"状态，实现"真学习"。学历案是提升学生学习力的有效途径，是实现有效教学的最佳方案。下面以《道德与法治》四年级下册第三单元"美好生活哪里来"第九课"生活离不开他们"第三课时"感谢他们的劳动"为例来具体阐述小学道德与法治学历案的设计方法及流程的实际应用。

二、基本框架与内容

一份学历案的基本要素主要包括：主题与课时、课标要求、学习目标、评价任务、资源与建议、学习过程（课前学习、课中学习）、检测与作业、学后反思。

三、编写要求

（一）"学习主题与课时"的确定与叙写

"学习主题与课时"是学历案的一个基本要素，撰写时，要写清楚主题名称、教材来源、内容来源、授课对象、课时安排和设计教师等信息。

（二）“学习目标”的确定与叙写

教师首先要明确“学习目标”，才能为学生的学习行为提供导航。学习目标的制定必须明确，通过本主题或本课时的学习，学生将要获得什么，要对学习内容掌握到什么程度以及通过何种路径去获得。因此，在撰写时，首先要明确学习目标的设计依据。四年级下册第三单元“美好生活哪里来”第9课“生活离不开他们”第三课时“感谢他们的劳动”依据《义务教育道德与法治课程标准(2022年版)》第二学段“道德修养”中的“树立劳动意识，积极参加劳动实践，懂得劳动光荣、劳动不分贵贱”的课程目标和第二学段“道德教育”中的“尊重劳动者，懂得职业没有高低贵贱之分，感受并感激他们的劳动给人们生活带来的便利，珍惜他们的劳动成果”的课程内容要求，制定了如下学习目标：

(1) 通过观看劳动者的图片、视频资料，结合日常观察等分享交流劳动模范、大国工匠、身边普通劳动者的故事，体会他们工作的艰辛。

(2) 通过模拟、体验不同劳动者的活动，分享自己的感受，树立爱劳动、向先进劳动者学习的意识，尊重他们的劳动成果。

(3) 通过支“金点子”、写小妙招、制订感谢劳动者的行动计划等活动，学会以自己的行动感谢各行各业的劳动者。

从上述学习目标中，可以看出一个完整的学习目标包含了行为主体、行为动词、行为条件、行为标准四个核心要素，即谁来学、学什么、在什么条件下学、学到什么程度。学习目标的行为主体是学生，学习目标的行为动词是学生所发出的动作。把三维目标和核心素养深度融合，蕴含在每个目标中，彼此相关不割裂。

（三）“评价任务”的确定与叙写

评价任务引领学习方向，有效的评价任务必须符合三条标准：与目标匹配、看得明白、实施可行。评价任务就是将学习目标转化为可以作为收集学生关于学习结果的行为反应的检测项目，需要从“情境、知识点、任务”三个要素来设计所要检测的项目。例如，为了检测“感谢他们的劳动”的课时学习目标，设计了如下评价任务：根据学习任务单，按要求观察并记录一位劳动者一天的工作，重点感受劳动者付出的辛勤劳动，克服的困难；开展职业体验活动，体验持锅翻炒的厨师、大声叫卖的促销员、建筑工人搬砖、指挥交通的交警等模拟体验活动，分享自己的真实感受；制订感谢劳动者的行动计划，针对不同的劳动者支“金点子”、写小妙招等。以实际行动感谢和尊重劳动者，表达对劳动者的尊重和感恩之情。

由此可以看出，设计评价任务首先要明确设计顺序，即“学习目标—评价任务—学习过程”，其次应基于教学的全过程来促进“学习链—教学链—评价链”的建立，树立评价即学习的意识，还要基于学生实际，对评价任务进行多元化设计，设置合理的情境、题型，突出检测的针对性，以提高效度。评价任务的描述基于学生原有知识经验，要求学生“做什么”“怎样做”以确保“做得怎样”，语言清晰、情境真实、言简意赅，使评价任务清晰可执行。

（四）“学习过程”的确定与叙写

学习过程是指学生在教学情境中通过与教师、同学以及教学信息的相互作用获得知识、技能和态度的过程。学习过程包括资源与建议、课前学习、课中学习三部分内容。

“课中学习”是学习过程中最核心的部分。如教学“感谢他们的劳动”学习主题时，需要达成以下目标：学生通过观看劳动者的图片、视频资料，结合日常观察等，分享交流劳动模范、大国工匠、身边普通劳动者的故事，体会他们工作的艰辛；学生通过模拟、体验不同劳动者的活动，分享自己的感受，树立爱劳动、向先进劳动者学习的意识，尊重他们的劳动成果；学生通过支“金点子”、写小妙招、制订感谢劳动者的行动计划等活动，学会从自己的行动中感谢各行各业的劳动者。因此，设计了三个学习任务：进入劳动观察营，寻找最美劳动者；进入劳动体验营，体验不同职业的艰辛；进入劳动感谢营，感谢劳动者的劳动。从而体现了学习过程的层级化、递进性。

学生的学习过程从关注“教”转向了关注“学”和“学会”，为了达成第二个学习目标，我们设计了这样的体验活动。

活动一：学生扮演配菜厨师，两分钟计时剥洋葱。

活动二：学生扮演炒菜厨师，一手持锅，一手拿铲做翻炒动作，计时三分钟。

活动三：计时分拣、投送快递，有的学生扮演快递员，有的学生扮演买家和卖家……学生先从卖者处拿走快递分类摆放，然后再把快递按要求送到买者手中。

亲历体验活动，学生参与积极性高。剥洋葱时学生流下了眼泪，持锅翻炒时他们多次放下又拿起，时间到了快递还没有分拣完就已累得气喘吁吁……这时的感悟是真情的流露，老师趁热打铁，播放普通劳动者工作场景、模范劳动者的先进事迹，触动学生心灵，敬佩之情油然而生，让学生通过体验持锅翻炒的厨师、分拣物件的快递员等活动，进一步加深对不同行业的认识和感悟，在主动参与活动的过程中完成了知识的建构，课程达到了预期的效果。

学习过程的设计嵌入了评价任务。例如，为了完成任务三中的“制订感谢行动计划”，教师给出了“能从职业特点出发，制订切实的感恩计划；计划翔实具体，操作性强；表达感激的话语富有感染力，能表达真情实感”等明确的评价标准，让学生清楚地知道做什么、做到什么程度，评价贯穿教学的始终。

学习过程的设计应注意：

(1) 资源的选配必须指向学习目标。教师应结合自己对学习目标的理解、学习情况、学校的课程资源，对教材进行加工处理，在用好教材的同时，注意挖掘其他课程资源，确保资源选配具有针对性和有效性。

(2) 活动设计必须遵循“学”的逻辑，体现学习的进阶。活动设计应从有利于学生学习的角度出发，依据学生的认知特点和水平，给学生提供有利于自主学习的“脚手架”。从学生已有经验出发，着眼于学生的最近发展区，通过设置“课前学习”来铺设阶梯；从“课中学习”的整体框架设计上体现进阶；在指向技能的习得过程和实施上体现进阶。学习过程的设计应按照预设的学习目标，一个目标、一个目标地有序推进，完成一个目标的学习任务，随即进行检测，当一个目标的内容学完以后，是否立即转入下一个目标内容的学习，必须由评价结果决定，贯彻“教—学—评”一致性。

(五)“检测与作业”的设计与叙写

作业作为学历案的要素之一，是课后检测的一种方式。其意义在于学习经历的评价与拓展，按功能来划分，可分为三类，即检测性作业、巩固性作业和提高性作业。

检测与作业既要关注结果，也要关注过程。例如，为了检测学生参与“感谢他们的劳动”主题的学习效果，设计了如下检测作业：请选择一位劳动者(可以是自己身边熟悉的人，如父母，也可是令你感动、尊敬的陌生人)，给他(她)写一封感谢信或制作一张感恩卡，并把感谢信或感恩卡送给他(她)，记录他(她)收到时的表现和你当时的感受。让学生把课堂所学的知识，转化为实际行动，知行合一，做一个爱劳动、懂感恩的人。

课后检测与作业虽然没有固定的标准和模式，但是设计时应与学习目标匹配，难度恰当；尊重学生的差异设计分层作业；注重作业形式的多样化，如纸笔作业和实践作业相结合、封闭性作业和实践性作业相结合、自主性作业和合作性作业相结合。其有效性应体现学生立场，促进高品质学习，指向核心素养，提升学生的学习力。

（六）“学后反思”的设计与引领

“学后反思”是学历案的一个基本要素，也是主题学习的最后一个环节，具有实践性、针对性和交流性等特点。学后反思一定要符合学生的认知水平，需要教师引领并设计好支架。学后反思要有一定的指导语，让学生明确学后反思写什么、怎么写。学习“感谢他们的劳动”主题后，教师为学生设计了这样的学后反思：劳动与人生幸福有什么关系？写出你的观点。引导学生从自己学习的收获进行反思，再次思考、总结自己在探究活动中的研究成果。

学历案倡导“学在先、教在后、评在中”，将评价作为教学的一个重要环节。“学在先、教在后”，即把学放在第一位予以优先考虑，教服从于学，“评在中”就是让评价贯穿学习的全过程之中，每一次评价都为教师的教学决策提供依据，只有保证三分之二的学生对前一阶段知识已经学会了，才能进入下一阶段的学习，从而使学生学习的自主性得到加强，群体性主体参与率高，有效提升了学生的学习力，真正实现教学评一致性。

第二节 “可爱的动物”学历案

主题与课时

《道德与法治》教材一年级下册第二单元“我和大自然”中的“可爱的动物”：话题一——我喜欢的动物，话题二——我和我的动物朋友。（1 课时）

课标要求

本主题依据《义务教育道德与法治课程标准（2022 年版）》中课程内容第一学段“道德教育”中的“亲近自然，感受自然的美，保护动物，爱护一草一木，保护自然环境”而编写。

学习目标

目标一：通过游戏和展示活动，初步了解动物的基本特征，并能说出自己喜欢的动物及对动物的独特感受。

目标二：通过观看视频、交流和分享活动，唤起对动物的亲近和喜爱，知道动物是人类的朋友，学会与身边的动物共存共生、和谐相处。

目标三：通过观看视频、分享与动物相处时的经历，懂得与动物相处时，如何自我保护，树立安全意识。

目标四：观看微课和探究活动，初步感知动物对人类智慧的启示，激发探索大自然的兴趣，增强创新意识。

【设计说明：依据新课标、《青少年法治教育大纲》、社会主义核心价值观及学科核心素养等，将课标要求内容细化分解为观察、调查、换算、交流、分享、展示等行为，而且行为动词都是学生所发出的动作，行为结果可观察、可评价、可检测。】

评价任务

(1) 参与看图片、猜谜语、听声音等多形式的活动，主动表述出自己喜欢的小动物的特点及特有的情感。(检测目标一)

(2) 走进生活，交流分享和动物朋友的故事，运用具体丰富的细节表达出人与动物的亲密关系，清楚地表达出对动物的喜爱之情。(检测目标二)

(3) 观看视频，进行小组交流和分享，说出动物为何会伤人，如何避免受伤，了解受伤之后应该采取哪些措施。(检测目标三)

(4) 观看绘本故事《动物老师》的视频，联系生活实际，说出人类从动物身上得到的智慧启迪。(检测目标四)

资源与建议

本课时是前一个话题“花儿草儿真美丽”学习的延伸，是在了解身边的植物以及在与植物共处时要注意的问题的基础上继续欣赏大自然的美，对身边的动物朋友有亲近感、共在感、好奇心，为后续学习与动物和谐共处时如何保护自己奠定基础。

学习的逻辑循序：介绍自己亲密的动物朋友──→判断怎样才是真正喜欢动物──→探究和动物相处时该如何保护自己──→感受动物对人类的智慧启迪。

学会与身边的动物朋友共存共生、和谐相处是本课的重点。懂得爱护动物，有依法保护动物的意识和责任感是本课的难点。通过做游戏、观看视频资料、阅读绘本故事、分享故事、交流展示等途径来达成目标。

学习过程

（一）课前学习

（1）观察自己喜欢的小动物的长相、声音、动作等特点。（指向目标一）

（2）搜集自己和动物朋友的故事。（指向目标二）

（二）课中学习

情境创设：做“猜猜我是谁”的游戏。

（1）游戏一：这是谁的尾巴？（展示图片，引导学生猜猜这是什么小动物。）

预设：老虎、孔雀、鳄鱼、蛇、金鱼等。

（2）游戏二：这是什么动物？（伴随着《兔子舞》的旋律，教师不断变换动作并提问，学生一边跟着老师模仿动物的动作，一边说出动物的名称。）

预设：小狗、小猫、兔子、大象、老鹰等。

（3）小结：刚才我们通过游戏，说出了很多大自然中熟悉的动物。看，小鸟在枝头歌唱、鱼儿在水中玩耍，它们真可爱啊（展示课题：可爱的动物）。

学习任务一：逛一逛动物王国，分享自己喜欢的小动物的特征。

（1）观看课件中的动物图片，说出图片中的动物名称。（指向目标一）

（2）读一读课件中的谜语，猜出动物的名称。（指向目标一）

（3）演一演：模仿动物的叫声、做动作、猜出动物名称并说出动物的特点。（检测目标一）

（4）展示：用写一写、画一画、贴一贴等自己喜欢的方式展示出来。（指向目标一）

（5）分享：说说自己对喜欢的小动物的独特感受。（检测目标一）

评价标准：

（1）回答问题声音洪亮。☆

（2）能描述出自己喜欢的小动物的特点，表达出对小动物的独特感受。☆☆

（3）能用自己喜爱的方式清晰地描述出喜欢的小动物的特点，表达出对小动物的独特感受。☆☆☆

【设计意图：呈现动物王国里的各种动物，让学生“演一演、画一画、贴一贴”等，旨在唤醒学生对小动物的情感。】

学习任务二：小小故事会，介绍与自己最亲密的动物朋友之间的故事。

（1）观看人类与动物和谐相处、人类善待动物的视频资料，认识世界因多样动物的存在而多姿多彩，所以要善待动物。（指向目标二）

（2）小组内交流：把课前准备好的自己与小动物的照片或者喜欢的小动物图片拿出来，说说自己和动物朋友之间的故事，也可以介绍一下自己喜欢的小动物。（指向目标二）

（3）小组推荐代表上台讲述自己与动物的故事或动物和人类的故事。（检测目标二）

评价标准：

（1）能说出自己喜欢的动物并进行简要介绍。☆

（2）能说出自己和动物朋友之间的故事。☆☆

（3）能积极参加小组讨论交流，并代表小组进行全班汇报。☆☆☆

学习任务三：探究“别让自己受伤害”。（检测目标三）

只要我们善待动物，动物就会给我们带来乐趣，可是动物的变化真让人摸不透，有时候它们会无意地伤害我们，所以我们在与动物相处时要懂得保护自己，不然就可能会发生视频中的事。

（1）观看视频谈感受。

① 播放动物伤害人类的视频。

② 说说你看到了什么。

③ 人们为什么会受到伤害，动物是无缘无故伤害人的吗？

动物不会随意伤害人类，当人类不尊重它甚至伤害它时就会被攻击。所以，如果人类尊重动物，就不会受到伤害。

（2）分享受伤经历。

① 说到受伤，你曾被小动物伤害过吗？

② 如果受到伤害，讲述自己受伤的经历。

③ 讨论：万一我们不小心被小猫小狗伤害了该怎么办？

④ 我们来看看健康小卫士是怎样说的（播放视频）。

评价标准：

（1）能说出什么情况下可能会受到动物的伤害。☆

（2）能说出受伤后应该如何处理伤口。☆☆

被小动物咬伤后，还有很多处理方法，学生课后可以登录安全平台观看有关内容。但是教师要提醒学生：被动物咬伤后一定要先告诉家长，及时处理伤口。

【设计说明：通过上一环节学生分享与小动物之间的故事，可了解学生对小动物已有的认知经验，有针对性地指导学生与小动物和谐相处，不受伤害的方法，提高学生解决问题的能力。】

学习任务四：向动物老师学习。

(1) 展示教材中的绘本故事《动物老师》，找一找，有哪些动物老师？同桌之间进行简单交流。(指向目标四)

(2) 进入动物微课堂，人们受动物特征的启发发明创造的东西、学会的技能，如孔雀舞、迷彩服……是从哪些动物老师的身上受到的启示？小组合作交流。(指向目标四)

(3) 独立思考并汇报：还有哪些动物是我们的老师？(指向目标四)

评价标准：

(1)能表述出动物对人类智慧的启示。☆

(2)能联系生活实际，包括学过的、练过的、见过的或想到的，表述出动物对人类智慧的启示。☆☆

检测与作业

推荐课外科普书籍：课后可以阅读《动物探秘》，走进神奇的动物世界，去了解更多的动物知识。

学后反思

你准备为你最喜爱的动物朋友做点什么？

第三节　“我是一张纸”学历案

主题与课时

《道德与法治》教材二年级下册第三单元“绿色小卫士”第 11 课“我是一张纸”话题一、话题二的内容(1 课时)。“我是一张纸”下设“你找到我了吗”“我从哪里来”“我的苦与乐”三个话题，其中“你找到我了吗”“我从哪里来”两个话题为第一课时，“我的苦与乐”放在第二课时。

课标要求

本主题依据《义务教育道德与法治课程标准(2022年版)》中课程内容第一学段“道德教育”中的“乐于探究,在学习与生活中遇到问题时能想办法解决,提高动手能力;亲近自然,感受自然的美,保护动物,爱护一草一木,保护自然环境”而编写。

学习目标

目标一:借助生活经验,通过观察和探究活动,知道纸在日常生活中的重要作用。

目标二:借助换算、类比、展示等活动,探究纸与树木、森林、环保之间的密切关系,增强珍惜、节约张纸、保护环境的责任意识。

目标三:通过观看视频、交流和分享活动,能够概括我国古代的造纸工艺和造纸流程,明白纸的来之不易,体会造纸术的发明对世界文化的贡献,产生民族自豪感。

【设计说明:结合主题内容及编写意图,寻找课标中与之匹配的要求作为本主题学习目标的确立依据,同时将课标要求的内隐行为动词细化分解为观察、调查、换算、交流、分享、展示等行为,而且行为动词都是学生所发出的动作,行为结果可观察、可评价、可检测。】

评价任务

(1) 进行独立观察、同桌交流、小组互动分享等活动,用具体实例阐述纸在生活中无处不在,与生活息息相关。(检测目标一)

(2) 交流课前学习任务单:自己班一天用纸量调查表;计算出本班学生、本校学生一年的用纸量,体会用纸量之大。厘清纸与树木、森林、环保之间的密切关系并对自己在节约资源等方面的表现进行反思。(检测目标二)

(3) 观看绘本故事,进行小组交流和分享,说出我国古代的造纸工艺和造纸流程。阐述我国造纸术的发明对世界文化的贡献,表达出内心的民族自豪感。(检测目标三)

【设计说明:本主题的评价任务与学习目标是“一对一”,将主题的三个学习目标根据“情境、知识点、任务”要素转化为收集关于学习结果的行为反应的检

测项目。评价任务的设计先于教学活动的设计，遵循的是一种逆向设计的路径，即学习目标⟶评价任务⟶学习过程。】

资源与建议

本课在“小水滴的诉说”“清新空气是个宝”两课的基础上进一步促进学生环保习惯的养成，让学生从自己身边触手可及的资源出发，知道纸与生活息息相关，深入理解纸与环境保护的关系，明确纸张来之不易，为下节课启动学生的环保行动做好铺垫。

学习逻辑顺序：探寻纸在日常生活中的作用⟶了解纸张的来源⟶体会纸张的来之不易及我国造纸术对世界文化的贡献⟶探究纸与树木、森林、环保之间的密切关系，增强环保意识。

深入理解纸与环境保护的关系是本课的难点。教师通过换算、类比、阅读补充材料、交流展示等途径来突破难点。学习中涉及“纸与树木、森林、环保之间的关系，造纸工艺和造纸流程”等知识，教师可以通过视频资料、网络资源、展示交流等途径进行展示。

【设计说明：从三个方面向学生提供学习指南。一是阐明“我是一张纸”与前后知识的联系，便于学生知识的结构化。二是提供本课时的学习逻辑循序、研究方法和路径，为学生的学习“导航”。三是给予学生学习重点、突破难点的提示及获取学习资源的渠道，便于学生自主学习。】

学习过程

（一）课前学习

（1）前置学习任务单：搜集日常生活中的纸。（指向目标一）

（2）小调查：在小组内进行一天用纸量的调查（表 4-1）。（指向目标二）

表 4-1 我们小组一天用纸量调查表

第（ ）组	学习用纸	生活用纸	其他	合计张数	小组合计
组员 1					
组员 2					
组员 3					
……					

（二）课中学习

学习任务一：寻找身边的纸朋友，感受纸的用处大。

（1）同桌之间互相说一说身边或生活中的物品，哪些是用纸做的。（指向目标一）

（2）向小组组员展示并介绍自己搜集来的纸、纸制品。（指向目标一）

（3）观看课件展示的各种各样的纸，按不同种类、不同用途进行分类。（检测目标一）

① 生活用纸：餐巾纸、纸杯、纸箱等。

② 学习用纸：课本、画画本、作业本等。

③ 美化纸：壁纸、窗花、挂画等。

④ 包装纸：牛奶盒、鞋盒、药盒等。

（4）小组内交流自己和家人还在哪些地方见过或用过纸。（检测目标一）

评价标准：

（1）能找到并说出生活中不同类型、不同用途的纸。☆

（2）结合生活实例说出纸在生活中的用处。☆

【设计说明：任务一的设计是基于学习目标一，教师在本环节借助学生已有的生活经验，将课内学习与课外生活联系起来，让学生真切地感受纸张在生活中的重要作用，为后续养成节约纸张的行为习惯奠定基础。】

学习任务二：计算学校一天的用纸量。

（1）小调查：我们班一天用纸量调查（表 4-2）。（指向目标二）

表 4-2　我们班一天用纸量调查表

二（　　）班	人数	张数
1 组		
2 组		
3 组		
……		

① 各小组汇报课前调查结果，得出本班学生一天的实际用纸量。

② 根据学校（1 200 人）的总人数，计算全校学生一天的用纸量（表 4-3）。

表 4-3　学校一天用纸量调查表

类别	人数	张数
我们班	40 人	
我们学校	约 1 200 人	
全国学校	约 3 亿人	

(2) 思考:我国在校生有近 3 亿人,一天的用纸量是多少?一年的用纸量又是多少?(指向目标二)

(3) 谈收获:通过调查、计算、小组交流,说出自己的发现。(检测目标二)

评价标准:

(1) 乐于表达,声音洪亮。☆

(2) 能根据自己的调查与计算结果,说出生活中纸的用量大、资源消耗多。☆☆

【设计说明:任务二的设计是基于学习目标二,教师在本环节借助学生的前置任务单,着眼于学生的最近发展区,根据课前的调查结果,用具体数字引导学生发现纸张在日常生活、学习中用量很大。此环节的设计在上一个环节的基础上体现了学习的进阶。】

学习任务三:探究纸张的发展历程,感受纸的来之不易。

(1) 追溯纸的渊源。(指向目标三)

① 纸还没有出现以前,人们用什么材料书写文字?

② 同桌交流:在这些材料上写字和在纸上写字有什么不同?

③ 这是我们的语文课本,有 16 万字,如果用竹简来书写的话,大约需要多少竹片?你有什么感想?

(2) 探究古代的造纸术。(指向目标三)

我国是世界上最早发明纸的国家。

① 阅读绘本故事,独立思考:我们的祖先是如何造纸的?

② 小组合作探究:说一说,两千年前祖先在造纸时用的材料、造纸工艺、造纸流程;设想在造纸过程中遇到的困难。(检测目标三)

③ 研究造纸术的改进:观看视频,了解造纸术和蔡伦。

④ 根据绘本故事和视频资料,抓住关键数字,说说自己的发现。(检测目标三)

评价标准：

(1) 能依据造纸工艺与流程说出纸张来之不易。☆

(2) 能用具体的数据表述我国造纸术的发明对世界文化的贡献。☆

(3) 能用赞美的语言表达出内心的自豪感。☆

【设计说明：教师在设计任务三时，紧扣目标，充分挖掘课程资源，用“四大发明之一的造纸术和蔡伦”作补充材料，意在让学生了解我国造纸术的发明对世界文化的贡献，激发学生的民族自豪感，确保资源的选配具有针对性和有效性。】

任务四：探究纸与树木、森林、环保之间的密切关系。

(1) “纸朋友”的自述。

① 观看视频中播放的现代造纸工艺流程。

② 同桌之间说一说现代造纸业的主要原材料。

③ 组内交流：谈谈现代化的造纸技艺及感想。

(2) 探究纸与树木的关系。(检测目标二)

① 阅读补充材料：一棵10年树龄的树大约能生产4 000张A4打印纸，每人每天用10张的话，一年需要1棵这样的树，我们全班同学需要40棵这样的树，那全国在校生2.89亿人，一年需要砍伐近3亿棵树。

② 观看视频：《造纸带来的污染》。

③ 小组合作学习：讨论造纸的过程中浪费了哪些能源？造成了哪些污染？

④ 思考：全国14亿人口，如果每人每天节约1张纸，一年会节省多少张，又会保护多少棵树木？

⑤ 小组代表汇报、汇总信息。

评价标准：

(1) 能运用具体的数据、实例，结合家庭、班级、学校实际的用纸量说出纸与树木、森林、环境保护之间的密切关系。☆☆☆

(2) 能与同学主动交流，分享自己保护环境和节约资源的观点。☆

【设计说明：深入理解纸与环境保护的关系是本课教学的难点。因此，在此环节的设计上，教师可借助视频资料、具体数字、有针对性和实效性的补充材料，让学生了解纸与树木、树木与森林、森林与环境的密切关系，有效突破难点，使学生自觉形成节约用纸的环保意识。】

任务五：创意未来的纸。

(1) 阅读材料：

① PPT 展示:《中华人民共和国森林法》规定,节约使用木材,鼓励开发、利用木材代用品。

② PPT 展示:创新是一个民族进步的灵魂。——习近平

③ 说一说:读了上面的法律条文和习近平总书记的话,你有何感想?(指向目标二)

(2) 独立思考:未来,我们会用什么样的纸?(指向目标三)

① 开展“我来当小小造纸创意师”活动。

② 把自己的创意先与同桌说一说,然后在全班进行交流。

评价标准:能大胆想象,说出自己的设计意图。☆☆

【设计说明:“课中学习”是学习过程中的最核心部分。纵观“课中学习”设计的五个学习任务,检测的是本课时的三个学习目标。学习任务的设计,聚焦小学道德与法治核心素养,学习过程从关注“教”转向了关注“学”和“学会”,突出道德与法治学科的生活性、活动性、探究性及实践性的特点。让学生亲身经历和体验,成为知识的主动建构者。学习过程的设计嵌入了评价任务,体现了学习的进阶,促进了学习方式的变革和“教—学—评”一致性,使学生走向深度学习,提升学习力,实现高品质的学习。】

检测与作业

(1) 阅读绘本故事《纸娃娃》《纸的力量》。

(2) 对于我们的纸朋友——一次性纸杯,有哪些使用建议?

【设计说明:道德与法治学科注重生活性、活动性、实践性。本主题的最终落脚点是培养学生的环保意识,落实节约用纸的行为,设计这两个检测作业既能检测学生是否学会,也能使学生在阅读绘本、分析情境、解决问题的过程中实现负责任、有爱心地生活,动脑筋、有创意地生活。】

学后反思

(1) 谈谈这节课的学习收获?

(2) 设想:如果没有了纸和树,生活又会是怎样?

【设计说明:“学后反思”是引导学生完善自我建构,积淀道德与法治学科素养的重要途径。通过对自己学习的收获进行反思,学生再次总结自己在探究活动中的研究成果。从“没有了纸和树的生活”引发思考,为开启下一个主题“我

的苦与乐”，争创“我是节约用纸小达人”，践行节约纸张的学习做好铺垫。】

第四节 “爱心的传递者”学历案

主题与课时

《道德与法治》教材三年级下册第三单元“我们的公共生活”第10课“爱心的传递者”话题一“我们都有爱心”。（1课时）

课标要求

本主题依据《义务教育道德与法治课程标准（2022年版）》中课程内容第二学段“法治教育”中的“树立民主、平等观念，积极参与民主管理，在集体生活中平等待人”“中华优秀传统文化与革命传统教育”中的“理解中华民族传统美德，如仁爱、诚信、谦逊等”而编写。

学习目标

目标一：通过收集与整理信息、回忆并分享生活中自己关爱他人和被他人关爱的经历，感受爱的温暖与感动，享受爱的幸福与快乐。

目标二：通过观看视频、小组合作探究、分析情景故事等发现隐藏在生活中不同层面、不同方式的关爱，感受生活的美好，产生助人为乐和无私奉献的道德情怀，主动传递爱的情感。

目标三：通过观看图片、展示交流等方式分享雷锋的故事，寻找现实生活中的“小雷锋”，感受雷锋精神，主动参与力所能及的公益活动，并能将爱心进行传递。

【设计说明：目标是学生学习的方向，是预期的学习结果。依据新课程要求、学业质量标准、单元学习目标及学生的实际情况叙写课时学习目标，把大单元目标进行了分解，集中体现一节课的重点部分。】

评价任务

（1）课前搜集生活中关爱他人和被他人关爱的场景、故事、图片，课上交流分享被别人关爱前后的心情及情感的变化；给予别人关爱的经历与感受。

（2）小组合作探究，收集与整理信息、找到并清晰而富有感情地表达出隐藏在教室、校园、生活周围等不图回报、无私奉献的关爱，表达出自己的观点。

（3）小组展示、交流图片及观看视频资料，发现生活中、自己身边的“小雷锋”榜样，讲述出“小雷锋”的事迹，设计爱的行动计划并认真执行。

【设计说明：本主题的评价任务与学习目标是“一对一”，不仅是为了了解学生学习目标的达成情况，更重要的是唤醒学生的元认知，让学生始终明晰学习目标，主动反思和调动学习进程，促进学习不断深入。】

资源与建议

本课时是本单元“我们的公共生活”中第三个主题中的第一个小话题“我们都有爱心”的内容，在低年级同学相伴和家庭生活的主题中，也有关他爱人的教育，本课时关爱他人的教育定位超越了校园和家庭生活中的关爱他人，还涉及社会生活中的关爱他人，为后续学习“关爱他人的方法和智慧”内容打下基础。

本课学习流程：通过回忆、寻找生活中自己关爱他人和被他人关爱的场景、故事去感受生活中各种不同的爱⟶寻找身边隐藏着的默默奉献、不图回报的爱心⟶为传递爱心做些力所能及的公益活动，主动将爱心进行传递。

学生感受生活中各种不同的关爱，能在日常生活中主动传递爱是本节课的教学重点。可通过实例分析、任务驱动、小组合作探究等方式完成本课时重点内容的学习。学习中涉及“体会日常生活中的关爱、雷锋精神”等知识，可以通过生活调查、网络资源、视频资料等途径来获取。

【设计说明：首先介绍“我们都有爱心”与前后知识的联系，便于学生知识的结构化，提供本课时的学习流程、研究方法和路径，给予学生学习重点的提示，发挥了“导学图”的作用，便于学生自主学习。】

学习过程

（一）课前学习

1. 完成前置学习任务单

学习任务单见表 4-4 和表 4-5。

表 4-4　任务单一：寻找身边的爱心，填写回忆单

	我得到别人关心、帮助的事	我曾帮助、关心别人的事
1		
2		
3		
……		
我的感受		

表 4-5　任务单二：无声之爱大搜索

教室、校园（或其他地点）	人（事、物）	如何表现无声的爱

2. 参与课前游戏

说出老师的手势语所表示的意思，并做出相应的表情。

（二）课中学习

任务一：感受爱心。

（1）根据课前学习任务单，分享被他人关爱的感受。（指向目标一）

① 回顾：被他人关爱的最难忘的事。

② 交流：小组内交流难忘的原因。

③ 汇报：这些事为什么难忘。（检测目标一）

评价标准：

（1）乐于表达，声音洪亮。☆

（2）清晰地说出被别人关爱前后心情及情感的变化。☆

（3）根据课前学习任务单，分享帮助别人的感受。（指向目标一）

① 思考：在什么情况下曾给过谁怎样的帮助？

② 分享：帮助别人后的情感体验。（检测目标一）

评价标准：能清晰地表达出给予别人关爱的经历与感受。☆☆

【设计说明：任务一检测的是学习目标1，借助学习任务单、通过小组合作、全班分享等活动，感受关爱他人和被他人关爱时的温暖与感动、幸福与快乐。在孩子在最近发展区，从亲身经历的事情当中，感受到帮助别人和被帮助时的愉快感受，从而知道生活中处处都有爱，我们每个人都有爱心，体现了道德与法治学科的生活性特点。】

任务二：寻找隐藏的爱心。

(1) 观看：图片、视频资料、文字材料。

内容涉及：擦黑板、摆书、发作业、学校下发的防溺水宣传单、交通安全亭等。(指向目标二)

(2) 小组合作交流：他们的爱心藏在哪儿？你是如何感受到的？

(3) 独立思考：生活中还有哪些隐藏着的爱心？

(4) 小组讨论并展示汇报：从学校、社会等不同场景、不同方面汇报展示。(检测目标二)

评价标准：

(1) 乐于表达，声音洪亮。☆

(2) 清晰而富有感情地表达出隐藏在生活中不图回报、无私奉献的关爱，表达出自己的观点。☆☆

任务三：感受雷锋精神。

(1) 读教材，同桌之间互相说一说有关雷锋的故事。(指向目标三)

(2) 观看视频：《雷锋的英雄故事》。

(3) 小组交流：从故事中看到了一个怎样的雷锋？

(4) 观看雷锋精神传承者(抗洪救灾的图片、汶川地震、最美逆行者等)的视频资料，谈谈观看后的感受。(检测目标三)

(5) 独立思考：身边还有哪些"小雷锋"？

(6) PPT展示习近平总书记的话："雷锋精神人人可学，奉献爱心处处可为。"进一步感受雷锋精神。

评价标准：完整清晰地表述出身边"小雷锋"的事迹。☆☆

任务四：爱心在行动。

(1) 观看教师做志愿者、进行公益讲座的图片。(指向目标二)

(2) 思考：自己的身边、生活周围有哪些需要帮助、关爱的人群？打算怎么做？

(3) 把最想做的、想说的写在爱心卡片上面。(检测目标三)

(4) 把爱心卡片贴到爱心树上。

评价标准:根据需要关爱、帮助人群的需求,提出合理、可行的关爱方式并付诸行动。☆☆☆

【设计说明:任务四检测的是学习目标三,落实道德与法治学科知行合一要求。纵观"课中学习"设计的四个学习任务,检测的是本课时的三个学习目标。"课中学习"是学习过程中的最核心部分。聚焦小学道德与法治核心素养,学习过程从关注"教"转向了关注"学"和"学会",让学生亲身经历和体验,学习过程的设计嵌入了评价任务,体现了学习的进阶,促进了学习方式的变革和"教—学—评"一致性,使学生走向高品质学习,成为知识的主动建构者。】

检测与作业

以小组为单位,开展一次献爱心活动并记录好在活动中的感受。

【设计说明:道德与法治学科注重生活性、活动性、实践性。本主题的最终落脚点是关爱他人的实际行动,策划开展献爱心活动既能检测学生是否学会,也能培养学生在分析情境、提出问题、参与活动、解决问题过程中表现出来的关爱他人的能力。】

学后反思

在关爱他人方面,还有哪些好的方式、方法?

【设计说明:学后反思是引导学生完善自我建构、积淀道德与法治学科素养的重要途径。设计"在关爱他人方面,还有哪些好的方式、方法"这一问题,是为了引导学生思考"关爱他人是有方法的,是需要不断学习的",为开启下一个主题"善于帮助别人"的学习,即学习关爱他人的方法和智慧,懂关爱的公共生活观、公共生活方式奠定良好基础。】

第五节 "感谢他们的劳动"学历案

主题与课时

《道德与法治》教材四年级下册第三单元"美好生活哪里来"第 9 课"生活离不开他们"第三课时"感谢他们的劳动"。(1 课时)

课标要求

本主题依据《义务教育道德与法治课程标准(2022年版)》中课程内容第二学段“道德教育”中的“尊重劳动者,懂得职业没有高低贵贱之分,感受并感激他们的劳动给人们生活带来的便利,珍惜他们的劳动”而编写。

学习目标

目标一:通过观看图片、视频,结合日常观察等分享交流劳动模范、大国工匠、身边普通劳动者的故事,体会他们工作的艰辛。

目标二:通过模拟、体验不同劳动者的活动,分享自己的感受,树立爱劳动、向先进劳动者学习的意识,尊重劳动者的劳动成果。

目标三:制定感谢劳动者的行动计划,通过支“金点子”、写小妙招的活动,学会用行动感谢各行各业的劳动者。

【设计说明:依据课程内容的要求、学业质量标准、学生的已有生活经验叙写课时学习目标,通过模拟、体验等活动丰富学生的实践体验。】

评价任务

(1) 根据学习任务单,按要求观察并记录一位劳动者一天的工作,重点感受劳动者付出的辛勤劳动与克服的困难。

(2) 开展职业体验活动,模拟体验持锅翻炒的厨师、大声叫卖的促销员、指挥交通的交警等,分享自己的真实感受。

(3) 讲述生活中尊重、感谢劳动者的故事、“金点子”、小妙招;能从职业特点出发,制定切实可行的感恩计划。

【设计说明:本主题的评价任务紧扣本课时的学习目标,并与学习目标对应一致,清晰地描述学生做什么、怎么做,以确保做到怎样。】

资源与建议

本课时是第9课第三个话题“感谢他们的劳动”,学生在学习了前两个话题的基础上懂得社会的良好运转需要各行各业的劳动,每一份职业都有存在的价值,每一个劳动者的辛勤付出都是在服务社会,都值得尊敬和感谢。

学习逻辑顺序:了解劳动者工作的艰辛——→体验劳动者工作的艰辛——→感

谢和尊重劳动者。

本课的重点是感受和体验不同职业劳动者工作的艰辛，懂得学会尊重和感谢各行业的劳动者。通过体验不同职业的活动来切身感受劳动者的艰辛，提供具体的情境或者很有意义的故事，激发尊重和感谢劳动者的情感。

学习过程

前置学习任务单：

寻找最美劳动者的社会实践活动。（指向目标一）

活动要求：(1) 分小组重点选择一种职业进行调查。

(2) 了解发生在劳动者身上的真实故事。

(3) 选出心中最美劳动者，并说明推荐理由。

（一）课中学习

学习任务一：进入劳动观察营，寻找最美劳动者。（指向学习目标一）

(1) 交流课前任务单：你调查身边劳动者的职业是什么？他的工作内容是什么？讲一讲发生在他身上的故事，选出心中最美劳动者，并说明推荐理由。（指向目标一）

(2) 同桌互相说一说：这些普普通通的劳动者与我们的生活有着怎样的联系。（指向目标一）

(3) 课件播放纪录片《大国工匠》的视频片段，感受工匠精湛的技艺、精益求精的精神，谈谈观后感。（检测目标一）

(4) 小组交流"五一"劳动节的意义，讲述劳动模范的故事，分享体会。（检测目标一）

评价标准：

(1) 能通过自己的观察说出劳动者一天情况，表达自己的感受。☆

(2) 积极参与、遵守纪律、团结合作。☆

(3) 发言人声音响亮、叙述完整、仪态大方。☆

【设计说明：本环节的调查实践活动能够让学生直观地了解各行各业的劳动者，感受普通劳动者的艰辛和重要性，接着课件展示阅读角，进一步强化学生对普通劳动者重要性的认识。最后展示小贴士和讲述劳动模范的故事，引导学生树立爱劳动、尊重劳动者和向先进劳动者学习的意识。】

学习任务二：进入劳动体验营，体验不同职业的艰辛。（指向学习目标二）

(1) 观看视频:多媒体课件播放厨师炒菜和空中乘务员训练的视频,学习动作要领。(指向目标二)

(2) 职业体验谈感受:① 模拟厨师持锅翻炒,持续3分钟。② 练习微笑,上下牙齿咬住筷子,上下嘴唇不能挨着筷子,两边嘴角微微上翘,同时保持站姿,双腿并拢,持续3分钟。分小组选择体验,体验后说一说感受。(检测目标二)

(3) 分享交流:我们应该怎样去尊重和感谢劳动者?(检测目标二)

评价标准:

(1) 按要求体验,能表达出真实感受。☆

(2) 能结合具体事例阐述怎样去尊重和感谢劳动者。☆

(3) 积极参与、遵守纪律、团结合作、叙述完整。☆

【设计说明:任务二的设计是基于学习目标二,本环节通过让学生体验不同职业的劳动,进一步加深对不同行业劳动极其艰辛的认识和感悟,再展示情境图,通过案例,引导学生在行动上尊重和感谢劳动者。】

学习任务三:进入劳动感谢营,感谢劳动者的劳动。(指向目标三)

(1) 讲一讲自己或他人在生活中感谢劳动者的故事。

(2) 小组合作探究:生活中还有哪些尊重和感谢劳动者的"金点子"。

展示活动任务:

(1) 探究小学生应该如何去尊重和感谢劳动者?

(2) 能探究出两条及以上。

(3) 记录员梳理归纳、总结。

(4) 发言人进行分享汇报,组内进行星级评价。

评价标准:

(1) 说出至少两条"金点子"、小妙招。☆

(2) 把"金点子"描述得清晰可执行。☆

(3) "金点子"有创意、可操作。☆

学习任务四:制订感谢行动计划。

评价标准:

(1) 能从职业特点出发,制订切实的感恩计划。☆

(2) 计划翔实具体,操作性强。☆

(3) 汇报时语言富有感染力,能表达真情实感。☆

检测与作业

请选择一位劳动者(可以是自己身边熟悉的人,也可是令你感动、尊敬的其他人),给他写一封感谢信或制作一张感恩卡,并把感谢信或感恩卡送到他们面前,记录他们收到时的表现和你当时的感受。

【设计说明:道德与法治学科重视德育教育。设计该检测作业,培养学生学会感恩。】

学后反思

劳动与人生幸福有什么关系?写出你的观点。

【设计说明:学后反思是引导学生完善自我建构,积淀道德与法治学科素养的重要途径。结合自己学习的收获进行反思,学生再次总结自己在探究活动的研究成果。】

第六节　“互相尊重　守望相助”学历案

主题与课时

《道德与法治》五年级上册第三单元“我们的国土　我们的家园”第7课“中华民族一家亲”,本课有三个板块:“中华民族大家庭”“各民族谁也离不开谁”“互相尊重　守望相助”。这三个板块相互联系。第一个板块,从总体上明确了民族关系,即56个民族是一家;第二个板块从认知层面说明各民族之间是谁也离不开谁的关系;第三个板块从行为层面感受“互相尊重　守望相助”的意义,进一步体现“中华民族一家亲”的主题。本课时的教学将学习第三板块的内容。

课标要求

本主题依据《义务教育道德与法治课程标准(2022年版)》中课程内容第三学段(五至六年级)“中华优秀传统文化与革命传统教育”中的“了解中国共产党的成立以及中国共产党带领中国人民取得革命胜利的历史,初步了解马克思主义中国化的发展进程,知道全心全意为人民服务是中国共产党的根本宗旨,激发热爱中国共产党的情感”而编写。

学情分析

五年级学生开始对不同民族的历史和文化感兴趣，但是缺乏具体深入的了解。在第一课时的学习过程中，学生对我国的民族构成有所了解，知道我国是个多民族国家，有56个民族，如对各民族之间的交往、交流、交融，各民族共同创造中华文化等方面的了解就很局限。结合本次活动主题“铸牢中华民族共同体意识”的要求和学生的已有知识经验，在本节课的教学中，需要教师布置学生搜集资料，帮助他们补充资料，带领学生通过对资料的学习、整理和提炼，深刻感受各民族之间只有彼此尊重、守望相助才能真正成为相亲相爱的一家人，才能全面建成小康社会，实现中华民族伟大复兴的中国梦。

学习目标

目标一：通过观看视频、民族特色竞猜游戏、民族风俗体验活动等认识不同民族的生活习惯、风土人情，形成理解和尊重不同民族的文化、民族风俗的意识，懂得只有相互了解，彼此尊重，才能真正成为相亲相爱的一家人的政治认同。

目标二：通过分享交流民族互助的典型案例，能简述我国扶助少数民族的政策，懂得实现各民族同心同德、守望相助、共同繁荣的必要性，增强责任意识。

目标三：结合课前收集的资料和课上学习的收获，组织、策划、开展“中华民族一家亲”展览活动，实现跨学科学习。知道我国经济文化等各方面取得的成就，是各民族共同努力的结果，培养民族自豪感，树立正确的民族观。

评价任务

(1) 观看视频，收集有关民族服饰、食物等的资料，参与民族特色竞猜游戏，进行民族风俗体验活动；能说出所熟悉的民族节日的名称、习俗、寓意及参加节日或活动时的注意事项。

(2) 收集并分享民族互助的相关资料与典型案例，列举国家对少数民族的扶持政策、开展的兴边富民具体事件，阐述在各民族共同努力下，我国经济文化等各方面取得的成就。

(3) 把收集的资料进行分类整理，进行“中华民族一家亲”展览活动组织与策划，有创意地展示我国经济、文化等各方面取得的成就，一起为了实现我们的中国梦而努力。

资源与建议

本课时是在学习“我们神圣的国土”一课的基础上引导学生认识到中华民族是由56个民族组成的大家庭，各族人民互相尊重、平等交往、和睦相处，文化上兼收并蓄、经济上互相依存、情感上互相亲近，共同缔造光辉灿烂的中华文化，为下一个“骄人祖先　灿烂文化”单元学习做好铺垫。

推荐的学习资源：观看民族团结一家亲儿童公益电影《让爱回家》。了解国家精准扶贫、青藏铁路、西气东输、西电东送的相关资料。

学习过程

（一）课前学习

前置学习任务单：搜集有关民族食物、服装、房屋、节日、礼仪等的资料；中华民族团结互助的事例；聆听歌曲《中华情》。

（二）课中学习

(1) 播放短片：解读奥运会开幕式国旗入场创意。

① 五星红旗在12个小朋友手中徐徐展开，被传递到全国各行各业先进模范人物和56个民族的代表手中，再被郑重地交给国旗班。

② 思考：国旗入场仪式向我们传递了什么理念？

(2) 展示实物：

① 石榴象征着什么？

② 展示习近平总书记的话：“在中华民族大家庭中，大家只有像石榴籽一样紧紧抱在一起，手足相亲、守望相助，才能实现民族复兴的伟大梦想，民族团结进步之花才能长盛不衰。”

(3) 展示学习目标。

【设计意图：明确本节课内容所需要掌握的内容点在哪里。】

民族之旅任务一：民族特色竞猜活动。（指向目标一）

活动规则：

(1) 把课前搜集的有关民族食物、服装、房屋、节日、礼仪资料整理在各自的导学单上。（时长5分钟）。

(2) 按学习小组，用5分钟的时间充分讨论收集到的资料。

(3) 组长主持，组员有序讨论、交流，小组代表总结发言。

(4) 参与民族特色竞猜活动，猜对一题得一粒石榴籽。(检测目标一)

民族之旅任务二：民族风俗体验活动。(指向目标一)

活动一：民族节日分享会。

(1) 请结合自己的经历或看过的资料，向同学介绍一个少数民族传统节日。

活动要求：

① 节日的名称是什么？

② 这个节日给你印象最深的习俗是什么？它有什么寓意？

③ 如果你在旅途中准备参加这一节日的活动，应该注意什么？

④ 说出一个节日的名称、习俗、寓意可得一粒石榴籽。说出参加节日或活动时的注意事项可得两粒石榴籽。(检测目标一)

(2) 开动脑筋：想一想，文化习俗等的不同容易导致什么？我们该怎么办呢？

【设计意图：学生根据自身知识储备，通过小组讨论活动，思考并尝试回答少数民族在食物、服装、房屋、节日、礼仪上的特点，提高学生课堂参与度。同时在活动中了解知识点，完成教学目标。】

活动二：入乡随俗当裁判。

(1) 展示课件并提问，下列同学的做法是否正确？

① 佳佳去云南西双版纳旅游，参加了傣族的泼水节。当傣族人民将水泼到她身上时，她特别开心。

② 宁宁去呼伦贝尔旅游时遇到蒙古族的朋友向他献哈达，他害羞地跑开了。

③ 君君走在回民街上，看到回族男生头戴小白帽，就一直盯着他们看。

(2) 给出答案：佳佳做法正确；宁宁做法错误；君君做法错误。

(3) 追问：假如你要去上述所说地方旅游，怎么避免宁宁和君君这种情况呢？(提前了解、理解尊重、入乡随俗)

【设计意图：通过生活化的问题，贴近学生，提高学生课堂参与度，同时通过判断题来提升对少数民族的尊重和理解。】

民族之旅任务三：民族互助在行动。

活动一：守望相助国家行动。

在中华民族大家庭中，各民族之间互帮互助，发生过很多感人的故事，国家针对贫困地区制定了扶持政策，为实现小康路上“一个都不能少”的目标，采取了哪些措施？产生了哪些影响？

（1）自学要求：把课前搜集的关于少数民族地区建设小康社会的典型事例及相关资料整理到导学单上。

（2）互学要求：组长做好分工，有序发言。小组之间进行交流、补充，挑选出比较有价值的资料，为展学做准备。

（3）展学要求：小组能讲述出典型的事例可得两粒石榴籽。（检测目标二）

（4）国家针对贫困地区制定了精准扶贫政策，实现小康路上"一个都不能少"的目标。国家为了边境地区的发展还做了哪些努力？

（5）展示课件：

① 十八洞村的故事。

② 相关知识：国务院办公厅印发的《兴边富民行动"十三五"规划》指出，实施兴边富民行动，对于推动边境地区经济社会快速发展，提高各族群众生活水平，加强民族团结，巩固祖国边防，维护国家统一，增进中外睦邻友好具有特殊重要意义。

【设计意图：通过视频的视听效果，让学生直观感受到民族团结的力量。同时让学生畅所欲言，能够让学生提高对民族团结的关注度，并在讨论中提升表达能力。】

活动二：民族互助行动。

（1）分小组讨论交流你知道的为民族团结作贡献的人和事。

（2）观看课件：在脱贫攻坚战中，有主动请缨回乡、为扶贫献出生命的黄文秀；有带领百姓艰苦奋斗、奉献青春力量的艾立燎……

活动三：民族互助我能行。（指向目标三）

（1）活动规则：

① 分小组讨论交流。

② 在小组内说说自己的策划。

③ 展示自己的策划案。方案切实可行的每位组员可得一粒石榴籽。（检测目标一）

（2）感悟升华：我们56个民族要像石榴籽一样，紧紧抱在一起，同心同德，守望相助，一起在为我们的中国梦而努力奋斗。

【设计意图：通过讨论活动，让学生在讨论中得到结论，既能提升团队协作能力，又能在讨论中加深对民族团结的了解。】

检测与作业

五选一：以“中华民族一家亲”为主题，学唱一首歌；背诵一首诗词；画一幅画；制作一份手抄报；在班级内开展一次小型展览活动。

学后反思

（1）通过本节课的民族之旅，你收获了几粒石榴籽？

（2）通过本堂课的学习，你还有哪些感想？

板书设计

铸中华民族情

互相尊重　守望相助

一家亲

第七节　“改革创新谋发展”学历案

主题与课时

《道德与法治》教材五年级下册第三单元“百年追梦　复兴中华主题”第12课“富起来到强起来”，本主题由“改革创新谋发展”“精神文明新风尚”“走进新时代”“做新时代的好少年”四个话题组成。本课时是话题一的内容。（1课时）

课标要求

本主题依据《义务教育道德与法治课程标准（2022年版）》课程内容第三学段（五至六年级）“国情教育”中的“了解改革开放以来我国所取得的伟大成就，明确中国特色社会主义道路是指引中国发展繁荣的正确道路，理解只有走中国特色社会主义道路才能实现中华民族伟大复兴”而编写，其对应核心素养为“政治认同”。学段目标为初步了解国情，具有维护国家利益和祖国尊严的意识与行动，形成中国人的身份认同感，初步认识重要历史事实，了解我国发展的历史方位和中国共产党的光辉历程。

学习目标

目标一：通过搜集资料了解改革开放的历程、科教兴国的知识，知道改革开放以来中国在农业、科技、文化、生活等各个方面取得的突出成就，从而认识自己的新生活，感受祖国的日益富强，增强对祖国认同感。

目标二：通过观看视频、查找资料等方式获取信息，充分认识到创新带来的变化，关注到建设者们勇于探索、努力创新、不畏艰险的精神，知道幸福生活来之不易，萌发民族自豪感和自信心。

目标三：通过调查、对比，感受身边人生活水平的变化，增强创新意识和观念，树立家国责任意识，初步理解只有坚持中国共产党的正确领导，才能实现国富民强。

评价任务

(1) 进行资料的搜集与整理、小组交流与合作、观看录像及图片等了解改革开放的标志性事件，说出“改革开放”的发展历程及典型事例。

(2) 观看视频、查找资料、数据对比、小组合作等，感受改革创新带来的变化，用简练的语言说出“改革开放”对工农业发展的影响及原因。

(3) 调查、对比、阅读我国改革开放以来不同领域取得的有代表性成就，能根据自己的理解阐述科教兴国战略的新举措、新成就。

资源与建议

本单元衔接第二单元儿童的公共生活，聚焦他们成长中的社会生活，以近代史和现代史为脉络，以精神为核心，对学生进行革命传统教育和爱国主义教育，培养学生对国家的热爱，增强学生的自豪感和荣誉感，同时也为六年级学习“我是中国公民”，增强公民国家认同感奠定了基础。

本课是在学生了解革命先辈为强国复兴之梦前赴后继、不怕牺牲终于建成新中国，中国共产党领导全国人民自力更生、扬眉吐气的历史知识基础上，深入领会只有改革创新才能让国家富起来强起来的道理。

推荐的学习资源：庆祝改革开放 40 周年大型展览网上展馆。影视资源文献专题片：《邓小平》《建国大业》。

学习逻辑顺序：探究改革开放发展历程──→理解改革开放政策、深圳精神

→展示科技发展新成就→体会家国情怀、责任担当。

学习过程

（一）课前学习

以“小记者”的身份通过实地考察、访谈等方式，对祖辈、父辈以及自己三代人“衣、食、住、行、用”等方面的情况做一个调查。

（二）课中学习

学习任务一：探究改革开放的发展历程。

活动一：看视频谈感受。

(1) 观看中国历年 GDP 在世界排名变化的视频。

(2) 说说自己的观后感受。

活动二：交流改革开放的发展的具体事件。

阅读学习任务单：观看视频、交流课前收集的资料、阅读补充材料。通过独立思考、小组合作，探究“改革开放”的发展历程。

活动要求：以获得星星的数量为评价方式，后面的内容同此。

(1) 能够准确说出“改革开放”的具体开始时间、三中全会召开的时间、地点。☆

(2) 能用自己的话说出“改革开放”的发展历程及标志性事件。☆

① 了解改革开放的标志性会议——十一届三中全会。

A. 观看十一届三中全会的视频资料。

B. 结合前置调查表，说一说十一届三中全会召开的时间、地点，会议召开的情况。

C. 说说十一届三中全会召开的时代意义。

② 探究中国农村改革第一村——小岗村的发展。

阅读“中国农村改革第一村——小岗村”的图文资料。1978 年冬，小岗村 18 位农民以“托孤”的方式，冒险在土地承包责任书按下鲜红手印，实施了“大包干”。这一“按”竟成为中国农村改革的第一份宣言，它改变了中国农村发展史，揭开了中国改革开放的序幕。自强不息的小岗人创造了“敢想敢干，敢为天下先”的小岗精神。1980 年春，安徽省委原第一书记的万里，来到小岗村视察。1980 年 5 月 31 日，《关于农村政策问题》重要讲话中肯定了小岗村的大包干。1998 年，江泽民同志到访小岗村。2008 年 9 月 30 日，纪念改革开放三十周年之际，胡锦涛同志到小岗村视察。2009 年 11 月 6 日，时代先锋，优秀共产党员沈浩同志，因忘我工作积劳成疾，倒在了工作岗位上。2016 年 4 月 25 日，习近平总书记一行来到小岗村，重温中国改革历程。

结合上述材料，探讨小岗村为什么会发生这么大的变化。

③ 探究经济特区深圳的发展，了解对外开放。

A. 阅读资料：为了进一步促进经济的发展，1980 年，中共中央决定设立深圳、珠海、汕头、厦门四个经济特区。这四个经济特区迅速崛起，成为中国对外开放的窗口，加快了中国走向世界的进程。继经济特区后，我国又进一步扩大对外开放领域，形成了“经济特区—沿海开放城市—沿海经济开发区—内地”的全方位的格局，到 2020 年，中国经济特区已有 7 个，中国经济得到了突飞猛进的发展。

B. 以《春天的故事》为背景音乐，观看深圳小渔村今昔图片的变化、观察拓荒牛雕塑及“沿海地区对外开放示意图”。

C. 通过阅读资料和观看图片，同桌交流：深圳为什么会发生这么大的变化。

【设计意图：通过观看十一届三中全会的视频资料，让学生感悟此次会议的重要性。借助课前调查表、补充资料进行讨论、交流，在对比、讨论、探究中分析“小岗村”“深圳”两个典型案例，感受敢于改革创新的时代精神铸就当代中国的发展与进步。】

学习任务二：探究改革开放给工农业发展带来的影响。

阅读学习任务单：讲述故事、观看视频、阅读补充材料。通过独立思考、小组合作，探究改革开放对工业和农业的影响。

活动要求：

(1) 能够用自己的话说改革开放对农业及工业的发展的影响。☆

(2) 根据探究结果，能说出自己的感受或体会。☆

活动一：探究改革开放对我国农业发展的影响。

(1) 讲述自己知道的关于袁隆平爷爷的事迹。

(2) 观看袁隆平爷爷的丰功伟绩的视频资料。

(3) 阅读补充材料：在改革开放前，水稻亩产量 250～300 公斤。1996 年，农业部正式立项超级稻育种计划。4 年后，第一期每亩 700 公斤目标实现，随后便是 2004 年 800 公斤、2011 年 900 公斤、2014 年 1 000 公斤的“三连跳”。袁隆平爷爷有个“禾下乘凉梦”。新育成的第三代杂交稻全年亩产达到 1 530.76 公斤，袁隆平爷爷的梦想成真了。

(4) 思考：通过上面的数据，你发现了什么？

活动二：探究改革开放对我国工业发展的影响。

(1) 分享展示课前收集的工农业发展取得的成就。

(2) 课件出示镰刀、联合收割机、火柴、钉子等图片，交流图片信息，谈感受。

(3) 阅读补充资料：改革开放40多年，什么成就最令人振奋？工业的跨越式发展当之无愧，必为其一。1978年我国工业产值1 622亿元，1992年突破1万亿元，2007年突破10万亿元，2012年突破20万亿元，2017年接近28万亿元……这条持续跃升的曲线，就是改革开放40多年来中国工业增加值的增长轨迹，中国工业增加值年均增长10.8%，很多产业从无到有，200多种工业产品产量位居世界第一。40多年，我们很好地走出了一条工业强国之路。

(4) 小组讨论：读了上面的这段文字，你有何感受？

【设计意图：借助课前搜集的资料进行交流、讨论，有利于学生对改革开放有一个全面的了解，同时，通过资料整理和分析的过程，培养学生的逻辑思维能力。】

学习任务三：探究“科教兴国”战略的新成就。

阅读学习任务单：阅读材料、小组进行合作学习，感受“科教兴国”战略在科技、文化、生活等领域取得的新成就。

活动要求：

(1) 能够用自己的话表述“科教兴国”战略在科技、文化、生活等领域取得的成果。☆

(2) 根据探究结果，能说出自己的感受或体会。☆☆

活动一：畅谈科教兴国创成就。

(1) 分享课前搜集的中国在科技、文化、教育等方面取得的辉煌成就。

(2) 阅读补充资料：1993年，《中华人民共和国科学技术进步法》颁布实施，这是新中国第一部关于科学技术的法律。1995年5月，中共中央、国务院颁布《关于加速科学技术进步的决定》，首次正式提出实施科教兴国战略，引起了国人广泛关注。科教兴国战略的理论基础来源于邓小平关于“科学技术是第一生产力”的思想。

(3) 观看改革开放新成就视频资料。

① 我国首台千万次超级计算机——“天河一号”超级计算机。

② 中国“名片”——高铁的成就。

③“中国天眼”——射电望远镜。

④ 神舟十六号飞天。

(4) 思考:在科教兴国战略下,我国在科技、文化等领域取得了哪些新成就?

活动二:探究科教兴国新举措。

(1) 阅读《中华人民共和国义务教育法》后谈感受。

(2) 观看视频资料:中国在体育、科技、国防、医疗等领域的新举措、取得的新成就。

(3) 谈一谈看到祖国取得如此辉煌的成就的感受。

【设计意图:学生感受到改革创新实践给祖国带来巨变后,再通过寻找、观看、分享我国科技、文化、生活领域取得的辉煌成就,逐渐感受“科教兴国”战略推动社会进步和国家富强。】

学习任务四:探究改革开放对自己的影响。

活动一:祖孙三代比童年。

(1) 根据前置任务学习单,根据“祖孙三代比童年”调查表,小组交流改革开放给自己或家人的生活带来了哪些变化,说说自己的发现或体会。

(2) 汇报展示:观察 20 世纪七八十年代衣、食、住、行、用的物件图片,和自己现在正在使用物品进行比较,看看有哪些变化?

【设计意图:通过亲子互动、家庭生活调查,充分利用学生身边的、熟悉的资源唤起学生天然的情感,创设情境引发学生相关的生活体验,深刻感受幸福的生活越来越好。】

活动二:畅谈中国梦。

(1) 观看视频资料:播放录像集锦——“奋斗者号”下水、探月工程、港珠澳大桥、北斗卫星导航系统、神舟十六号载人飞船发射成功等新成就。

(2) 看了让人自豪和骄傲的这些成就,你最想说些什么?

(3) 朗诵梁启超先生的《少年中国说》。

【设计意图:引导学生从国家取得的一个个辉煌成就升华情感,在欣赏和赞叹中提升国家认同感和家国情怀。】

检测与作业

搜集近年来中国制造走向世界“新形象”的资料,设计你心中的“中国名片”,并做成书签。

学后反思

自己的梦想是什么？为实现中国梦自己需做些什么？

第八节　“中国为和平作贡献”学历案

主题与课时

《道德与法治》教材六年级下册第四单元“让世界更美好”第10课“我们爱和平”“战争带来的伤害”“和平是世界潮流”“中国为和平作贡献”。本课时是话题三的内容。（1课时）

课标要求

本主题依据《义务教育道德与法治课程标准（2022年版）》中课程内容第三学段（五至六年级）“中华优秀传统文化与革命传统教育”中的“了解人民军队在不同时期称谓的演变，了解人民军队的革命历史、英雄人物，感受人民军队英勇顽强、不怕牺牲的革命精神”以及“国情教育”中的“初步了解习近平新时代中国特色社会主义思想，明确习近平新时代中国特色社会主义思想的指导地位，初步感受百年未有之大变局和世界发展大势，能够举例说明构建人类命运共同体的意义”而编写。

学习目标

目标一：通过课前预习、查阅新闻、搜集资料等方式，借助导学单，了解中国在处理国际关系中奉行和平共处五项原则，倾听中国在国际会议上发出的“中国声音”，感受中华民族历来爱好和平。

目标二：借助“一带一路”倡议实施以来，沿线国家取得辉煌成就的图片及文字资料，知道“一带一路”倡议是推动构建人类命运共同体的重要实践平台，明确中国为推动世界和平制定了有效的“中国方案”。

目标三：通过观看视频、描绘畅想等方式，了解中国军人，知道中国维和部队在维护世界和平方面作出的重要贡献，增强对国家的政治认同，树立责任意识。

评价任务

（1）小组成员课前搜集关于近年来国际冲突的资料，摘录中国外交部发言人的相关发言，课上小组内交流信息，选择出无争议的事件和最能代表中国立场的声音与大家分享。（检测目标一）

（2）小组合作，借助“一带一路”倡议实施以来，沿线国家取得辉煌成就的图片及文字资料，运用具体数字或事例说出中国提出的“一带一路”促进了沿线国家的发展，促进了世界的和平与稳定。通过“晒朋友圈”的活动，用自己的语言说一说“一带一路”倡议的成就，观看视频《中欧班列》，说出观后的感受。（检测目标二）

（3）观看视频《维和部队》，说出中国军人为维护国家安全、世界和平作出的重要贡献。借助对“未来世界”的畅想，能够在“和平鸽”上写出自己的愿望，说出自己对和平的期盼并与同伴分享。（检测目标三）

资源与建议

本课以战争与和平为主题，“中国为和平做贡献”是对全册的一个升华，主题内容离学生的生活实际较远，可以让学生通过相关网站、微信公众号等搜集资料，还可以借助相关的图片、数据、生动的故事、观看电影、观看纪录片等方式让学生感受中国为维护世界和平、促进人类命运共同体所作出的巨大贡献。

自主学习网站：人民网；新华网；中国“一带一路”网。

观看电影：《战狼》《我和我的祖国》。

观看纪录片：《和平使命》《云中哨所》。

学习过程

（一）课前学习

通过查阅新闻、收集资料，聆听中国在国际争端问题上发出的“中国声音”，感受中国为和平做出的贡献。（指向目标一）

（二）课中学习

1. 创设情境，揭示课题

（1）观看课件中出示的许多双眼睛，思考哪双眼睛让你印象深刻？

（2）交流印象深刻的原因。

【设计说明：站在儿童的视角，引导学生找寻一双令自己印象最深刻的眼睛，引发思考，激发学习兴趣。】

2. 探究活动

学习任务一：聆听“中国声音”。

活动一：读懂战争中女孩的眼睛。（指向目标一）

（1）聚焦叙利亚战争中的小女孩眼里含着泪水的全景图片。

（2）说出这张照片带给自己的感受。

（3）观看电影《战狼》视频片段：一张中国脸，一面中国旗帜，通往最安全地区的通行证。

（4）交流分享：观看视频后交流印象深刻的镜头。

（5）展示交流成果：中国作为联合国五个常任理事国之一，始终奉行独立自主的和平外交政策，走和平发展之路。

【设计说明：通过战争中女孩的眼神与中国人安全通过交战区的画面进行对比，直观感受战争的恐怖和祖国的强大。】

活动二：了解和平共处五项原则的内容。（指向目标一）

（1）阅读补充资料，了解联合国。联合国是世界上最大的国际组织，作为一个拥有 195 个成员国的多边机构，联合国在各个领域展示了其重要性和影响力。联合国的五个常任理事国，即中国、俄罗斯、美国、英国和法国，发挥着特殊的作用，当涉及国际安全事务时，这五个国家可以共同决策并采取行动，以维护全球的和平与安全。中国始终奉行独立自主的和平外交政策，走和平发展之路。

（2）读和平共处五项原则的内容。互相尊重主权和领土完整、互不侵犯、互不干涉内政、平等互利、和平共处。

（3）分享交流：和平共处五项原则是哪一年提出的，由谁提出来的？

（4）观看展示的和平谈判的成功案例：

① 中国与哈萨克斯坦的边界问题。

② 香港、澳门回归。

活动三：聆听“中国声音”。（检测目标一）

（1）阅读活动要求。

① 摘录中国在国际争端问题上发出的“中国声音”，选出最有力量的“中国声音”，完成导学单内容。

② 评价标准：导学单填写完整；能主动交流，乐于分享；立场坚定，观点正确。

（2）拿出导学单，根据课前查阅新闻、收集整理的资料，写下了对该事件的思考。

（3）小组分享交流。

（4）观看视频，倾听我国外交部发言人——周恩来、王毅等发出的“中国声音”。

（5）聆听习近平总书记的声音。

读一读 PPT 展示的习近平总书记在纪念中国人民抗日战争暨世界反法西斯战争胜利 70 周年大会上的讲话内容：为了和平，中国将始终坚持走和平发展道路。中华民族历来爱好和平。无论发展到哪一步，中国都永远不称霸、永远不搞扩张。

（6）谈谈你对这段话的理解。

学习任务二：了解“中国方案”。

活动一：读懂抗疫医生的“眼睛”。

（1）聚焦抗疫中的这双眼睛——医护人员忘我工作的全景图片。

（2）回忆经历的抗疫生活，说出这张照片带给自己的思考。

（3）联系生活实际说说自己对“人类命运共同体”的理解。

（4）观看课件：2013 年，习近平总书记提出，通过发展促进和平，构建人类命运共同体，为人类的发展提供一个全新的“中国方案”。“一带一路”倡议是推动构建人类命运共同体的重要实践平台。

活动二：“晒晒我的朋友圈”游戏。

（1）阅读课前搜集的“一带一路”倡议实施以来，在世界范围内取得辉煌成就的图文资料袋，玩一个“晒晒我的朋友圈”的游戏。

（2）了解游戏规则：先由小组长带领组员认真观察图片、阅读图文资料；再选择小组最想晒出的图片，并说明理由；最后全班同学根据各小组晒出的图片和理由在朋友圈进行点赞，并说出点赞的理由。哪个小组得到的点赞多，哪个就是获胜小组。

（3）观看有关视频，谈感受。

【设计意图：学生通过参与喜欢的游戏活动，了解“一带一路”倡议是造福世界的“富裕带”，是惠及人民的“幸福路”，懂得“中国方案”推动了沿线国家的经济发展，为维护和平所作的贡献。】

学习任务三:感受“中国力量”。(指向目标三)

活动一:读懂守卫边疆军人的眼睛。

(1) 观看视频中扛着枪守卫祖国边疆的军人的全景图。

(2) 相信这双“眼睛”也让大家印象深刻,你知道他是谁吗?

(3) 品味军人的眼睛,你有什么想说的吗?

活动二:感受中国军人的风采。

(1) 观看中国维和部队去国外执行任务的视频资料。

(2) 提问:今天的中国是世界和平的坚决倡导者和有力捍卫者。在人类命运共同体的理念下,未来的世界会是什么样子的呢?

【设计意图:哪有什么岁月静好,只不过是有人替我们负重前行。让学生通过观看视频知道中国军人为守护国家安全参与海上救援、联合国维和行动的事例,了解中国军人用一言一行、一举一动传递着维护和平的理想信念。】

检测与作业

畅想未来,书写感受。

活动要求:

(1) 请你把对和平的呼唤、对未来的畅想落在笔端,写在和平鸽卡片上。

(2) 分享、交流。

(3) 放飞心灵的和平鸽。

学后反思

搜集近期的国际新闻,思考中国在处理国际争端中的主张与做法。

第九节　“新时代新征程”学历案

主题与课时

本节课讲授的是《习近平新时代中国特色社会主义思想学生读本》小学低年级第 3 讲“走进新时代”第 2 课时“新时代新征程”的内容。第 3 讲把“人民对美好生活的向往”作为出发点和落脚点,围绕着“走进新时代”设计了“新时代新生活”“新时代新征程”2 课时。首先,讲述新时代人们的新期待;其次,为了回应人们的新期待，让每个人都过上幸福美好的生活，我们国家确立了“两个一百年”的奋斗目标；最后，落脚到引导学生为建设社会主义现代化强国这一宏伟目标而奋发图强上，激发孩子们对未来的憧憬，感受到自己身上肩负的责任。

课标要求

依据《义务教育道德与法治课程标准(2022年版)》，本学段课程核心素养目标为：

（一）政治认同

(1) 政治方向。了解习近平新时代中国特色社会主义思想是中华文化和中国精神的时代精华。

(2) 价值取向。初步感知共产主义远大理想和中国特色社会主义共同理想的实现与个人美好生活息息相关。

(3) 家国情怀。热爱伟大的祖国，热爱中华民族，自觉铸牢中华民族共同体意识，有以实现中华民族伟大复兴为己任的使命感。

（二）责任意识

培育对社会、国家和人类的责任感，增强担当精神和参与能力。

学习目标

目标一：借助课前采访、调查收集的文字、图片等资料畅谈对美好生活的新期待，分析人民对美好生活的新需求，加深对习近平总书记寄语“人民对美好生活的向往，就是我们的奋斗目标”的理解，明白新征程的含义，树立政治认同感。

目标二：小组合作，通过对视频、图表、文字资料的分析，比较、识别“两个一百年”的奋斗目标；分析第二个百年奋斗目标的内容，感受“基本实现现代化到实现现代化强国”的变化历程，描述社会主义现代化强国的内涵，产生国家认同感和责任感。

目标三：通过阅读习近平总书记寄语，计算自己2049年时的年龄，树立“强国有我”的报国之志；联系生活实际，设计并实施努力学习、健康成长、建设强国的行动计划。

评价任务

(1) 完成“新时代新期待”社会调查表，结合习近平总书记寄语“人民对美好生活的向往，就是我们的奋斗目标”的理解，说出人民对美好生活的新需求、新期待。(检测目标一)

(2) 小组合作，分步完成“读懂‘两个一百年’”“畅想全面建成社会主义现代化强国”学习任务单；收集庆祝建党 100 周年的图片；结合视频、图表、文字资料，用自己的语言表达出“两个一百年”的时间、内容；第二个百年奋斗目标的实施步骤和阶段内容，社会主义现代化强国的内涵。(检测目标二)

(3) 观看视频，阅读习近平总书记寄语，说出自己 2049 年时的年龄和应承担的社会责任，完成“请党放心　强国有我”志向书；宣誓立志，付诸行动。(检测目标三)

资源与建议

本课时是在学习“新时代新生活”一课的基础上引导学生了解新时代人们的新期待，识别“两个一百年”的奋斗目标，懂得长大为建设社会主义现代化强国做出贡献。

课前教师推荐的学习资源：观看电影《建党伟业》。

观看视频《庆祝建党 100 周年活动》。

学习过程

学习任务一：认识新征程。

活动一：感受新时代。

(1) 观看图片：班级参加的活动。

(2) 回忆自己曾经参加过的班级活动。

(3) 观看学校建校 50 周年校庆视频资料，感受近年来学校发生的变化。

(4) 思考：学校为什么会发生翻天覆地的变化？

活动二：解读新征程。

(1) 小组内交流课前调查的“人民对美好生活的追求”的内容。

(2) 分小组展示调查表(表 4-6)。

表 4-6 “新时代新期待”调查表

“新时代新期待”调查表		
采访对象 （家庭成员、学校师生、邻居等熟悉的人）	访谈类别 （经济、军事、医疗、教育……）	新期待 （图片、视频、文字……）
采访感受		

(3) 读习近平总书记的金句，说说新的奋斗目标是什么？

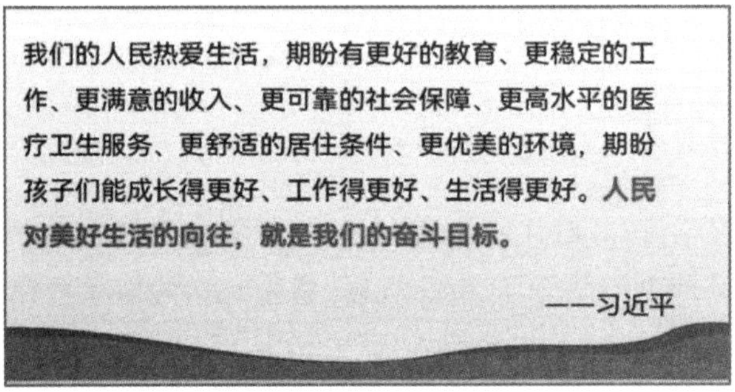

学习任务二：感悟新征程。

活动一：初步了解“两个一百年”。

(1) 阅读课件内容，完成下面的探究单（表 4-7）。

表 4-7 国家制定的“两个一百年”具体内容和奋斗目标

“两个一百年”	具体内容	奋斗目标
第一个一百年	是指（　　）一百年	实现（　　）
第二个一百年	是指（　　）一百年	实现（　　）

(2) 思考：为实现中国梦，国家制定的“两个一百年”的奋斗目标是什么？

活动二：做第一个百年奋斗目标见证者。

(1) 分析课件展示的“两个一百年”图示。

(2) 小组合作完成任务单（表 4-8）。

表 4-8　第一个一百年展示的内容

一图读懂“两个一百年”				
第一个一百年	成立时间	成立 100 周年时间	奋斗目标	是否实现
中国共产党 成立 100 周年				

(3) 展示任务单并分享交流。

(4) 思考:第一个百年奋斗目标实现了吗?

(5) 观看建党 100 周年习近平总书记重要讲话。

(6) 思考:学校为庆祝中国共产党成立 100 周年举行了哪些活动?

(7) 观看视频并交流,自己对全面建成小康社会有哪些了解?

(8) 齐唱《没有共产党,就没有新中国》。

【设计意图:培养学生读图、分析、获取资料、整合信息的能力,深入了解第一个一百年,作为经历者、见证者增强民族自豪感,产生国家认同感和责任感。】

活动三:做第二个百年蓝图畅想者。

(1) 研读课件展示的“两个一百年”图示。

(2) 小组合作完成任务单(表 4-9)。

表 4-9　第二个一百年展示的内容

一图读懂“两个一百年”								
第二个一百年	成立时间	成立 100 周年时间	两步走实施计划					
			第一步时间	奋斗目标	距离现在年限	第二步时间	奋斗目标	距离现在年限
新中国成立 100 周年								

(3) 展示任务单并分享交流。

(4) 描绘 2035 年,国家在科学技术、军事能力、教育环境、人民生活可能将有什么变化?

学习任务三:奋斗新征程。

(1) 畅想 2049 年我国全面建成社会主义现代化强国的面貌。

① 联系收集的资料,构建 2049 年新蓝图。

② 合作交流,大胆畅想,完成任务单的填写(表 4-10)。

表 4-10　畅想全面建成社会主义现代化强国

社会主义现代化强国		
内容	现状生活的图片或文字	畅想 2049 年
富强		
民主		
文明		
和谐		
美丽		

(2) 想一想:2049 年自己几岁了？可能在什么岗位？能为祖国发展做什么贡献？

(3) 读习近平总书记的寄语：

> 少年强则国强。当代中国少年儿童既是实现第一个百年奋斗目标的经历者、见证者，更是实现第二个百年奋斗目标、建设社会主义现代化强国的生力军。希望广大少年儿童刻苦学习知识，坚定理想信念，磨练坚强意志，锻炼强健体魄，为实现中华民族伟大复兴的中国梦时刻准备着。
>
> ——习近平

(4) 说一说:读了习近平总书记的寄语,有何感想？

(5) 写一写:我的报国之志,交流后贴到黑板上。

(6) 宣誓:举起右拳宣誓。

> **请党放心　强国有我**
>
> 振兴中华之责任，不在他人，而全在我少年。少年智，则国智；少年强，则国强！我岩湖少年时刻铭记：崇德尚学 明志 爱国。立志做德、智、体、美、劳全面发展的新时代好少年。为把我国建设成富强、民主、文明、和谐的现代化强国而不懈奋斗！为实现伟大复兴的中国梦而不懈奋斗！准备着，时刻准备着！请党放心，强国有我！
>
> 宣誓人：自己名字

(7) 提问:为实现伟大复兴中国梦,现在应该怎样做?

(8) 寄语总结:习近平总书记的期望。

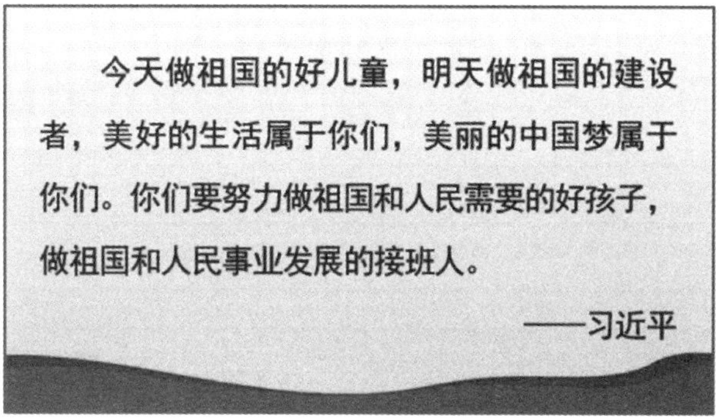

检测与作业

争当宣讲员。宣讲“两个一百年”知识,号召全民为实现“社会主义现代化强国”贡献自己的力量。

学后反思

(1) 通过本堂课的学习,你有哪些收获?

(2) 你还有哪些感想?

教后反思

我们党以优异的答卷告别第一个百年奋斗目标、带领全国人民踏上实现第二个百年奋斗目标之际,“新时代新征程”内容进入小学三年级学习领域正逢其时。反思亮点:

(1) 指向核心素养设计沉浸式任务目标。

从整体视角,根据已有知识经验,立足将知道、将理解、将能够三个维度设计“认识新征程—感悟新征程—奋斗新征程”三个模块,层次清晰,一脉相承,内容认知由浅入深,理论与实际扎实衔接,符合年龄认知规律,水到渠成达成目标,落实“政治认同”“责任意识”核心素养。

(2) 链接生活使道德学习真正发生。

通过图片、调查、视频等资料链接真实生活,利于唤起学生体验,引起共鸣,增强感召力。教师设计的“初步了解‘两个一百年’”“做第一个百年奋斗目标见证者”“做第二个百年蓝图畅想者”等活动，通过对视频、图表、文字资料的分析，将观察、体验、探究等串联起来，为学生未来问题处理提供方法指引，引领学生在回望与反思中“学会”生活，促进生命和智慧的成长。

第五章　探索核心素养导向的"新课堂达标"策略

第一节　基于素养导向的小学道德与法治单元整体教学范式的研究

——2022年度枣庄市基础教育教学课改项目

一、选题依据及意义

（一）国内外研究现状分析

1920年，梁启超先生在考察欧美新教育运动后将"单元教学"引入了学科教学领域。20世纪30年代，著名教育家叶圣陶先生就提出小学初级学生用书按单元编写。近年来，随着我国课程改革的深入和学科育人目标的发展变化，关于"大单元教学"的研究迅速开展起来。国家基础教育课程改革专家崔允漷教授指出，大单元是融合了目标、内容、教学与评价的"课程细胞"。在此基础上，知名课改专家戴晓娥又提出了"大单元、大情境、大任务"，强调真实的大任务贯穿整个单元，完成单元任务的学习过程就是学习者经历的学习过程，在此过程中进行知识的自我建构。

20世纪20年代，苏联学者提出了单元整体教学的概念，并一直处于不断的发展之中。美国教育家杜威主张实用主义的单元教学，提出了关于单元教学的教学模式。他的学生克伯屈主张"学习单元"，不设置固定的课程内容，学习单元的安排以学生的活动为主要依据，这一主张引起了世界教育界的轰动。新教育运动的领军人物、比利时教育家德可乐利，在布鲁塞尔的学校中推行以整体化和兴趣中心为原则的德可乐利教学法。

单元整体教学无论在国内还是国外，都不是一个全新的概念。通过国内外研究综述发现，国内与国外对单元教学的理解不尽相同。国外关于单元教学的理解，一开始就围绕“跨学科”开展，并将“单元教学”“单元整合”理解为一种课程设计或思维模式。我国近年来才开始跨学科开展一些项目化、主题式的大单元整体教学探索。从学理层面来看，大单元教学融合了系统论、控制论、信息论，以及布鲁姆“掌握学习”、巴班斯基“最优化教学”、格式塔心理学“整体论”等教育思想。从实践层面来看，大单元教学借鉴了国外著名的单元教学经验，比如杜威“单元教学模式”、莫礼生“单元教学法”。

教学范式是对教学这一复杂活动的概括性解释，它既包含教学理论与研究方法，又包含教学模式、学习策略及教学评价方式等，曾经历了以德国教育家赫尔巴特为代表的“教师中心论”、以杜威为代表的“学生活动中心论”、以美国教育家布鲁纳为代表的“综合型的教与学”三个阶段的发展。

2016 年，北京师范大学林崇德教授领衔的课题组发布了《中国学生发展核心素养》。“双减”背景下的《义务教育道德与法治课程标准（2022 年版）》明确以素养本位为课程设计的基本遵循，围绕政治认同、道德修养、法治观念、健全人格、责任意识五大核心素养，统整课程内容。如何将素养落实到单元整体教学中，如何建构道德与法治单元整体教学范式，成为当前单元整体教学的重点、难点所在，值得我们去实践、去探索。

（二）项目的理论和实践意义

一般系统理论对大单元教学设计具有重要意义，它为大单元教学设计的系统分析、整体规划、逆向设计、结构化设计、重构单元教学目标、内容、过程和评价提供了系统方法和工具。

建构主义学习理论对于大单元教学中转变教师的角色定位，对于建构新型师生关系，对于学习方案的制定、学习任务的设计、学习情境的设置、学习活动的优化、教与学方式的变革，提供了重要的理论依据。

大概念统摄下的单元教学设计为重新认识大单元教学的目标，对大单元教学中强调学生在真实情境中分析和解决问题，强调培养学生的高阶思维；对于大单元教学的统摄性主题的设计、实践教学活动的设计、作业设计和评价设计提供了依据。

《义务教育道德与法治课程标准（2022 年版）》在课程实施中如下表述，教师应从发展学生核心素养的角度制定教学目标，将核心素养的培育作为教学的出发点和落脚点，使教学目标在培育学生核心素养方面起到指引性、规定性的作用。要积极探索议题式、体验式、项目式等多种教学方法。从新课标的相关指导建议来看，课堂教学走向素养本位的大单元教学已经成为趋势。

以素养为导向，以宏观思维重构单元教学内容与目标，从“知识传递”转向“知识建构”，探索道德与法治学科实践的新方向。围绕单元学习主题统整教材内容与学生发展问题，设计关键任务，以思维支架和素材支撑促进情景任务的对话探究，以正确的政治方向指引学生成长，切实发挥思政课的思想引领作用。学生通过课程学习养成正确的价值观、必备品格和关键能力，提升思想政治素质、道德修养、法治素养和人格修养，增强做中国人的志气、骨气和底气，落实本课程的育人目标。

探究单元整体教学范式，有利于转变教与学的方式。基于学生需要而教，体现学生学习地位的需要，由浅表走向深入，从低阶思维走向高级思维，促进学生深度学习；有利于实现知识的整合，由零散走向关联，走向“心中装森林，眼中有树木”的整体建构，系统教学；有利于强化学科间知识的关联性，由远离生活需要走向真实情景，连接个人生活、学校生活和社会生活，解决实际问题；有利于教师确立“以学习为中心”的观念，站到学科课程的高度（目标、评价、任务、活动、开发、结果等），实现学生学习差异的现实需求，重建符合“教—学—评”一致性的教学结构，实现素养导向的教学转型。

单元整体教学范式的实践研究，符合核心素养培养的要求，符合未来的人才要求，符合国家课程标准、课程方案的基本原则，对进一步推进思政课程与教学的改革创新，具有重要的学理意义和实践价值。

二、项目内容

（一）项目目标

（1）坚持目标导向，通过大单元整体教学范式的研究，系统规划道德与法治课程的教学内容、教学素材、教学目标、教学活动、教学评价，实现“单元整体教学”模式框架的构建。

（2）借鉴“理解为先理论”“SOLO分类理论”，以素养为导向，围绕大概念分学段、年级进行单元整体设计。根据一体化的评价价值目标，实现测试框架的科学搭建。

（3）通过大单元统整教学范式的研究，整合关键要素，重建单元目标、情境、问题、活动、评价“五线”融合的教学结构，实现学生在真实性学习的过程中掌握方法，沉淀素养、培根铸魂、启智增慧。

（二）拟解决的关键问题

(1) 通过该项目的实践探究，优化课堂教学，深入推进“新课堂达标”活动，构建道德与法治单元整体教学范式，帮助一线教师提升符合“教—学—评”一致性的课堂教学实施能力，真正做到课内提质减负。（重点）

(2) “单元整体教学”是撬动“课堂转型”的杠杆。一是要转变教师的观念，从操作熟练的课时教学模式进入陌生的大单元教学领域；二是对课程内容进行整合、归纳、提炼，设计出综合性、可操作性的单元整体教学方案；三是开发实施单元整体教学相关的评价体系。（难点）

(3) 以单元整体教学范式的实践为抓手，提高思政课教师的思想水平、理论水平、学科知识水平、政策理解水平、教育教学水平，打造出有高度、有深度、有温度的道德与法治课；提升思政课教师的政治站位、价值定位、责任定位，建设一支政治强、情怀深、思维新、视野广、自律严、人格正的思政课教师队伍。

(4) 借助大单元整体教学范式的实践探究，引导教师在“价值方向、能力培养、方法指导、社会实践”等方面发挥主导作用；尊重学生在“学习目标、学习活动、学习效果”等方面的主体地位，使学生真正成为“学的主体、思的主体、练的主体、行的主体”。

（三）具体内容

(1) 实践探究小学道德与法治学科大单元教学，构建素养导向下的单元整体教学范式的模板框架。

(2) 以素养为导向，围绕大概念，细化分解评价指标，科学搭建完整的评价体系。

(3) 探究适合大单元整体教学的师生关系、学习情境、学习活动、学习方式、学习路径、学习评价，重建基于新课标、核心素养、基本学情的“教—学—评”一致性的高品质课堂。

三、改革思路、方法和创新点

（一）改革思路及方法

单元整体教学指向的是学科核心素养，对整个单元要进行系统分析和整体规划。发掘单元的育人价值，捕捉单元内容与旧知识的连接点，将内容单元转化为“学习单元”。《义务教育课程方案和课程标准（2022 年版）》为进一步探索、尝试和完善“单元整体教学”提供了有力的政策支持。

核心素养导向下的单元整体教学，要依据新课标、教材和学情，选择有利于培养学科核心素养的教学内容和情境素材，用“大”的观念、项目、任务、问题做统率，制定学习目标、选择学习内容、设计学习活动、开展课堂教学、进行学习评价。

(1) 提取大概念。大概念是素养落地的锚点，围绕道德与法治的“政治认同、道德修养、法治观念、健全人格、责任意识”五大核心素养，统整课程内容，提炼出道德教育、生命安全与健康教育、法治教育、中华传统文化与革命教育、国情教育等主题。以核心素养为导向，梳理单元概念、观念、案例、本质问题、大概念，形成单元的概念地图。

(2) 聚焦主问题。提取出大概念只是第一步，理解与运用才是关键。通过设计单元整体教学，创设并组织相应的学习活动，设计真实的问题情境，引导学生自己提出问题，带领学生自主筛选、提炼主问题，围绕主问题进行探究。基于问题开展活动，使学生真正能在活动中恢复学习本质。

(3) 设计预评价。预评价即预设教学目标达成时，学生应该有什么样的表现。大单元整体教学中的逆向教学设计强调评价先于教学实施，明确学生在结束时能做什么，最终判断表现的指标又是什么，并对学生作出解释，在教学活动还没有开展之前先确定如何评价，使教学评价伴随整个教学过程。学生在学习中能运用思考技能，展示对基本知识、概念理解和所学技能的应用。

(4) 创设真实情境。大单元首先来自大任务、大情境。情境对于道德与法治教学的价值不言而喻。学习的本质不是听得、不是灌输，学习的本质是链接、是经历与体验。真实情境必然来自生活，关联真实生活。只有来源于学生身边，真实可见、可感的现实生活素材与真实的社会生活、现实场景有机关联的情境才能引发学生主动、深入、真实地学习，为真实而学。

通过大单元整体教学范式的研究，提升道德与法治学科教师的政治觉悟、教育思想、育人理念。守住立德树人的初心，牢记为党育人、为国育才的使命。扎实培育学生的学科素养，使其形成正确的世界观、人生观、价值观，厚植爱国主义情怀，树立共产主义远大理想。

(二) 创新点

(1) 创教学理念之新。通过单元整体教学范式的实践探究，提升思政课教师的政治站位、价值定位、责任定位，思想水平、理论水平、学科知识水平、政策理解水平、教育教学水平。让有信仰的人讲信仰、懂政治的人教政治、有思想的人传授思想。

(2) 创教学策略之新。此项目与“新课堂达标”活动切合度高，以此为契机，以“新课堂达标”正在推行的单元学历案为切入点，在教学设计上，坚持目标导向，以终为始，采取逆向教学设计；在教学结构上，采取大单元统整教学设计，系统规划教学内容、教学素材、教学目标、教学活动、教学评价；在教学情境上，基于真情境、采取真材料、设置真问题、开展真思考、进行真学习；在教学方式上，坚持灌输性和启发性相统一，采用活动型课堂教学、议题式教学法、项目式学习等方式方法，引导学生发现问题、分析问题、解决问题。倡导深度学习，实施基于真实情境、有利于培养学生解决实际问题及发展批判性思维、创新能力、合作精神和交往技能的认知策略。

(3) 创社会实践之新。基于素养导向的单元整体教学，可强化思政学科社会实践的课程地位。坚持把思政小课堂同社会大课堂紧密结合，引导学生有目的、有计划、有主题、有行动、有反思、有感悟、有获得地积极投入社会实践，让学生在社会实践中获真知、长本领、践真行。在进行大单元实践活动设计时，可丰富社会实践的活动类型，如实地访谈、社会调查、研究性学习、模拟人大选举、研学等，增长知识、提高能力、育得素养、提升本领，弘爱国情、厚强国志、践报国行。

(4) 创教学评价之新。通过探索单元整体教学，创新学生的学习评价，发挥评价的正向导向作用，明确一体化的评价价值目标并细化分解评价指标，科学搭建完整的测试框架，研制“教—学—评一致性”的评价体系。聚焦真实情景任务，根据学情，分学段开发评价任务；联通课堂内外、校内外生活，开发学校、家庭和社区等评价资源，借助技术赋能、数据驱动的智慧评价手段，构建一体化的学业质量和学习评价。探索素养导向的课堂学习智慧评价和纸笔测试评价，不断优化与改进结果评价，强化过程评价，探索增值评价，运用多种评价方式，更好地发挥评价的诊断、激励和改善功能，助力学生核心素养的形成，促进知行合一。

(5) 创迁移运用之新。基于素养导向的单元整体教学，强调“掌握理解—实践运用—迁移创新”的思维进阶，体现高通路学习迁移。通过深度学习，学生把在课堂上学到的思维方式，迁移到高度不相似的现实情境中去解决问题，举一反三，灵活运用，在问题解决中形成专家思维的认知结构，养成正确的价值观、必备品格和关键能力。

四、计划与预期成果

（一）项目计划及进度

1. 项目申报的准备阶段(2022 年 9 月至 2022 年 12 月)

(1) 成立项目申报小组,项目组成员对项目选题的依据及意义,项目研究的必要性、可行性,项目研究的主要内容等进行全面、深入地论证。确定研究方向,确立项目名称。

(2) 根据预申报的基础教育教学改革项目"基于素养导向的小学道德与法治单元整体教学范式的研究"进行理论知识的学习与积累。

(3) 对参加项目申报教师所在的学校、学生进行问卷调查、基础数据的采集。利用采集的真实数据做好对比、分析,完成调研报告。

2. 项目研究的实施阶段(2023 年 1 月至 2024 年 6 月)

制定阶段性项目实施计划,进入项目改革实践阶段。

(1) 通过项目组成员的外出学习、理论研究,加之主持人所在的名师工作室、特级教师工作坊成员的鼎力协助,项目研究进入实施阶段。依据新课标、调研学情和学习需求,整合教学内容,优化教学策略,立足课堂,进行"基于素养导向的小学道德与法治单元整体教学范式的研究"的实践探究,借助团队的力量,分年级、分学段确定单元教学主题,深入挖掘道德与法治核心知识所承载的学科核心素养,寻找承载核心知识的实际问题或任务,设计单元整体教学规划及教学任务(活动)设计,在实践探究中积累项目研究的一手资料。

(2) 通过本项目的研究,观察学生、老师在学习方式、教学行为等方面的变化,确定研究方法是否正确。

(3) 通过座谈、测试、观察等方式,定期了解项目的进展情况,完成项目研究阶段性的总结。

(4) 通过阶段性总结,调整研究方案,进一步探索,积累资料,完成调查报告的阶段性论文。

(5) 通过"基于素养导向的小学道德与法治单元整体教学范式的研究",探索单元整体教学的方法、路径、策略;构建小学道德与法治单元教学的评价体系,形成研究报告。

3. 课题研究的总结阶段(2024 年 7 月至 2024 年 9 月)

整理过程性资料及研究成果,撰写项目研究报告,最终形成成果论文。申请研究成果的鉴定，为项目研究成果的推广应用做好准备工作。

（二）项目预期成果形式

1. 预期研究成果

（1）完成选题前的调研报告。

（2）完成项目的研究报告。

（3）撰写项目研究的阶段性总结。

（4）撰写成果论文；整理优秀的单元整体教学设计案例，装订成册。

（5）根据项目的理论框架、实践探究经验，撰写此项目研究的科研著作。

2. 使用去向

此项目科研成果为区域内思政课教师进行大单元整体教学提供决策指导；为其他学科对大单元整体教学范式的实践研究提供参考。

3. 预期社会效益

（1）助力完成主持人所在的山东省特级教师工作坊拟定的三年“通过科研引领、项目带动，教研支撑，探索深化小学道德与法治课程与教学改革模式，为各市培养一个学科领军人才、培育一批学科特级教师后备人才”的总目标。

（2）打造主持人名师工作室的影响力。通过开展项目研究，指导项目实践，使名师工作室成员在深度研修和历练中共同成长，营造平等、民主、和谐的学术氛围，打造一支成果丰富、榜样引领的市级思政课教研团队。

（3）为“新课堂达标”活动的顺利开展助力。通过项目的实践与探究，开发出一套充满思政元素、发挥思政功能的单元整体教学范式的模板，使项目组成员快速成长，成为一批具有较高教育科研水平、德才兼备的思政学科名师。

（4）通过开展项目研究，有针对性地对教学中的具体问题进行研究、探讨，切实解决教学过程中尤其是课改中遇到的实际问题，总结教学经验，探索、应用、发现教育教学规律，不断提高自己的研究能力和实践水平，履行好山东省兼职教研员的职责，成为全省小学道德与法治课堂教学改革的引领者、推动者。

（5）通过笔者所在山东省道德与法治特级教师工作坊、市名师工作室的辐射带动作用，把道德与法治学科大单元整体教学范式在更大范围内推广。为省、市、区思政课教师的大单元整体教学提供指导。

（6）推出研究成果。以项目研究、教研促进教学。项目成员力争获市级以上优质课或发表科研论文若干篇，出版高质量的教育教学专著一部，为全区、全市乃至全省思政课教学改革贡献力量。

五、推广应用价值

《义务教育道德与法治课程标准(2022 年版)》明确以素养本位为课程设计的基本遵循，围绕本学科的五大核心素养，统整课程内容，从“知识传递”转向“知识建构”，以主题统整学习内容。单元整体教学范式的研究，有利于提高教师的教学设计能力，促进学生道德与法治学科核心素养的形成，实现素养导向的教学转型。

大单元整体教学蕴含的教学理念、评价机制等与枣庄市正在推行的“新课堂达标”活动是一致的。此项目的研究成果可普惠全市一线教师，引领教师转变教学方式，优化教学策略，构建基于新课标的“教—学—评”一致性的高效课堂，助力“新课堂达标”活动的顺利实施。

此项目的研究成果对推进新课程改革具有一定的指导意义和现实价值。

(一) 单元整体教学范式的实践研究有利于整体把握课程理念

单元整体教学超越传统的课时主义和知识点为中心的教学，帮助教师从研究教程走向关注学程，以宏观思维重构单元教学内容与目标，站在学科课程高度整体统筹安排教学目标、内容结构、学习方式、资源体系、作业系统及评价方式。有效实现教师完整地教，学生整体地学，帮助学生建立知识之间的关系，经历完整的学习过程，学会学习、实现迁移应用，形成素养。

(二) 单元整体教学范式的实践研究有利于提升学生核心素养

单元整体教学以核心素养目标为教学视点，围绕单元学习主题统整教材内容与学生发展问题，以正确的政治方向创设情境，设计关键任务及活动内容，使学生更能主动实践，自主探究，合作交流，进而实现自我发展、自我超越、自我升华，养成正确的价值观、必备品格和关键能力，提升学生的思想政治素质、道德修养、法治素养和人格修养，促进学生政治认同、道德修养、法治观念、健全人格、责任意识等核心素养的达成。

(三) 单元整体教学范式的实践研究有利于提高教师的教研水平

单元整体教学需要教师依据新课标、教学要求、学生的实际需求对教材进行整体性研究，能够站在系统知识体系的高度进行整体思考，这就要求教师要投入更多的时间和精力，进行教学研究，开阔视野，进行团队合作，实施单元备课，提高教师的团队教研能力。

(四) 单元整体教学范式的实践研究有利于提高思政课的教学实效

大单元整体教学可以发现教材之间、教学之间的相互关系和互为补充的内在关联，运用系统的整体教学编排内容，坚持思政课的价值引领，引导学生用理想之光照亮奋斗之路，用信仰之力开创美好未来。单元整体教学是单元教学的升级和再构，对于深化新时代教育教学改革、提高思政课教学质量、重构微观高质量教学体系具有重要意义。

六、研究基础和条件保障

(一) 研究基础

本项目组是一支优秀的研究团队，团队成员来自全市五家单位，有名师工作室、特级教师工作坊的成员、有对思政课情有独钟的老教师和对思政课充满热情与期待的年轻教师。

项目主持人深耕教学一线，纵深推进新课堂改革，带领团队开展了以“聚焦学科核心素养　推进学生深度学习”为主题的课堂教学研究。推行互动式、探究式教学，组织研究型、项目式、合作式学习。本主题研究 2021 年荣获市中小学思政课改革创新优秀案例一等奖；此项研究 2022 年荣获山东省中小学思政课改革创新优秀案例一等奖。

(二) 前期相关研究成果

与本课题相关联的研究成果见表 5-1。

表 5-1　与本课题相关联的研究成果

成果名称	成果形式	作者位次	是否核心期刊
山东省教育科学规划重点课题“课堂教学中的问题诊断与对策”结题报告	研究报告	1	否
聚焦学科核心素养，推进学生深度学习	改革创新优秀案例	1	否
新时代少先队培育和践行社会主义核心价值观的路径探析	研究报告	1	否

（三）条件保障

（1）项目组教师是从全市学校优选的学科领军人物，有良好的基础理论与实践研究，前期，他们对大单元整体教学进行了专项的研究。本项目是在此基础上的深化与延伸，保证了项目的顺利实施。

（2）学校领导高度重视，积极支持。学校主要领导对教科研工作十分重视，有较高的教育管理水平和科研指导能力，校长亲自参与此项目研究，对项目研究大力支持。学校设立了专项基金，用于项目研究中所需要的外出学习、请专家指导、资料的购置、活动的开展等，为项目研究工作的顺利开展提供了有力保障。

（3）理论与实践同步。本课题与教研活动保持同步，教学即研究，项目组成员按照研究计划，积极撰写课题研究小论文、进行个案分析，定时定点进行研究和交流活动，实行学期小结制度。

（4）制度保障。学校具有较完善的教科研制度，规范了此项目研究的运作，本项目组建立了良好的运作机制，有较严密的项目研究计划。

第二节　核心素养导向的学习目标的设计
——以《道德与法治》五年级下册第二单元为例

随着新一轮课程改革的全面展开，基于核心素养培育的道德与法治学习目标的设计，引起了学科教师们的广泛关注。学习目标是课程目标在教学实施时的具体落实，是课堂教学期待达成的学生成就表现的描述，也是课程的育人功能、教学内容的教育价值和学生学习意义的综合体现。

《义务教育道德与法治课程标准（2022 年版）》主要特征之一是凝练了道德与法治课程培养的核心素养，确定了以核心素养为导向的课程总目标和分段目标，为教师的教学指明了方向。教师在教学中需从发展学生核心素养的角度制定学习目标，将核心素养的培育作为教学的出发点和落脚点，使学习目标在培养学生核心素养方面起到指引性、规定性作用。如何设计和叙写核心素养导向的学习目标成为教师在落实新课标中的关键问题，也是教师们比较困扰的问题，下面以《道德与法治》五年级下册第二单元“公共生活靠大家”为例，探讨如何叙写体现素养培育的学习目标。

一、学习目标叙写存在的常见问题

对于一线道德与法治教师而言，多年来已经习惯了三维目标叙写方式。在新课改理念下，教师以怎样的方式设计学习目标，既反映了教师对课程的理解程度，也体现了教师的教学观。例如，教师在执教“建立良好公共秩序”第一课时设计了以下三个学习目标：

知识目标：使学生了解日常生活中需要遵守的公共秩序。知道美好的公共生活需要良好的秩序来维护，培养学生初步形成规则意识。

能力目标：引导学生学会从不同的角度观察社会现象，用合理的方式、方法解决生活中的问题。

情感目标：引导学生积极参与公共生活，明白公共生活人人有责的道理，养成文明守秩序的习惯。

首先，以上这种按照知识、能力以及情感、价值观等维度表述的学习目标，无法体现学生在知识的学习过程中的综合能力与素养。其次，三条学习目标割裂，缺少学习内容载体。最后，学习目标的表述，主语是教师，不是学生，要素不全，缺少行为条件或表现程度，不能体现学生的学习结果。

由此可见，教师以前使用的以三维目标呈现学习目标的方式，已经不能适应新课改的要求。基于核心素养培育的学习目标是对三维目标的提炼与整合、传承与超越、发展与深化。

二、素养导向的学习目标新叙写

道德与法治学科学习目标的叙写，教师要根据课程所需培育的核心素养目标，将政治认同、道德修养、法治观念、健全人格、责任意识等要素形成相互统整、相互交叉、相互作用的目标体系，通过具体的学习情境、学习内容、学习任务、学习过程、实践行动等，建立道德与法治课程特定的学习路径与方法，使学生在解决问题的过程中，从知识理解到迁移运用，达到核心素养不同学段的表现要求。

（一）教学目标撰写的依据

首先，教师根据学段相关主题的内容要求，结合教科书，明确学习内容。然后，教师应认真研读新课标中“内容要求”“学业要求”和“质量标准”的相关表述，将“内容要求”与“学业要求”对应起来，理解课程内容在核心素养培育方面的要求，参考学段相关主题的教学提示，结合教科书，设计学习活动。最后，教师要将“内容要求”与“学业质量”对应起来，准确把握相关主题教学的深度与广度。依据学段目标、学业要求和学业质量描述，明确学生要学到什么程度。学什么、怎么学、学到什么程度是学习目标回答的三个基本问题。厘清这三个基本问题，教师才可以着手撰写单元学习目标。

（二）教学目标撰写的步骤

下面以《道德与法治》五年级下册第二单元“公共生活靠大家”为例，呈现教学目标的叙写。

一是选定一个主题。“六三制”（五年级下册）第二单元“公共生活靠大家”单元遵循从认知到行为，从“共享共维护”“共建”到“共参与”的编写思路。设计了“我们的公共生生活”“建立良好的公共秩序”“我参与　我奉献”三个主题，其对应第三学段（五至六年级）“道德教育”“法治教育”等主题。

二是明确学习内容。根据学段相关主题的内容要求，结合教科书，明确具体的单元学习内容。通过对照分析发现，教科书中的教学内容与新课标第三学段中的两大主题内容是一致的，即“道德修养”“责任意识”，教科书中的内容是对这两大主题内容的具体细化，这些内容要求在单元教学目标中明确体现出来。新课标对第三学段的课程目标的要求见表5-2。

表5-2　学习主题“公共生活靠大家”所对应的新课标要求

学习主题	学段目标		对应教材内容
公共生活靠大家	道德修养	认识到公共设施给人们生活带来的便利，自觉爱护公共设施，自觉遵守公共秩序	我们的公共生活
	法治观念	感受宪法对社会和生活的重要性，形成初步的法律意识	建立良好的公共秩序
	责任意识	关心公益事业，学习民主管理的规则和程序，参加力所能及的社会公益和志愿者活动，有团队意识，能够与他人合作互助	我参与　我奉献

三是设计学习活动。这一步要思考这些内容通过什么样的方式让学生学习。新课标中的教学提示部分给出了建议，也就是根据学段课程内容主题对应的教学提示，结合教科书，设计学习活动。新课标第三学段课程内容对应的教学提示见表5-3。

表 5-3　新课标中第三学段课程内容所对应的教材、教学提示

内容要求	教学提示
助人为乐，爱护公物，遵守社会交往、公共场所中的文明规范	了解与自己生活密切相关的社会规则，认识规则在社会生活中的重要性，懂得做一个现代文明人不仅要靠规则约束自己，还需要用道德良知要求自己
初步具备民主参与、责任担当意识	通过实例体会公共参与社会生活中的重要性，在参与集体生活中承担责任
感受法律对个人生活和公共生活的重要性	结合身边的案例，感受良好的社会秩序既需要道德的滋养，也需要法律的规范

上面的教学提示中列出的活动建议有了解、认识等；教科书在活动园中也设计了相关的活动建议，如让学生结合自己的经历和体验，讲一讲在公共场所所发生的故事，初步认识公共生活与个人的关系；教师设置情境引导学生区分公共生活空间与私人生活空间的不同，从而感受公共生活的公开性和公共性。这些教学活动的提示或建议需要教师选定相应的学习活动，根据学生的实际能力在学习目标中做具体的有针对性的设计，将学习内容和学习活动进行关联，为每一个学习内容找到合适的学习活动和方式。

四是确定评价目标。设计好学习活动，就要考虑在这个单元中学生到底要学到什么程度。教师要参考新课标中关于学段目标、学业要求和学业质量的描述，根据这三个方面的描述来明确要学到什么程度（表 5-4）。

表 5-4　评价目标的制定依据

核心素养	学段目标	学业要求	学业质量描述
道德修养	认识到公共设施给人们生活带来的便利，自觉爱护公共设施，自觉遵守公共秩序	掌握社会生活的道德规范和必备的法律常识；做到遵守公共秩序，担当责任，养成亲社会的行为和品格，提升道德和人格修养	能够结合社会生活，积极服务社会，做一名社会好公民，能够践行社会主义核心价值观，维护公共秩序和社会安全，遵守法律规定
法治观念	感受宪法对社会和生活的重要性，形成初步的法律意识		
责任意识	关心公益事业，学习民主管理的规则和程序，参加力所能及的社会公益和志愿者活动，有团队意识，能够与他人合作互助		

从学段目标和学业要求的描述中，我们可以看到新课标对学到什么程度的描述，“掌握、做到”的描述与核心素养内涵和表现密切相关。从学业质量的描述，“能够结合社会生活、践行”等行为动词中可以看出对学到什么程度有明确界定。

五是分析教材结构。教材分析主要包括单元知识上挂下联分析；单元内节与节之间及与目标达成关系分析；教材处理意见等内容。教师通过对教材分析，厘清教科书内容之间的结构关系，形成结构化的知识。如“公共生活靠大家”这一单元从“公共道德、责任意识”等上位概念引导学生从整体上感受每个人都离不开公共生活，树立遵守公共规则意识，建立大概念统领的课程内容结构化模块。只有把握教材蕴含的深层意义，才能打通知识与知识的联系，沟通教材知识与实际生活的联系，从而根据学生的实际需求及学业质量要求对教材进行增删、调换，拓展内容、变换情境等，以达到学业质量要求。

六是分析学生情况。学情分析就是要明晰单元学习时，学生真实起点与逻辑起点之间关系，重点分析学生学习本单元的前提知识、经验、技能、思维优劣势，以及学生对本单元学习的困难处、关键点及学习深度。对五年级的学生来说，公共秩序是他们既熟悉又模糊的内容。熟悉是从小就被家长、教师提示在公共场所要守秩序；模糊是不清楚公共秩序和他们身处的公共生活有怎样的关系，缺乏从理性层面思考有序的公共生活对个人与社会的意义和价值。在本单元教学中，需要教师创设情境，需要学生搜集案例、调查采访等，教师带领学生通过对案例的分析、资料的学习、整理和提炼，培养学生多角度分析问题、解决问题的能力，帮助学生学会用合法、合理的方式解决生活中遇到的问题。这些都是这一单元中需要重点落实的，也就是学生在本单元学习中需要进一步发展和深化的。

七是撰写单元目标。依据新课标中的第三学段（五至六年级）目标、学业质量标准，整体分析本单元内容，根据本课的教材内容、现有资源，在明晰学生学习起点及已有生活经验的基础上，从发展学生核心素养的角度，按照核心素养的要求和教学目标，依次从学习活动和方法、学习内容、学习学到什么程度三个方面逐步撰写单元学习目标。通过上述分析，确定“公共生活靠大家”这一单元要达到的学习目标主要是以下 3 个，将在 8 课时内完成。

第一，通过亲身体验、调查采访、小组探究分享等活动，初步理解共同生活的公共性，体会公共生活需要共建，公共利益需要共享，树立关注并积极参与公共生活的责任意识。

第二，通过搜集、整理资料、案例分析等，懂得公共生活需要良好的秩序来维护，认识到构建有序和谐的公共生活人人有责，树立自觉遵守公共秩序的意识。

第三，通过案例分享、实践体验、合作交流等，认识到平等友善相待、践行文明礼貌、主动服务社区、积极参与公益是构建和谐社会需要秉持的价值选择，增强社会责任感。

（三）素养导向的学习目标的亮点

本单元三个学习目标从“认识公共生活、维护公共利益”到“遵守公共秩序、共建有序生活”再到“平等友善相待、践行文明礼貌、主动服务社区、积极参与公益”三个层次实现了从“认知了解”“理解参与”“体验践行”的思维进阶，体现了目标的进阶性，为促进知行合一奠定基础。

基于对公共生活的理解与认同，明确了学习目标的各项要求。本单元学习目标的撰写集中体现了学生学什么、怎么学、学到什么程度。用三条目标简明、扼要地概括了本单元学习之后学生应达到的学业要求。在学习活动和方法上，点明了需要收集案例、体验感悟等，具体收集什么案例、如何进行实践体验等将在课时目标中具体落实。学习内容在学习目标中明确表述，是对学习内容的高度概括，学到什么程度也有明确的表述，就是以核心素养为导向的教学目标的叙写，将学习活动、学习内容、学习方法、学到什么程度进行了关联和表达，充分落实了课程所培养核心素养的要求。

三、核心素养导向的教学目标设计要点

《义务教育道德与法治课程标准（2022 年版）》开启了全面实施核心素养培育的新篇章，在“课程实施”中“教学建议”部分第一条，提出了“立足核心素养，制定彰显铸魂育人的教学目标”的要求。在这一部分，新课标首先明确了“将核心素养的培育作为教学的出发点和落脚点”；提出确立教学目标的三个要求：“政治立场鲜明”“价值导向清晰”“知行要求明确”。因此，我们在设计学习目标时，需要注意：

一是从学生的实际情况出发。从识记知识的定位，转变为根据学生现有的认知水平、兴趣、价值观来确定经过学习可达到的程度，以发展学生核心素养为目标导向，明确学习的路径。如设计的“公共生活秩序单”“公共标志学习单”，针对不文明行为的态度与行动等实践型活动，价值导向清晰，知行要求明确，引

导学生认知身边的公共生活，并在具身参与、体验过程中感悟学习方法与价值理念，从“道德修养”与“责任意识”维度培育社会公德、有序参与等素养。

二是确定五大核心素养的综合目标。学习目标要清晰指向学生通过学习在政治认同、道德修养、法治观念、健全人格、责任意识五个方面发展的综合表现。

三是聚焦问题解决的发展水平。从掌握知识的要求，转变为学生探究问题和解决问题的实际水平程度，并达到学业质量的要求。

四是确定具有可检测性的目标。把模糊的、不可检测的目标转变为具体的、可操作并可评价的目标，使学习目标能够对学生的学习起到实际的引领作用。

五是理清各教学目标之间的关系。学期学习目标是学生通过一个学期的道德与法治课程的学习，在核心素养方面应达到的程度进行总体的刻画，是学期教学的总体要求。

单元学习目标是学生通过一个教学单元的道德与法治课程的学习，在核心素养方面达到的程度，进行具体的策划是单元教学的具体要求。

课时学习目标是学生通过一节道德与法治课的学习，在核心素养方面应达到的程度进行具体的刻画，是课时教学的具体要求。

学期学习目标统领单元和课时的学习目标。单元学习目标是学期学习目标的阶段化，课时教学目标是单元学习目标的具体化。三种学习目标对学生的学习都具有指导意义。单元学习目标在这三种目标类型中处于核心的位置，这是由于单元学习目标既是学期学习目标在一个教学单元中的具体体现，又统领着单元下各课的课时学习目标，对单元教材的整合、单元整体学习以及大概念的运用等都发挥着重要的作用。

总之，科学、规范、合理地叙写学习目标，不仅体现出了教师的教育理念和教学思维，更凸显着教师的专业责任与专业素养。教师要依据新课标中提出的道德与法治课程总目标、学段目标的要求与教材的学习内容，与学生学习与发展的需求有机地结合起来，制定清晰的、具体的、可操作的学期学习目标、单元学习目标和每节课的课时学习目标，从而使道德与法治课程要培养的核心素养形成完整的目标体系，让学习目标的设计切实发挥着引领教学变革、提升教学质量的作用。

第三节　核心素养导向的评价任务的设计
——以《道德与法治》五年级上册第三单元为例

评价任务是指为检测学生的学习目标的达成情况而设计的检测项目。新课程改革指向素养导向，从过去只关注学生知识的学习，转到对学生做事能力和做人品质的培养，如何实现素养落地，设计真实性、复杂性、表现性、开放性、综合性的学习任务无疑是实现素养落地的核心载体和有效工具。

“评价任务”的作用是为了检测学生学习目标的达成情况，学会了没有、学到什么程度，还有哪些地方做得不够。有效的“评价任务”必须与目标匹配，看得明白，实施可行。下面以《道德与法治》五年级上册第三单元“我们的国土　我们的家园”为例，探讨如何设计素养导向的评价任务。

一、分析学习目标，确定学生的关键表现

评价任务应从学习目标开始，清晰的学习目标是设计评价任务的前提。学生的关键表现或成果是评价任务设计的核心来源之一。学生的关键表现或成果就是当学生达成学习目标的时候，呈现出什么样的回答、行为、作品、方案，或有怎样的表现或标准可以作为测评的证据。评价任务的设计，就是将学习目标转化为可以作为收集学生关于学习结果的行为反应的检测项目。

依据新课标、教材、学情、资源确定五年级上册第三单元“我们的国土　我们的家园”学习目标后，接下来就要思考，设计怎样的评价任务来评价或检测这些目标（表 5-5）。

表 5-5　“我们的国土　我们的家园”单元的学习目标、关键表现及评价任务的设计

学习目标	关键表现	评价任务
通过查阅地图和资料、观看视频、小组探究分享等活动，了解我国国土的基本情况，知道我国是一个统一的多民族国家，初步了解维护国家统一和民族团结的重要性，知道祖国领土神圣不可侵犯，形成互相尊重、守望相助的情感和责任	·能说出我国国土的基本情况 ·能举例说明我国是一个统一的多民族国家 ·能找出我国的主要山脉、河流及分布，举例说明我国是世界自然遗产众多的国家 ·以自己家乡的地形和气候特点为例，说出对人们生产或生活的影响	观察分析我国的地理位置、领土面积、海陆疆域，行政区划，概述我国国土的基本情况；举例说明台湾自古以来就是我国领土不可分割的一部分。归纳梳理不同地区的地形和气候对人们生产生活的影响

表 5-5（续）

学习目标	关键表现	评价任务
通过搜集、整理资料、制作介绍家乡的宣传文稿、海报等，加深对家乡地理位置、自然环境、生活方式、民族分布和风俗习惯等的理解，强化对家乡的情感和作为中国人的自豪感	·能说出中华民族的分布情况 ·举例分享历史上或当前生活中民族交往、交流、交融的事例 ·列举不同民族人们不同的生活习惯和风土人情 ·搜集“兴边富民、精准扶贫”事例和图片，说出国家的扶贫政策 ·制作介绍家乡的宣传文稿、海报	探究中华民族的构成和分布特点；搜集、整理历史上或当前生活中民族交往、交流、交融的事例；列举不同民族人们不同的生活习惯和风土人情；探究国家为了实现小康路上“一个都不能少”的目标所采取的措施及产生的影响

二、依据评价标准，确定评价方式

学习目标和评价任务都明确后，要考虑怎样的评价方式能够引出学生的行为表现，以便获得推断学生是否具备成功标准的证据。根据维金斯和麦格泰的观点，评价任务可分为两大类：一是选择性任务，如选择题、是非题、匹配题、填空题、简答题；二是建构性任务，如表现性任务和传统的论述题。课堂上常用的评价包括纸笔测试和表现性评价，一般来讲，纸笔测试易于操作，适合于检测一节课的低认知维度目标，而表现性评价则适合于检测综合性、高认知维度的目标。不同维度的目标应该设计不同的评价任务，真实开放的评价任务利于学生去探索、发现，培养学生深层思维能力。

合适的评估证据不但能为道德与法治教学提供正确的推论和改进依据，还有助于教师更高效地实现预期学习成果。在确定合适的评估证据时，教师要先选择合适的评估方式，既可以是真实情境任务，也可以是其他评估。例如，表 5-5 中“举例说明我国是一个统一的多民族国家”就是识记层次的事实性知识，可以采用选择、填空、简答等形式的纸笔测试；而“制作介绍家乡的宣传文稿、海报”就是理解维度的概念性知识，可设计表现性评价任务，通过书面报告、演说、操作、访谈、作品展示等形式来实现。表现性评价不仅能够评价学生知道什么，还能评价学生能做什么，甚至能够评价学生的情感、态度和价值观，所以，表现性评价是提升学生学科素养的重要评价方式。

三、根据学情，设计真实任务情境

真实情境指的是具有真实性的情境，但不是与真实世界一模一样的物理环境。真实任务是指学生能够解决的实际任务或问题，在道德与法治学科教学中，真实性问题情境的学习过程是学生在复杂情境中发现问题、分析问题和解决问题的过程。在这个过程中，学生面对视频、图表、图片，或是面对比较复杂的非连续性文本构成的情境、解释、预测、推断、设计，链接新旧知识，整合书本和生活信息，发展高阶思维，促进深度学习真实发生。

真实任务情境设计是将知识进行情境化、条件化的过程。任务越真实，学生越能从任务中找到与自身的相关性。例如，好山好水好风光与现实世界的导游这一职业联系最密切，那么教师就考虑导游会利用本节课的知识与技能做些什么呢？上述目标的评价任务可以这样设计：2023 年的暑假，学校组织一次“祖国山河任我游”夏令营活动，假如你是一名导游，你打算怎样设计这次的旅游路线？请你写一份旅游方案，从祖国山河的特点、分布、气候特点等方面在班内展示，设计一份“旅游文明公约”在全班分享等。这样的任务有真实的情境，有知识的建构，不仅能提高学生综合运用知识的能力，建立尊重自然、爱护生态和保护环境的意识，还能让学生养成设身处地地思考与他人合作、参与社会等品格。

逻辑可靠、思维清晰、解释具体、构思合理、细节逼真和引人深思的“真实情境任务”可帮助师生不断揭示“理解”和“素养目标”达成的证据。评估任务与方式源于素养目标并与预期学习成果相连接，帮助师生了解“现在在哪里”“最终目标在哪里”以及“如何更好地到那里”。

四、关注目标达成，设计评价量规

用评价量规明确学习目标。教师往往用评价量规来评估学生的回答、表现和产品。向学生介绍评价量规时，能让学生更好地理解优秀表现的特征，只有包含定性描述的评分标准，方具有形成性功能，才能用以诊断学生的需求、提供反馈，使他们进行自我评价。评价量表应与评价任务一起分享给学生，使学生不仅明确“怎么做，做什么”，也清晰“做到什么程度”，有利于学生进行自我评价，从而更好地达成学习目标。针对上述任务情境中提到的旅游攻略，教师设计了“祖国山河任我游”夏令营评价量表（表 5-6）。

表 5-6 “祖国山河任我游”夏令营评价量表

要素	优秀（A 等）	合格（B 等）	不合格（C 等）
祖国壮丽山河的特点、分布	能在中国地形图上准确找出我国的主要山脉、河流讲清楚这些山脉、河流的特点及分布地区；熟练说出自己家乡的山脉和河流	能够说出祖国壮丽山河的特点与分布；说出自己家乡的山脉和河流	不清楚祖国壮丽山河的特点与分布；不清楚自己家乡的山脉和河流

表 5-6（续）

要素	优秀（A 等）	合格（B 等）	不合格（C 等）
选择一处或几处名山大川，设计一次旅游攻略	科学、合理地列举出保护名山大川的具体措施，并解释清楚这些措施值得提倡的原因；设计出一份能体现尊重自然、爱护生态、保护环境的“旅游文明公约”	列举出保护名山大川的具体措施及原因；设计一份“旅游文明公约”	不清楚保护名山大川的具体措施，也不会设计“旅游文明公约”
内容的条理性与适切性	语言表达条理，思维清晰，能够联系生活实际，举例说明祖国名山大川的特点与分布；能设计出合理的旅游攻略和保护名山大川的具体措施，有适当的肢体语言及受众意识	语言表达欠条理，出现了内容前后不一致的现象，有肢体语言，但没有受众意识	思维混乱，内容前后不连贯，没有肢体语言和受众意识

五、设计评价任务时需要注意的关键问题

（一）依据学业质量标准来设计评价任务

设计好具体的评价任务内容是完成“教、学、评”三者统一的关键。

评价任务具体设计要依据学业质量标准、依据学生的最近发展水平来进行设计，最好能够设计出阶梯性的复合型任务，能够让不同水平的学生都有话可说，能动手行动，而且又能根据其表现的差异进行评价和引导，从而让各种水平的学生都学有所得。

（二）设计评价任务应该尽量利用信息技术手段提高教学效率

一个评价任务一般有布置任务、实施完成任务、评价任务完成情况三大环节，布置任务时要指示明确，相关活动建议要合理充分；学生完成任务的时候，教师要巡视指点，同时需收集教学信息；点评任务完成时需要注意师生评价、生生评价、自我评价相结合，而且要注意采用激励的语言或其他形式的激励手段。此时如果有信息技术配合，可以拍照上传以迅速获得学生的作业，并且可以快速进行评分活动。

（三）设计评价任务要考虑任务与任务之间的进阶性

学生的学习目标具有进阶性，评价任务设计应充分考虑学生在任务中的进阶性。一是单元评价任务与课时评价任务之间的进阶。在评价任务设计过程中，单元评价任务与课时评价任务之间的进阶需要用单元评价任务统领课时评价任务设计，课时评价任务的完成是单元评价任务完成的重要基础。二是课时评价任务之间的进阶。课时评价任务是落实核心素养的关键环节，每一个课时

评价任务之间都存在内在关联，在呈现这些评价任务的过程中需要根据知识之间的进阶关系，将这种内在关联呈现出来。

总之，素养导向的评价任务的设计主要从素养本位的学习目标设计、基于学习目标锚定关键表现、创设真实任务情境、设计评价量规等方面展开，这几个方面相互制约，共同为素养导向的评价任务设计提供支架，为素养在课堂教学中落地提供重要抓手。

第四节　核心素养导向的大单元整体教学设计

——以《道德与法治》三年级上册第二单元“我们的学校”为例

“我们的学校”单元教学基本信息见表5-7。

表5-7　“我们的学校”单元教学基本信息

单元主题：我们的学校	课程教师：
单元时长：四周	年级班级：三年级一班

一、第一阶段：单元目标——学生将达到什么样的预期结果

“我们的学校”单元目标见表5-8。

表5-8　“我们的学校”单元目标

<table>
<tr><td colspan="2">三大维度：社会维度</td></tr>
<tr><td colspan="2">六大领域：我们身处什么时空？</td></tr>
<tr><td>核心概念</td><td>·跨学科概念：功能、反思、联系、观点
·学科核心概念：公共生活、尊重、责任</td></tr>
<tr><td>探究问题
（驱动性问题）</td><td>事实性问题：
·探究了解学校的途径和方法
·探究师生相处的方法和技巧
·探究学校对自己成长的意义
概念性问题：
·学校的组织机构有哪些
·什么是新型的师生关系
辩论性问题：
·如何解决学校生活中存在的问题，让学校变得更美好</td></tr>
<tr><td>大观念</td><td>·个人成长离不开公共生活
·理解、信任是尊重他人的表现
·树立正确的公共生活意识和责任意识</td></tr>
<tr><td>新知识：
·探究学校的物理空间，产生对学校的归属感
·了解老师工作的辛苦，理解和信任老师
·懂得学校对自己成长的重要意义，有责任为学校发展作贡献</td><td>新能力：
·增强积极参与公共生活的意识、增强主人翁意识和责任意识
·具有与他人沟通的能力、积极向上的心理素质和道德品质</td></tr>
</table>

二、第二阶段:评价证据——哪些证据表明学生达到既定学习结果

“我们的学校”单元评价任务见表5-9。

表5-9 “我们的学校”单元评价任务

真实表现性任务				
任务要素				
目标	角色	受众	情境	作品
综合运用本主题单元所探秘到的学校生活知识、能力以及观念向参观学校的家委会成员当解说员,达到共创美好校园的目的	探秘者/解说员	学校里的学生、老师、工作人员以及学生家长	学校准备迎接家委会成员视导学校。你化身探秘者和解说员,向参观学校的家长们介绍学校情况	·整理探秘到的学校生活相关知识,撰写介绍学校的解说词 ·绘制学校平面图 ·为学校更美好提出合理化方案
任务评价量规				
任务维度	超出成功标准	满足成功标准	接近成功标准	远未达到成功标准
内容	除了成功标准中所列出的基本要求外,还包括: ·树立正确的公共生活意识和责任意识 ·能够知道个人成长离不开公共生活	·掌握调查校园文化、学校历史、发展、变迁、所获荣誉的途径和方法 ·列举学校的组织机构及各个部门的基本职能 ·掌握绘制学校及周边区域的平面图的基本技巧 ·分析建立新型师生关系的技巧 ·调查学校当前还存在的一些问题,设计让校园更美好的方案	满足成功标准所列出的5项基本要求	未达到成功标准所列出的5项基本要求
表达	除了成功标准中所列出的基本要求外,还包括:借助图片、视频、文稿等为制作学校宣传片做好充分的准备	·讲述校园故事、列举校园的事例。阐述的内容,思路清晰、语句通顺,意思完整 ·设计的学校整改方案清楚、明白、具体。有利于实践行动 ·能根据家委会的需求完成讲解、表达流畅、感情饱满	满足成功标准所列出的3项基本要求	未达到成功标准所列出的3项基本要求

三、第三阶段：学习经验——哪些探究任务能够使学生达成预期学习结果

"我们的学校"单元探究活动结构化子任务见表 5-10。

表 5-10 "我们的学校"单元探究活动结构化子任务

结构化子任务	子任务名称	子概念	子观念	时长	主要上课方式	工具	资源包
子任务一	探秘我的校园	功能、联系、公共生活	了解、认识、理解自己的学校，建立对学校的亲切感、归属感和荣誉感	4 课时	回忆与分享、交流与引导	探究任务单	介绍学校的各方面、各个部门的文献、照片或视频资料
子任务二	探秘我的老师	观点、联系、尊重、理解	师生关系是建立在理解与信任的基础上的	3 课时	观察、调查、采访、体验	调查表、采访记录单	"教师的一天"视频资料
子任务三	探秘我的同学	联系、观点、责任	学校对自己的成长具有重要意义	3 课时	调查、案例分析	案例	学生参与学校活动的视频资料；《中华人民共和国义务教育法》的内容
子任务四	当一名合格解说员	观点、反思、创造	当好学校代言人，树立为学校发展作贡献的责任意识	2 课时	讨论交流、设计方案	制作宣传片用到的辅助器材	宣传学校的文字、音像、视频等资料

四、第四阶段：探究实施——哪些学习经验表明学生达到既定学习结果

"我们的学校"单元探究活动见表 5-11 至表 5-14。

表 5-11 "我们的学校"(子任务一：探秘我的校园)探究活动表

搭建探究框架	主要提供问题探究任务分解框架表、学校组织机构图、学习资源(视频、网址)等支架探究学校的物理空间	前期评估： ·在老师宣布完本课时的探究任务后，学生围绕"探秘我的校园"分小组发表自己的看法，通过学生分享自己对学校的美好记忆，初步评估学生对学校的了解情况	教学资源： 介绍学校的校园文化、校园历史等及学校各部门基本职能的文献、照片和视频资料
进入探究	学生活动	教师活动	学习资源
	跟随视频去打卡，看到熟悉的地方可以说出名字	播放学校公众号介绍校园环境的视频	学校的公众号

表 5-11（续）

探究发现	活动一：探寻我的成长足迹 ·探寻足迹：通过拍一拍、找一找、说一说等形式找出校园里留下自己成长足迹的场所和角落。小组内展示图片，讲述出发生在这些地方的故事 ·展示分享：能够借助照片展示校园最美一角，结合自身体验说出喜欢的原因 活动二：探寻学校的空间环境 ·探秘学校：说出自己想了解学校的哪些方面，打算运用哪些方法去了解 ·分享交流：根据课前的调查和观看视频资料，小组内召开学校情况介绍会。介绍学校的校园文化、学校历史、学校荣誉、学校发展 活动三：探寻学校的职能部门 ·参观活动：通过实地参观活动，能说出学校有哪些组织机构；各部门的具体职能有哪些 ·完成校园职能部门打卡任务	活动一：探寻成长足迹 ·展示校园不同场所的照片 ·校园中还有哪些地方留下了你的足迹？说一说你在校园中发生的令自己难忘的故事 ·借助 PPT，学生在全班分享最喜爱的校园一角 活动二：探寻学校的空间环境 ·通过哪些途径来了解我们的学校？请提出你的设想 ·展示分享： ·播放介绍学校的校园文化、学校历史、学校荣誉、学校发展的视频资料 活动三：探寻学校的职能部门 ·带领学生参观学校的职能部门 ·出示校园职能部门打卡任务表，学生展示完成情况	·介绍学校的组织机构、校园文化等及学校各部门的所在位置及基本职能的文献、照片和视频资料 ·校园职能部门打卡任务表
梳理理解	·小组借助学习任务单、资料袋，有序分工，整理资料。通过互动交流，了解学校的基本情况、发展历史、取得的荣誉等，懂得个人的成长离不开学校生活，要积极参与学校公共生活	·引导学生回顾调查方法并提出介绍要求。小组整理资料，进行分工，研究制定汇报方案	提供调查采访的注意事项
深入探究	活动一 ·根据情景剧剧本的内容进行讨论、交流 ·进行情景剧表演 ·分析讨论：在学校遇到问题或困难时要找哪些部门、哪些人去解决 活动二案例分析 ·选择案例：小组选取一个案例进行重点研讨 ·分析交流：他们在学校遇到的这些问题该怎么办 ·分享展示：把帮助同学找到的解决问题的方法在全班分享	·教师指导学生围绕“手工课上，梅梅不小心弄破了手指”这一情景进行实际问题的解决 ·展示三个具体的案例，让学生合作完成	·情景剧表演的剧本
得出结论	自己是学校的一员，有责任为学校发展作贡献	·请学生对学校的未来进行展望 ·老师播放学校宣传片	学校取得教育教学成果的专题片
知行合一	用实际行动规范自己的言行，积极参与学校的各项活动，用自己点滴的进步为学校的发展助力	反思：小学生能为学校的发展、变化做些什么	

表 5-12 “我们的学校”(子任务二:探秘我的老师)探究活动表

搭建探究框架	主要提供问题探究任务分解框架表、采访记录表、学习资源(视频、网址)等支架探究师生相处的方法和技巧	前期评估: 在老师宣布完本课时的探究任务后,学生围绕“探秘我的老师”分小组发表自己的看法,通过分享自己与老师之间的事情,初步评估学生对老师的了解情况	教学资源: · 跟拍学生熟悉的一位老师一天的工作情景作教学素材 · 选取学生与老师之间发生的真实事例作案例
	学生活动	教师活动	学习资源
进入探究	回忆校园里我和老师之间有趣的,难忘的故事	课前搜集了一些同学和老师一起学习、活动的照片,这些难忘的瞬间,一定会唤起了学生和老师之间的美好记忆	教师与学生相处的图片资料
探究发现	活动一:畅谈事例,感悟师恩 · 思考:哪位老师给你留下了深刻的印象。畅谈这位老师为什么给你留下深刻的印象 活动二:阅读作文,感受师爱 · 阅读本班学生作文,感受一个眼神,一个微笑,一个竖起大拇指,一个为你加油的手势,这都是教师无声的爱 · 说出如何对待老师的辛勤付出 活动三:分析案例　理解师爱 · 阅读事例并交流看法 谈谈自己的观点:站在老师的立场,理解老师的良苦用心 · 探讨建立良好的师生关系的技巧 活动四:再现情境,学会沟通 · 小组长上讲台抽取剧本 · 三个小组依次上来表演三部不同的情景剧	活动一:指导学生回忆并畅谈师恩 · 请学生闭上眼睛想一想,自己和老师之间有些什么难忘的故事 活动二:展示作文,感受师爱 · 展示本班学生作文《老师的爱无处不在》并思考:从这篇作文中你感受到了老师怎样的爱。 活动三:指导学生理解师爱 · 呈现事例“王明的疑惑”“李丽的遭遇”“张浩的困扰” · 思考:你遇到的类似的情况吗 · 追问:老师为什么这么做 · 遇到这种情况,我们应该怎样处理更好? 为什么 活动四:指导学生学会沟通 · 展示三份不同的剧本 · 要求小组长可以随意抽取一个剧本,进行交流	· 介绍学校优秀教师备课、上课以及关爱学生的事例照片和视频资料 · “王明的疑惑”“李丽的遭遇”“张浩的困扰”的案例素材
梳理理解	探讨新型师生关系: · 说出建立新型师生关系的技巧:沟通的前提是尊重,相互理解、相互尊重,才会顺利解决很多问题	探讨新型师生关系: · 通过刚才的情景表演,思考如何建立新型的师生关系	

表 5-12（续）

深入探究	活动一：探秘我们的老师 ·观看视频《班主任的一天》 ·说出班主任一天的工作情况，感受工作的辛苦 活动二：采访老师，倾听老师心声 ·按照采访提纲进行采访 ·对采访的信息进行整理 ·分享、采访过程和结论 ·思考：我们可以做些什么既有利于自己的成长和进步，又能减轻老师的负担呢	·播放视频《班主任的一天》 ·播放采访老师的视频资料 ·引导学生通过梳理采访记录，探究老师不怕辛苦的原因 ·指导学生分享交流怎样做才能减轻老师的负担	·视频素材：《班主任的一天》 ·采访提纲和采访小提示
得出结论	教师为社会、为祖国培养人才的责任感、学生对老师的关心和敬爱都是老师战胜辛苦的力量来源	引导学生理解教师、关心教师、尊敬教师、感恩教师；探究为老师减负的妙招	
知行合一	制作一张感谢卡，把想说的话写下来送给自己敬爱的老师	实践创新活动：为老师制作感谢卡	制作感谢卡的资料

表 5-13　“我们的学校”（子任务三：探秘我的同学）探究活动表

搭建探究框架	主要提供问题探究任务分解框架表、学习记录单、学习资源（视频、网址）等支架探究学校生活对个人成长的重要性	前期评估： ·在老师宣布完本课时的探究任务后，学生分小组发表了自己的看法，通过分享同学参加过的校园活动，初步评估学生对义务教育法的了解情况	教学资源： ·跟拍学生熟悉的同学参加校园活动的情景 ·选取发生在学生身边的真实事例作为案例素材
	学生活动	教师活动	学习资源
进入探究	观看学生参与的学校活动，算一算自己和同学一天、一周、一个月、一年在学校学习的时间	·引导学生计算一年的在学校学习时间 ·利用学校公众号出示学生参与的活动	学校公众号

表 5-13（续）

探究发现	活动一：记录一天的校园生活 ·按照学习任务单记录当天的校园生活 ·同桌之间交流自己一天的校园生活内容 活动二：回顾我参加过的校园活动 ·小组交流：畅谈自己知道的校园活动有哪些 ·自己曾参加过的校园活动有哪些 活动三：说说我们加入的社团 ·全班分享交流：学校的社团有哪些 ·自己加入的是什么社团？为什么要加入这个社团	活动一：指导学生记录一天的校园生活 伴随着美妙的铃声，同学们开启了一天美好的学习生活，记录你今天在学校是怎样度过的 活动二：展示校园活动，如： ·班级合唱展示 ·元旦联欢会 ·校园戏剧节 ·获得奖状 活动三：展示学校的社团 ·管乐团 ·舞蹈团 ·书画社团 ·科技社团	·学生参与校园活动、社团活动的图片、视频 ·学习任务单
梳理理解	·回顾校园生活中的开心事，反思学校与个人、同学之间的关系	·校园生活中有哪些令你感到开心的事情	
深入探究	活动：维护我的受教育权利 ·阅读《王玲的想法》，分析王玲的话，谈自己的看法 ·分享自己的看法，倾听同学的观点 ·分享劝说王玲必须去学校上学的理由 ·阅读诗歌，倾听失学女孩的心声，感悟女孩想上学的渴望 ·学习《中华人民共和国义务教育法》第四条的内容	·出示案例“王玲的想法”：小玲是个电脑迷，她说她在家利用电脑就能学习，不去学校也行 ·你赞同王玲的想法吗？为什么 ·如果王玲真的不去学校上学了，你该如何劝说她 ·展示诗歌《女孩》的内容，引导学生理解学校教育与自己未来发展的密切关系 ·PPT 展示《中华人民共和国义务教育法》相关的内容	·提供案例素材 法律条文： ·《中华人民共和国义务教育法》第四条
得出结论	·丰富多彩的校园生活对我们的成长很重要 ·接受义务教育是学生的权利和义务	老师总结：学校是大家的成长天地。在这里，大家不仅可以学到很多本领，认识不同的老师和同学，而且还可以参加各种活动	
知行合一	珍惜在学校里的每一天，活出属于自己的精彩	指导学生过好学校生活	

表 5-14　“我们的学校”(子任务四:当一名合格解说员)探究活动表

搭建探究框架	主要提供问题探究任务分解框架表、平面示意图、学习资源(视频、网址)等支架探究学校未来发展,为学校建设出谋划策	前期评估: 在老师宣布完本课时的探究任务后,学生围绕“当好学校解说员”分小组发表了自己的看法,通过学生分享自己撰写的解说词,初步评估学生能否胜任解说员	教学资源: ·学校平面图 ·链接学校的官网
	学生活动	教师活动	学习资源
进入探究	试着说出这张平面示意图上展示的信息	·课件展示一张平面示意图 ·出示学校的全景图,问学生,如果请你为我们的学校绘制一张学校平面示意图,应该怎么做	不同地方的平面示意图
探究发现	活动一:读懂平面示意图 ·通过图例,分辨图中图形代表什么 ·学习通过方向标,分辨图中方向 活动二:我的学校我绘制 ·从不同学校的平面示意图,寻找相同与不同点 ·确定校园中需要绘制的主体 ·绘制学校平面图	·教师出示不学校同的平面示意图,提问:你能从这些平面示意图中发现哪些信息 ·引导学生以学校沙盘图为例,一起绘制学校平面示意图,提醒学生注意建筑物之间的大小与方位关系,用方向标标出图中的方向	·不同学校的平面示意图 ·学校沙盘图
梳理理解	·梳理绘制平面图的基本技巧	指导学生互相展示,交流自己绘制的学校平面图	
深入探究	活动一:我们的发现 ·各小组汇报调查发现,展示调查结果 ·对问题进行归类 活动二:我们的建议 ·在班级或校园内建立“师生信箱”“校长信箱” ·超级智囊团提出建议 ·采访校长:完善建议 活动三:我们的行动 ·描绘理想的校园 ·装扮校园大行动	·要求学生以“我是校园啄木鸟”为主题调查学校有待改进的地方 ·把调查发现记录在学习任务单上 ·根据调查结果,你能提出哪些合理化的建议或意见 ·如何把合理化的建议付诸行动,共建美丽校园	提供调查采访的注意事项 自主学习任务单
得出结论	·我们是学校的小主人,有责任去关心学校事务,完善大家共同的生活空间,为学校出点力,让校园变得更加美好	畅想:引导学生展望 20 年后的学校	

表 5-14（续）

知行合一	·梳理前三个子任务学习的内容，撰写介绍学校的解说词 ·我的学校我代言 ·我为学校变化做记录	·引导学生运用本单元学习的知识、向家长们介绍学校；感受学校的发展与变化，树立更加热爱学校，遵守校规校纪的意识	拓学单

五、第五阶段：单元反思——哪些问题或事件值得记录并改进

（一）设计本单元突出的亮点

1. 依据新课标、教科书确定单元主题

大观念引领下的单元整体教学设计是为了实现高质量育人。本单元主题依据《义务教育道德与法治课程标准（2022 年版）》第二学段课程内容的“道德教育”“法治教育”而确立。教师从学科本质、教材内容的视角，基于学科素养要求，研读单元内容，整合教材，提炼单元核心观念、大观念并建立关联，确定本单元学习主题。依据新课标和课程内容提炼出本单元的学科核心概念是“公共生活、尊重、责任”，提取的大观念是“个人成长离不开公共生活；理解、信任是尊重他人的表现；树立正确的公共生活意识和责任意识”。通过本单元的学习，学生可了解学校的空间环境和组织机构，增强对学校的归属感；了解老师工作的辛苦，体会老师对学生的爱；体会学校对自己成长的重要性，认识自己是学校的一员，增强积极参与公共生活的意识，重点培育学生“责任意识”（热爱集体，积极参与集体活动）、“道德修养”（尊重师长，体会师长的辛劳）、“法治观念”（知道法律能够维护我们的生活）等方面的核心素养。

大观念视域下的教学设计聚焦真实问题的解决，提升学生元认知水平，形成有效的决策力，促进学科间的融合。本单元聚焦公共生活领域，学校生活是学生生活的重要组成部分，校园是学生的重要活动场所，对个人的成长具有重要的意义。两年多的校园生活，学生经历过多次的校园活动，对学校有了一定的情感认同。在大观念统领下，整体组织学习内容、整合资源，通过跨学科学习，学生获得的新知识是：探究学校的物理空间，产生对学校的归属感；了解老师工作的辛苦，理解和信任老师。学生获得的新能力是：增强积极参与公共生活的责任意识；具有与他人沟通的能力、积极向上的心理素质和道德品质；懂得学校对自己成长的重要意义，有责任为学校发展作贡献。有效实现了新知识与新能力的迁移与运用。

2. 依据核心概念确定探究问题

大观念教学设计包括单元整体设计和子任务设计两部分。将"单元主题"归入"跨学科主题",根据三大维度、六大领域、学科内容选择学科主题后,提取跨学科概念是功能、反思、联系、观点;学科概念是公共生活、尊重、责任。根据学科内容,结合跨学科概念,设计了三类探究问题:一是事实性问题包括探究学校的物理空间、探究了解学校的途径和方法、探究师生相处的方法和技巧。二是概念性问题,包括:为什么要了解学校、热爱学校?如何建立新型的师生关系?如何让学校变得更美好?三是辩论性问题,畅想学校的未来发展。设计好驱动性问题后,围绕单元主题以及教材内容确立大观念、新知识以及新能力的"新三维"目标。为了完成本单元的学业要求,设计了"学校准备迎接家委会成员视察学校,你化身探秘者、解说员,向参观学校的家委会成员介绍学校情况。"的真实情境。

3. 设计单元真实表现性任务

表现性任务是大观念教学的主要评价方式,根据本单元的"新三维"目标,教师设计了任务要素和任务评价量规(表 5-15)。

表 5-15　"我们的学校"单元任务要素和评价量规

任务要素				
目标	角色	受众	情境	作品
综合运用本主题单元所探秘到的学校生活知识、能力以及观念向参观学校的当解说员,达到共创美好校园的目的	探秘者/解说员	学校里的学生、老师、工作人员、学生家长	学校准备迎接家委会成员视导学校,你化身探秘者和解说员,向参观学校的家长们介绍学校情况	·整理探秘到的学校生活相关知识,撰写介绍学校的解说词 ·绘制学校平面图 ·为学校更美好提出合理化方案

任务评价量规				
任务维度	超出成功标准	满足成功标准	接近成功标准	远未达到成功标准
内容	除了成功标准中所列出的基本要求外,还包括: ·树立正确的公共生活意识和责任意识 ·能够知道个人成长离不开公共生活	·掌握调查校园文化、学校历史、发展、变迁、所获荣誉的途径和方法 ·列举学校的组各个部门的基本职能 ·掌握绘制学校及周边区域地平面图的基本技巧 ·分析建立新型师生关系的技巧 ·调查学校当前还存在的一些问题,设计让校园更美好的方案	满足成功标准所列出的 5 项基本要求	未达到成功标准所列出的 5 项基本要求

任务设计是围绕“大观念”的逐步深化，呈现由浅入深、先易后难的阶梯式过程，体现知识的深度、广度和关联度。

4. 设计结构化子任务

结构化子任务设计是根据大任务进行分解设计，是对完成大任务的准备或累计。为了指导学生综合运用本主题单元所探秘到的学校生活知识、能力以及观念向参观学校的家委会成员当解说员，达到共创美好校园的目的，针对任务情境中的驱动性问题，教师着重引导学生拆解问题，将其分解为‘探秘我的校园、探秘我的老师、探秘我的同学、当好学校解说员’多个子问题。降低理解与探究难度，为学生搭建解决问题的支架。子任务的设计紧扣核心任务，强调序列化和层次性。

5. 开展课堂探究

设计完具体细致的结构化子任务后，才能进行课堂实施阶段，课堂探究需借助“探究循环”完成，分为“进入探究”“探究发现”“梳理理解”“深入探究”“得出结论”“知行合一”六个步骤。

（二）需要改进的地方

第一次运用跨学科概念设计单元整体教学，在此过程中，我有许多的困惑需要在接下来的实践中去寻找答案。

观念教学旨在引导学生像专家那样思考，实现高阶思维和高通路转移，但在实际的教学中，由于教学对象是小学二三年级的学生，多数孩子不能做到像专家那样思考，在接下来的教学中，还有待教师去慢慢培养。

教师在探索大观念单元整体教学的过程中，不是简单化地改革，也不是为了改革而改革，要从理论到实践，贯穿始终，让学生在单元整体教学过程中真正受益。

大观念单元整体教学是将素养落实到具体教学中的锚点，如何提取大概念，实现高阶思维、高通路迁移，实现推动学生核心素养的持续发展，最终落实立德树人的根本目标，还有很长的一段路要走。

第五节　课堂教学中的问题诊断与对策

——山东省教育科学规划重点课题研究报告

【摘要】通过本课题的实施，教师可以更新教育理念，重视学生创新精神和实践能力的培养，同时教师的教学方式、学生的学习方式可以得到改变；初步形成民主、平等、和谐的师生关系，树立以学生为本的教学理念，重点关注学生的个性张扬，关注学生的成长和发展，真正落实学生在课堂学习中的主体地位。

一、主题部分

（一）研究问题

1. 研究目的

每位教师都希望自己能成长为一名专业型的教师。如何让学生喜欢自己的课，如何让自己的课堂充满生命力，必须探寻当前课堂教学中出现的问题症结，探索课堂教学的良药秘方，构建充满生机与活力的令人愉快的课堂，已成为当前课程改革背景下课堂教学发展的必然选择。

课题组成员所在学校是一所农村小学，课堂教学环境相对封闭，教学活动形式相对单一，教师自我诊断能力薄弱，因此，加强“课堂教学中的问题诊断和对策”是改变课堂教学困境的需要，更是促进教师专业化发展的需要。从学校长远发展角度看，着眼“课堂教学中的问题诊断与对策”的研究与探索，可促进学校整体事业的健康、可持续发展，提升办学品位。

2. 研究意义

20 世纪中后期以来，各国都十分关注人才培养模式的变化和调整，强调精选适合学生发展需要的课程内容，关注学生经验，反映科技最新发展，满足学生多样化发展需要；在课堂教学中，强调实现学生学习方式的根本转变，促进学生的潜力、个性、创造性方面发展的作用，使每一个学生具有自信心和持续发展的能力。

从国内来看，新课程改革背景下的课堂教学研究、学生学习方式研究等方面都取得了积极进展，兄弟县学校在课堂教学模式探讨等方面都积累了丰富的经验。综合来看，新课程下的“课堂教学中的问题诊断与对策”这一课题，具有广阔的前景，不仅有益我们借鉴学习先进的经验、良好的教学方法，而且对抓住课改的核心因素——课堂教学，促进课堂教学方式和学生学习方式发生根本性转变，优化课堂教学结构，提高课堂教学效益，推动我校教学质量提升，具有深远的意义。

3. 研究假设

问题诊断与对策是一种研究活动。通过课题实验教师与非实验教师的研究对比，借助合作的力量在实践性知识、反省能力等方面将获得新的发展，进而提高教师的整体素养。

自变量：教师优化课堂教学，改革课堂教学模式，积极实行启发式、讨论式教学，生生互动，引导学生质疑、探究、合作学习，促进学生良好的学习方式形成。

因变量：教师观念得到转变，教研意识浓郁，教学水平高；学生智力因素、非智力因素、人文精神发生积极变化。

无关变量：实验班与对比班教师的教学、教研水平相当，学生来源、知识基础、兴趣爱好无较大差异。

通过行动研究，发现课堂教学中更深层次的现实问题，澄清认识上的困惑，积极有效地纠正课堂教学实践行为上的偏差，使课堂教学更为科学，从而推进课堂改革良性发展。

4. 核心概念

对本课题核心概念的理解，应从“课堂教学”“问题诊断”“对策”三个方面进行阐述。

课堂教学，是按照计划，有组织、有步骤地教师的教和学生的学相结合的双边活动过程，是学校教育中最基本、最重要的一种教学形式。

“诊断”一词来源于医学术语。本课题中“课堂教学中的问题诊断与对策”移用“诊断”一词，其实是一种问题解决和决策的形式，就是要教师像医生对病人一样，重视对教师课堂教学问题的“诊断”和分析，以“课例研究”的方式来帮助教师认识自己，改进和提高自己，找到课堂教学问题的类别和成因，探索课堂教学的有效途径和策略。

“对策”就是对教学中产生的问题所采取的教学策略，即解决问题的相应策略。本课题中的“对策”指通过课堂教学问题诊断后，弄清问题的类别，找到问题所在成因、途径和方法，以实施课堂教学的最优化。

“课堂教学中的问题诊断与对策”就是教师以课堂教学为依托，以学生的能力培养为重点，制订开展行动研究方案，有步骤、有针对性地对当下课堂教学中存在的问题进行梳理，对问题的成因进行科学研讨和诊断，并形成切实可行的应对策略，从而提高课堂教学效率，提升教师专业化水平，真正实现素质教育的目标。

（二）研究背景和文献综述

1. 理论基础

（1）科学发展观

实施新课程应以唯物辩证的观点，求真务实的态度来研究、扶持它，要敢于面对现实，正视问题。解决问题的过程，就是推动新课程发展的过程。

（2）课程发展观

《基础教育课程改革纲要》提出，要周期性地对学校课程执行的情况、课程实施中的问题进行分析评估，调整课程内容、改进教学管理，形成课程不断革新的机制。发现问题、分析问题、解决问题，是课程发展的必然要求。

（3）建构主义理论

建构主义者认为，在课堂教学过程突出以学生为主体，以学科知识为载体，构建一种适合学生探究的学习环境，这些理论为本课题的研究奠定了理论依据。

2. 相关研究成果

20 世纪七八十年代，有学者主张以优化知识结构来促进学生思维；有学者主张以生动形象的课堂活动来调动学生学习兴趣；有学者主张以现代化教学手段来激发学生想象、培养学习兴趣。90 年代，高效率的课堂研究重点体现在课堂中如何激发学生的学习动力、培养学习兴趣、保持快乐心态和情感自我调控技能，体现学生的主体地位。

进入 21 世纪以来，党和国家一再倡导创新精神，要求培养具有创新意识的新一代。创新发展、合作互动、自主学习、网络数字化学习等逐渐成为教育改革的主流。

（三）研究程序

1. 研究设计

（1）课题的界定

“问题诊断与对策”其实是一种问题解决和决策的形式，通过课堂教学中的问题的诊断和分析，找到课堂教学问题的类别和成因，探索课堂教学的有效途径和策略，提高课堂教学效率。

(2) 研究目标

① 利用课堂教学诊断技术，发现教师课堂教学中的问题，寻求有效的教学方式和手段，促进教师的自我反思，构建高效的教学模式。

② 运用现代教学设计理论，对课堂教学问题进行有效对策的课例研究，增强教师课堂有效教学的意识和能力，创建课堂教学新思想。

③ 通过课堂教学诊断与对策的课例研究，教师能学会观察、诊断、评价和分析课堂教学的有效性，并做出合理的教学策略，推出理想课堂教学案例集。

④ 课题研究达到提高教师的教学素养，推动教师的专业发展，促进学生的全面健康成长。

(3) 研究内容

本课题研究主要从"新课程下课堂教学的现状、问题与对策研究，新课程下课堂教学模式、策略与技巧研究，新课程课堂教学设计研究，反思性教学与学生成长研究"等方面开展研究活动。

(4) 研究思路

本课题的研究思路是在教学中研究，在探索中感悟，在实践中反思，在反思中生成。根据本课题设定的研究内容和目标，以校本培训活动和"教学诊课"活动的开展为契机，认真学习并梳理。以课例为抓手，以课程目标标准为依据，进行课堂教学问题现状梳理，归类其问题的成因。针对成因，以文献研究和行动研究为主要研究方式，反思总结，提炼形成有学校特色的课堂解决对策的课例集，最终建构富有个性的，教学模式促进全体学生快乐学习、全面发展、个性成长。

(5) 研究过程

① 课题研究启动阶段。

课题论证、申报，组织开题活动，制定课题实施方案、工作计划和管理办法，开展课题调查和培训活动。

② 课题研究实施阶段。

开展研究工作，召开课题中期评估工作会议，搜集和整理研究材料，转化研究成果。

第一阶段：课题组开展扎扎实实的教学思想研究，进行理论学习、思想碰撞、理念沙龙、课堂观察、课堂教学诊断，并进行过程性资料的整理。

第二阶段：课题组继续课堂诊断与对策并行，推出专题研讨课例进行剖析，能整理出一些诊断实录进行理性的点评，形成一些学习的课例作研究范本，进行验证和推广交流工作。借助合理的评价和激励制度、措施，扎实行动，提升研究成果，形成课堂教学诊断对策案例集和模式研究报告。

第三阶段：进行课题中期评估，呈现中期研究成果，邀请专家团队参与评估。结合中期评估的情况做好成果巩固、经验提升；进行课题实施阶段总结，课题组交流研究收获及师生发展情况，研讨课题成果的收集整理及实践经验的提升；着手准备成果鉴定及结题材料。

③ 课题研究结题阶段。

撰写研究报告和论文，做好结题工作，申请课题鉴定，组织课题研究成果展示活动，推广研究成果。

(6) 组建课题组并明确成员分工

主持人具体职责：负责课题方案的制订与实施，具体实施课题研究，课题材料积累整理，撰写课题研究报告，策划并落实结题工作。

核心成员具体职责：做好本课题顺利开展的支持、配合、协助工作，提供信息反馈，参与阶段性总结，参与听课、评课活动。

(7) 课题研究的可行性分析

课题组本着自愿的原则，组建了六人的研究团队。核心成员中，有市级教学能手，有区级骨干教师，有区级特色教师等，从课题组成员来看，这是一支既有研究愿望，也有研究能力的研究团队。

课题提出的时候，课题主持人向学校做了申请，学校领导同意在时间和经费上给予大力支持，而且在这几年的研究中确实也是这样做的。有学习机会，课题组成员优先出去，学校还把市级教学名师请进来，进行课堂教学的展示，举行教学讲座。

2. 研究对象

以本校三至六年级的语文、数学、音乐、科学、道德与法治课题实验教师的课堂教学与非实验教师的课堂教学为研究对象，研究在新课程理念的支撑下教师如何教、学生如何学、如何有效地解决课堂教学中出现的问题。

3. 研究方法

(1) 调查问卷法

通过调查问卷，分析师生课堂教学现状及存在的问题，以构建应对策略，为课题研究提供事实依据。

（2）理论研究法

组织教师学习有关教育教学理论，借鉴成功的教育教学经验，提高研究教师的理论素养和研究能力。

（3）行动研究法

行动研究法是最主要的研究方法。为行动而研究，在行动中研究，由行动者研究。在真实的教学行动中边实践边研究，通过课题组集体研讨、观摩，发现存在的问题，同时设计出解决方案，并逐个实施，达到解决问题、提高课堂质量的目的。

（4）对比分析法

对比分析法是通过对研究数据的比较分析，总结规律，弥补缺漏，并适当地改变研究行为，调整研究计划。

（5）经验总结法

经验总结法是指在大量实验研究的基础上，积累丰富的第一手资料，总结课题研究的实践经验，按研究内容形成研究成果和研究报告。

4. 技术路线

（1）课题来源

好的开始是成功的一半。能否选择和确定一个好的课题，在很大程度上决定着教育研究过程的扎实程度和研究成果的质量。课题组面对的是农村教师，在选题之前，课题组成员走访了全街道的所有学校，调查了一线教师及在校学生，从教情、学情、校情出发，直视教育教学实践中的困惑和问题，了解学生的学习现状及其需要，根据学校的实际情况，共同确立了直接服务于教育教学实践的这一应用性课题“课堂教学中的问题诊断与对策”。本课题列为山东省教育科学“十一五”规划重点课题。

（2）实践与探索

① 从理论学习入手，寻求理论支撑——本课题研究的前提。

加强理论学习，组织课题组成员认真学习新课程理念，搜集整理与本研究课题有关的材料。为了使课题研究更为有效，课题组成员读书品著，提高理论水平。为了能写出相关的论文或案例，课题组为参与课题研究的教师集体购买了李炳亭的《高效课堂22条》、彼得·圣吉的《第五项修炼》、冯恩洪的《创造适合学生的教育》、苏霍姆林斯基的《给教师的建议》、徐世贵的《教师快速成长的10个要诀》等书籍。组织课题组成员研读了这些书，并查阅近年来有关课题研究方面的文章，学习教育教学杂志以及网络上有关课堂教学的理论文章，做到集中学习和自主学习相结合。通过这些举措团队成员对实施本课题研究的意义、操作、研究方向有了进一步的认识。

② 问题现状梳理的课例研究——本课题研究的重点。

课题组把课题研究同枣庄市教研室的课程改革、课堂教学改革紧密联系一起，紧紧围绕教研室开展的"新课堂达标""同课异构""学、查、纠""课堂建模""优质资源评选"等活动展开课题研究工作。

结合"新课堂达标""同课异构""学、查、纠"等活动，课题组以课例为抓手，开展了"每月诊课"的活动，并采用了以下方法：一是"望"，即通过诊断师生，尤其是学生在教学过程中的活动、情感、状态、表现等来审察课堂组织、教学方法、教学效果中存在的问题。二是"问"，即通过课后与师生的交流，了解教师的设计意图与学生的内心感受，来审察课堂教学的效果，诊断存在的问题。三是"听"，即通过倾听师生，来确认学生的思维状态、师生交融的境界，进而寻找课堂存在的矛盾。四是"测"，即通过一个问题或一份检测题，来检测课堂教学的效果，达到诊断课堂的目的。通过"望、问、听、测"等诊断方法，发现了教师在课堂教学中，突出的共性问题——课堂教学形式的倾向化。在课堂教学中，教师根据新课改倡导"自主、合作、探究"的学习方式，大多采用分组的形式，让学生讨论、合作，且无论什么样的课都采用。但从实际的教学效果看，讨论时间给得不够，合作学习显得匆忙、零乱。汇报交流时，有些学生不注意倾听他人发言，不会评价他人发言，不善于独立思考等，教师没有及时的引导和纠正。

讲授方式的曲解化。在课堂教学中，教师依据新课改倡导的"互动学习""自主性学习""探究性学习"等新理念，在教学中又出现了一种怪现象，教师在课堂上不讲解、不分析，往往是教师提几个问题，学生讨论、回答一下；或者是教师展示几个课件，学生发表几句评论，一节课就完结了。如果教师为了迎合新理念而"少讲或不讲"，也不利于促进学生能力的培养和全面的发展。

③ 课堂教学应对策略实践研究——本课题研究的难点。

针对所诊断的问题成因，课题组以文献研究和行动研究为主要研究方式，并加以校本化的实践，在此基础上再进一步反思总结，提炼形成相应的对策，再次进行实践研究，反思提炼完善，最终形成解决课堂问题对策的案例集。

研究团队围绕薛城区教研室提出的"新课堂达标""小班化课堂教学"展开课堂教学诊断向纵深发展。在"课堂诊断"的具体形式上，课题组从以下几个方面来展开。

关注真实课堂，提升常态性质效。诊课的类型主要有两种：一是各类赛课的集体磨课诊断；二是日常中的“推门课”随诊。在两者之间，课题组更注重后者。课题主持人每周都要听取课题组教师一两节的“推门课”，听课后随即展开诊断，以此不断提高随堂课的质效。

汇集名师智慧，破解高效性难题。学校的学科名师都参与了此次课题研究工作，他们是课堂诊断的主力军，更是实现高质量科学诊断的保障。名师组成会诊团队，参与指定的“课堂诊断”任务，集中智慧，共同破解如何达成课堂高效的难题。

审视自我问诊，倡导反思性研究。“课堂诊断”的最终目的是促使课题组团队成员养成自我反思、自我诊断的习惯，从而进入一种无为管理的理想境界。

实现学科整合，提供大课程视野。学科是独立的，但又是交融的；教师是专业的，但教法是相通的；专业是特质的，但又是可以相互借鉴的。这就为课题组“课堂诊断”提供了一个新的视角，推出了一种新的形式——跨学科会诊，不同学科的团队成员，共同参与一节课堂教学的诊断。在诊断过程中，由于有了异质元素的投注，诊断就得以在大课程的视野下进行。课题组在每次大型赛课活动中都推动这种异质化的会诊，成员们也都特别愿意参加，感觉这是真正的博采众长，学科整合、智慧共享。

④ 小班化课堂教学的实践——本课题研究的特色。

课题组所在学校的班级人数最多的 32 人，最少的 22 人，非常适合小班化课堂教学。围绕薛城区教研室提出的“小班化课堂教学”改革，课题组成员细致地对小班化教学的理念进行学习、分析和研究，重点探索以学生为本，优化教学资源，关注学生个体差异，因材施教的小班化教学模式。班级建立合作学习小组，以分组学习的方式组织课堂教学。教师给学生提供选择的条件和机会，使不同层次的学生按自己的学习需求有选择性的学习。在不断的实践中反思、调整，同时将研究成果进行归纳和提升，再进行汇总和整理，形成相对优化的策略。

策略一：转变教育观念，更新自己在教学中所扮演的角色。

三年的研究使课题组成员深深认识到要适应现代教育的发展，就一定要转变教育观念，更新自己在教学中所扮演的角色。

教师是导学者。教师在教学中创设与学生实际生活息息相关的问题情境，引导学生积极启动多种感官去体验，通过事实的分析引导学生思考问题、发现问题、解决问题，学生在学习活动中可以真正学会学习。

教师是合作者。教师是学生合作的伙伴，共同建立民主、和谐的学习氛围，在这种氛围下，师生间的心理距离拉近，学生上课时思维积极，乐于表达，有利于学生创新意识的出现、创新精神的养成、创新能力的培养。

教师是设计者和学习者。教学中，教师根据学生的已有经验，对所教的课程进行重新设计，对知识进行重新整合，使之更贴近学生生活，让学生更感兴趣，更好地进行探究学习。教师在整合课程的过程中多渠道地获取新知识、新信息，不断地充实自己，丰富自己。

教师是评价者。教师是学生学习活动的重要评价者。教师适时，恰当、科学地鼓励性评价，可以激发学生学习的愿望，培养学生渴求新知的动机，强化学生竞争的意识，具有激励和导向作用。

教师是学生潜能的发现者。学生的发展是教学的出发点，也是教学的归宿。教师在教学中必须做个有心人，诊断学生对学习的需要程度以及他所具有的能力，并根据学生的需要随时给予帮助和支持。

策略二：改进学习方式，提升合作学习的实效性。

在课题实验的过程中，课题组老师们通过跟踪分析、调查研究，及时发现课堂中带有共性的问题，如合作学习流于形式，没有以合作意识的培养为根本，其有效性差，为此，我们静下心来思索、梳理问题的成因，研究解决问题的策略。

培养合作意识和交流分享。合作交流有利于培养学生良好的思维能力和积极的个性心理品质，在交往互动的过程中，学生多思维、多实践、多表达，能更多地体验到成功的喜悦，从而培养学生勇于交流、乐于倾听、敢于质疑、善于发现的品质。

科学设计，合理组织学习小组。小组合作是合作学习的最主要的形式，也是合作、探究学习方式最重要的途径。组建小组时，根据学生的知识基础、兴趣爱好、学习能力、心理素质等方面进行异质学习小组，取长补短。

选择恰当的时机，组织合作交流。教学中，教师往往会遇到学生不能独立解答的问题，这时组织学生合作交流，不仅能激发学生强烈的求知欲，更能促使他们感受个人与集体的关系，从而产生个体学习的动力。

策略三：优化教学结构，构建有效的课堂教学模式。

课堂教学模式是提高课堂教学有效性的重要举措。为此课题组分学科构建了适合学校小班化教学的课堂教学模式，如：小学语文“明确目标　自主探究——五环节教学模式”；小学数学“自主探究式教学模式”；小学道德与法治的“体验式”教学模式。这些课堂教学模式是对传统课堂的传承与创新，不仅大大提高了学习的效率，还提升了学生的综合素养。

策略四：提升教学品质，实现课堂教学的终极目标。

提升教师的教学素养和提高课堂教学的质量才是“课堂诊断”的终极目标。因此，如何运用以上的策略进行课堂教学就显得尤为重要。课题组在总结研究经验的基础上，全面开展课堂教学结构诊断对策研究，形成了基本的理论框架，为了形成可推广的经验，我们又进一步锤炼研究成果。

提炼共性问题，展开专题培训。课题组成员通过汇总学校领导以及专家、名师的“诊断报告”，筛选提炼出各科教学中存在的典型问题，对问题的产生原因进行剖析。将典型问题作为下一步的研究专题。

倡导微型诊断，窥视课堂内蕴。在课题研究总结提升阶段，课题组不进行全程诊课，而是进行微型诊断。首先是课题主持人的走课，捕捉到课题组成员的一些细微的问题，及时督促执教者改进，真正透过课堂的表面，窥视到课堂教学的真实内蕴，增进团队成员的教学技艺。

定格案例评析，提升科研水平。课题组通过案例评析这一平台来实现成员教学、科研的双重提升。课题组通过印发案例评析的范例，来引领成员进行案例评析的写作；通过教育理论的学习，来提高成员案例评析的“科技”含量；通过每单元写案例反思的要求，来培养成员案例评析写作的习惯。“课堂诊断”是实现学校高品质教学的重要抓手，也是一项永远不会停止的教学和教研工作。

（四）研究发现或结论

几年来，通过课题组的潜心实验、用心研究，课题组所在学校的师生获益匪浅。实践证明，本次课题实践研究是有效的，效果是显著的。

1. 构建了适合本校特色的课堂教学模式

通过对课题研究前后的对比，课题组发现团队成员在教学理念、教学行为、教学方式、教学组织、课堂评价等方面发生了很大的改变，每个学科都构建了具有学科特点的课程教学模式。通过小组合作教学，每个学生都参与教学活动，不同层次的学生按自己的要求进行有选择性地学习，教师针对不同基础的学生，采用不同的方法，重视学生的自主学习，培养学生自学能力。

2. 改善了学生学习品质，提升了整体教育质量

几年来的课题研究，已逐渐改变或提升了学生学习的内在品质，“被动学习”“机械学习”等内在品质得到了根本性的改变。“能学”的意识和信心得到加强；“想学”的意识体验得到了强化；“会学”的方法、途径更为灵活、有效；“坚持学”的信心、决心、目标等更加持久。学习品质的改善也直接促进了学校教育质

量的持续提升。自从学校持续开展课题研究以来,教学质量就一直在不断进步。

3. 促进教师专业发展及科研水平的提高

通过该课题的研究极大地促进了团队成员的科研意识。近年来,团队成员撰写的10多篇关于课题研究的案例、论文在全国、省、市级教科研部门获奖。在专业性学术期刊发表。

(五) 分析和讨论

(1) 课题组回顾研究的整个过程,审视所做的工作,发现团队成员的学习研究的意识和能力有待加强;课题研究活动应与学校正常的教学研究结合起来,做到多方面、多层次的开展研究。课题研究中,过程性资料的收集、整理缺少系统性、完整性、科学性。研究成果还需质和量并举,研与用并行。

(2) 由于学科的特点不同,每个学科教学内容的类型又不同,团队成员针对不同的学科或者同一学科的不同内容,开展个性化的策略研究难度较大。

(3) 课堂教学过程中,课题组成员需要处理好课程已有的固定结构与教学策略变化的关系,在"变"与"不变"中寻找一个合适的度。要做到这一点,团队成员除了要熟知课程内容在之外,还需要了解不同年龄阶段学生的心理发展特征,学生的知识水平与思维发展水平,及时有效地引导学生主动学习,建构知识,促其思维向更高水平发展,避免一管就死、一放就乱的低效课堂。

(4) 课题组成员都来自教学一线,教学任务繁重,不能保证有效的时间和精力参与课题研究,有些研究任务不能如期完成。

(5) 前期研究形成的文字性成果比较多,但交流发表的较少。

(六) 建议

1. 继续加强团队成员的理论学习

通过专家引领和培训,学科专家和一线教师相结合的研究策略,加强同领域课题的互通,取长补短,边研究、边总结、边反思、边调整,提高研究的水平,进一步提升教师的专业素养。

2. 力争在课堂教学中有所突破

创设民主和谐的课堂氛围。要建立充分体现尊重、民主和发展的新型师生关系,尊重每一位学生的尊严和价值。注重学生的主体地位,注重学生情感体验,注重学生全面成长。

课堂教学要实现高效课堂,真正提高课堂教学的有效性,教师还应该做到这样几点：教学语言要有艺术性、教学方法要有灵活性、教学过程要有情感性、教育手段要有策略性。课题组全体成员将在巩固已经取得的研究成果的基础上，做进一步推广和深入，热切期望各位领导和专家提出宝贵的意见和建议。

二、主要成果

（一）本课题取得的理论成果

本课题实施以来，课题组坚持采用行动研究、个案研究、文献研究、调查研究等方法，不断地推进和完善各项研究，力争加强研究的针对性，不断提高研究的实效性。

1. 关注课堂教学目标制定策略——采用分层目标，促进差异达成

（1）以小组和个别化教学为主。通过小组教学，每个学生都可以参与教学活动，自主主动探究，形成了小组合作学习的能力。

（2）分层施教：不同层次的学生按自己的要求，有选择性地学习，每一位学生都能得到成长。

（3）教学评价满足四个100%：关注率100%、参与率100%、个别辅导率100%、检测目标达成率100%。

2. 关注课堂教学方法选择策略——开展平等对话，实现差异共享

通过平等“对话”，实现了师生之间观点的交锋、思想的碰撞、方法的冲突，并在这种交锋、碰撞、冲突之中走向相互启发、相互认同、相互理解，实现差异共享。

3. 关注作业设计策略——注重弹性自主，实现差异发展

作业设置多样化，具有选择性、弹性制。不同学生根据实际情况需求自由选择，减少了学生的无效劳动。

4. 关注课堂教学评价策略——多种评价并行，促进差异发展

注重过程评价和多元评价，建立了多角度的评价机制。不仅仅评价学生的学习结果，更重要的是评价学习习惯、学习态度、学习表现、实践能力、爱好特长等，从而调动学生积极的情绪，激发学生的进取心。注重个体与群体评价的结合。

（二）本课题取得的实践成果

主件：课题研究结题报告。

附件：发表类论文、教辅类论文、课件制作类论文、获奖类论文、综合类奖励。

第六章　深化“新课堂达标”　打造高品质课堂

第一节　凝聚团队智慧　全力推进“新课堂达标”

在基础教育课程改革的大形势下，在“双减”政策的大背景下，枣庄市教育局于2019年9月启动新一轮“新课堂达标”。为有效落实“新课堂达标”活动，在各级领导的帮助与支持下，先后成立了“枣庄市小学道德与法治王艳名师工作室”“山东省小学道德与法治特级教师工作坊枣庄群组”。工作室、工作坊以《枣庄市名师工作室管理办法》《山东省小学道德与法治工作坊活动规划》为指导，围绕“人人自我成长，个个示范辐射，引领学科教学，促进区域教育发展”的任务要求，积极投身到“新课堂达标”活动中，持续练好课堂教学“基本功”。从学科课程标准掌握、学期课程纲要编制、单元方案设计、学历案撰写、“教—学—评”一致性的课堂实施等方面展开专业训练，引导团队成员把握课堂结构，习得有效方法，打造高效课堂，教好每一名学生，上好每一堂课，进而实现专业提升。工作室、工作坊在助力“新课堂达标”方面进行了探索。

一、开展“学课标、编纲要”活动，走专业提升之路

编制和使用学科课程纲要，有利于教师整体把握课程实施的目标与内容，有利于学生明确所学课程的总体目标与内容框架。新课标是课堂教学的指挥棒，“学课标、编纲要”是“新课堂达标”的必由之路，也是教师专业成长的基石。工作室和工作坊团队成员开展系列化、常态化、专题化、特色化的“学课标、研纲要、编纲要”活动，深入研读新课标，理解课程价值，整合课程内容，重构知识体系，优化课程实施，关注课程评价。着力研究新课标与教材、教学、评价的一致性问题，研究新课标如何转化为学期课程纲要目标、掌握新课标的分解策略。每次活动都有研讨主题和主讲人，围绕“新课堂达标”要求和学科特点进行充分研讨，促进团队成员深入理解新课标，领会教材，把握学情，积极探讨课堂教学

的价值，做到活动内容充实有实效。在每学期开学前初步完成课程纲要编写，在开学初各教研团队进一步研磨、修订、完善，为学科教师提供课程纲要的样案。

二、研制“学为中心的学历案”，走课堂实践之路

“学历案”是供学生学习使用的方案，是教师为学生搭建的深度学习的支架，是师与师、师与生、生与生的互动文本载体，它基于新课标，倡导学为中心，是新课堂的灵魂。新一轮的课堂达标依据前沿的课程教学理论，借鉴华东师范大学崔允漷教授倡导的有效教学理念以及“教—学—评”一致性的课堂实践成果，设计有利于落实核心素养的“教—学—评”一致性学历案。

工作室成员先行试备，科学拟定学习目标、学习任务及检测任务，把分享、修议学历案作为教研重点，工作室团队成员经历过程，经过集思广益，逐渐明晰教学思路，再进行二次备课。工作室主持人及时解释困惑，解决困难。通过理论成果嵌入、学科课堂实践，建构起基于新课标的提质、增效、减负的课堂教学实践。

三、抓实“研教材、磨课堂”活动，走“强课提质”之路

“研教材、磨课堂”是教师专业成长的利剑。本着坚持问题导向、任务驱动，打造“教—学—评”一致性的有效课堂为目标。工作室成员利用团队教研活动时间研讨课堂模式、研制单元整体教学范式、举行新课堂立标示范课、学标练标、模拟验收等活动。在磨课赛课中，优化学习目标，认真阅读课标、研读教材，研究学情，准确定位教学目标；优化评价活动设计，围绕教学目标，整合问题，精心设计评价活动，制定评价量规。

打造高品质课堂。教师首先要转变课堂，将“教堂”变为学生的“学堂”。学生明确自己的学习目标，知道如何去学，学得怎么样。教师要优化互动生成，善于发现并充分利用互动生成的有效资源；优化教学过程，向“先学后教”“多学少教”和“以学定教”学习方式的转变，实现“教得方便”向“学得方便”的翻转，提高课堂学习质量；优化自主、合作学习体验，激发学生的求知欲和探究意识，注重知行合一；依照评价标准，优化评价矫正，当堂达标、当堂反馈、提高每一节课的效率。团队成员按照《指向课标的设计评议要点》《“新课堂达标”量化评价表》对新课堂进行把脉点评。围绕基于“标准”“学为中心”的新课堂，对标研课、上课、说课、观课、评课。

四、搭建工作室联盟教研平台，走资源共享之路

一个团队想要成长，必须不断地交流和学习，兼收并蓄，博采众长。为进一步深化教育改革，实现区域内教育优势互补、资源共享，工作室成员与工作坊成员组建教学联盟。以“新课堂达标”为突破口，进行联研活动，通过课例现场观摩、评课议课、研讨交流教学实际中的热点问题等，更新教师的教育教学理念，明确“新课堂达标”的方向，实现了交流互促共同进步的目的，有效带动区域小学道德与法治学科教学的发展与提升。

通过团队成员的共同努力，“新课堂达标”活动取得了一定成效。

（一）课堂教学实现由单向教与学向学习共同体的转变

传统课堂局限于教师知识系统地传授和灌输，课堂往往是你问我答的单向流动。在“新课堂达标”活动中，课堂教学聚焦于学生合作学习，教师与学生、学生与学生、小组与小组成为学习共同体，使课堂成为师生共同探究、共同成长的“场域”；强调了学生能力的培养训练，情感的熏陶浸染，思想的感悟体验；强调学生自主、互助、合作能力，强调教学过程的合理性。教师不仅关注学生的知识建构、能力习得，而且关注学生学习心理、学习状态，合作精神、核心素养，帮助学生实现由自然人向社会人的转变。

（二）课堂结构实现了“备—教—学—评”一致性的转变

团队成员从课程角度充分理解了“教—学—评”一致性的课堂，是“基于课程标准的教学”，新课标是“目标制订”“评价设计”“教学展开”的基础；充分认识到“评价先于设计”的重要，只有通过评价检测，才能知晓学生学到了哪里，才能知晓接下来该如何教学。这样，课堂结构的起点最重要的不再是教学设计，而是学习目标的确立和评价任务的设计，教学设计根据前两者生成，自然容易多了，课堂效果的检测、反馈、矫正得到落实，自然提升了学习效率。

（三）学生学习状态实现了“真学习”的根本转变

新课堂重视学习过程，教师把学习资源、学习工具等交给学生，学生运用学科素养处理学习信息。在这样的课堂上，学生的个性得到充分的展现与培养，质疑问难，组间交流；师生互动，生生互动；组际互动，环境互动，在有限的时间内，每一位学生都得到了较为充分的锻炼和表现的机会。学生在互动中求知，在活动中探索，既轻松掌握了知识，又在潜移默化中培养了能力。

（四）建构了新的评价观

学习评价实现了由评到“价”转变。由课堂随意性评价向指向性评价转变，指向检测目标达成；由笼统性评价向指向目标的精准性评价转变；由只关注评价结果向关注评价过程转变，关注如何学、是否学会；课堂教学的多样性评价，可有效激励学生个性发展，关注学生情感、态度、价值观的变化，注重教学中的价值判断与价值引领，课堂充满内生力和活力。

新一轮的“课堂达标”活动，无论是常规管理、课堂教学还是队伍建设、机制创新，都发生了诸多变化。“新课堂达标”活动实施，最直接有感受的就是学生，学生的学习积极性提高了，主动参与课堂的多了，课堂充满了多变的形式和明确的指向；个性化作业处处体现；“教—学—评”一致性让老师们不再盲目地单纯备课，而是处处体现核心素养的培养。

在此轮“新课堂达标”活动中，工作室、工作坊发挥了辐射示范作用，采取“一对一”式的点对点帮扶、“一对多”式的点对面带动，指导团队成员教师制定个性化“成长计划”，带动一批批教师在业务上走向优秀，真正起到了“一人名，名一片”的辐射作用，形成了全员参与、全员研究、全员提升的工作格局。

在接下来的“新课堂达标”活动中，工作室、工作坊着力于单元整体教学设计和课堂变革，从经验备课走向专业设计、从观课议课走向循证“医”课、从达标课堂走向品质课堂，基于新课标的教学研究与实施，必将成为教师专业成长，学生全面发展的路径和方法。

1. 从经验备课走向专业设计

过去的教案沿袭着传统教学的套路，以知识为中心，以教师为主体。实施“教—学—评”一致性以来，形成了“一体化任务清单”和“单元整体教学”于一体，促进了课堂教学的发展。接下来，团队成员继续遵循“改课先改备课”的原则，实施“备课专业化”工程，变“备教”为“备学”，以学生为主体，从学生学习角度进行“学习设计”，为学生学习搭建学习支架。新的学习设计，在“一体化任务清单”基础上，变“学习目标”为“评价目标”，明确课堂的“学业质量标准”，根据“评价目标”围绕学生“学什么”“怎么学”“学到什么程度”，即围绕任务设计、活动设计、评价设计，引领课堂深度学习的发生，真正步入“目标、教学、评价”一致性轨道。

2. 从观课议课走向循证“医”课

传统的听评课，教师从观赏或诊断的角度开展课例研究；观课议课和课堂观察，由于数据难以采集和无法专业分析，只能半途而废。为了实现备课、上课、评课“三课联动”，团队成员计划采用“研标观课、循证‘医’课”的方法，用适合一线教师的课例研究活动，引领教师步入“评课专业化”的道路。具体方法为先研究本课例的“学习目标和学业质量标准”，带着标准去听课观课，然后回头研究“教师为什么这样教、学生为什么这样学”，通过课堂观察和思维对话，寻根问底，找到依据，最后“拿出问题解决的建设性意见”。循证“医”课，让“事不关己”的“诊评者”变为一个教学“研究者”和“建设者”，催生教研文化的彻底变革。

3. 从达标课堂走向品质课堂

团队成员将瞄准学科核心素养的教改方向，注重“知识迁移、创新运用”能力，引入“项目化学习、理解性学习”新理念，面向“高阶思维和思维进阶”，打造“品质课堂”。借助课改项目，进行深度探究，团队成员同台授课，相互切磋，打造品牌名师工作室，带动课堂步入“品质”提升的发展道路。

“道阻且长，行则将至。”推进“新课堂达标”，关键在行动。只要团队成员勇于创新，不输给“老思想”；扎实推进，不输给“做样子”；坚持不懈，不输给“一阵风”，就一定能够赢在新课堂，走向更卓越。

第二节　聚焦学科核心素养　推进学生深度学习
——小学道德与法治课堂教学行动研究

一、背景分析

2014 年 3 月，《教育部关于全面深化课程改革落实立德树人根本任务的意见》(教基二〔2014〕4 号)强调把课程改革作为立德树人根本任务的一个重要抓手和突破口，并首次提出要研制学生发展核心素养体系。习近平总书记在党的十九大报告中进一步强调，落实立德树人根本任务，发展素质教育。2016 年 9 月，教育部颁发了《中国学生发展核心素养》，自此，发展学生的核心素养成为教育的核心任务，成为小学德育课程设计的依据和出发点，也成为小学德育实践教学创新和变革的关键所在。

小学道德与法治这门课程，从最初的思想品德到品德与生活、品德与社会再到道德与法治，在近 30 年的教育发展过程中，经历了三次更名，从“双基要求”转变为“三维目标”发展到“核心素养”，体现了课程目标从关注学科到关注学生当下发展再到关注学生未来发展的逐步嬗变。

2019 年 9 月，教育部编义务教育教科书《道德与法治》实现义务教育所有年级全覆盖。改革后的道德与法治课程体现了国家意志，体现了鲜明的价值导向，具有其他学科课程所不能替代的育人功能。新的教育理念呼唤新的教学方式、评价体系，面对新教材，道德与法治教学也迎来了新挑战。作为新课程的实施者，怎样让“核心素养”落地？深度学习是培养核心素养的重要途径。为此，本人带领团队结合本校的“情智课堂教学模式”，在 2019 年 9 月开展了以“聚焦核心素养　推进学生深度学习”为主题的实践教学与探索。

二、我校“情智课堂”教学模式与学生“深度学习”相融合的行动研究

该研究意在通过优化学校几年来推行的“情智课堂”教学模式，指导学生进行深度学习。研究团队将此项研究定位为行动研究，参与研究的学科教师既是研究者，又是实践者，坚持理论与实践相结合，边研究、边实验、边解决问题。

（一）构建“深度学习”新课堂，赋予“情智教育”新内涵

我校的“情智课堂”教学模式是“定向激活　启动情智⟶探究构建　生成情智⟶交流提升　发展情智⟶巩固发展　升华情智”四个环节，结合课堂教学模式，立足于“核心素养的课堂培育”，深化教学实践研究（图 6-1）。

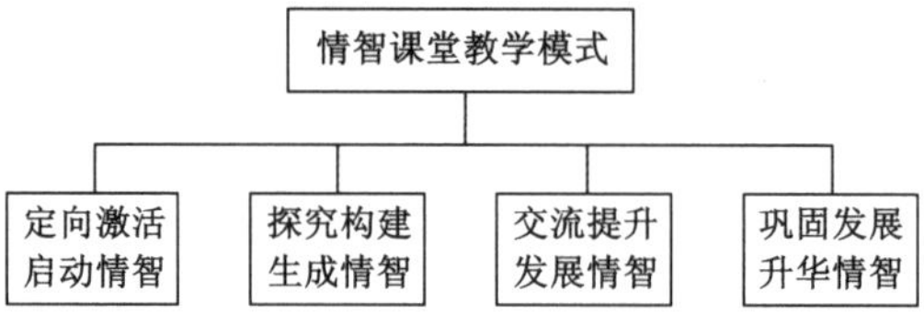

图 6-1　“情智课堂”教学模式的四个环节

1. 链接生活，主动质疑，提出具有价值立意的真问题

德育源于生活，扎根生活，融于生活，引导生活，并服务于现实生活。在“定向激活　启动情智”这一环节中（图 6-2），教师根据“元认知”理论，重点考虑三个方面：一是教学内容与学生生活紧密联系，从学生生活中生成教育主题；二是基于生命经验的道德学习。已有经验是学生学习新事物的前提，也是学习新事物的起点；三是创设的情境蕴含本主题的核心问题，能够唤醒学生的已有经验，驱动学生积极思考，激发学生主动探究。如《道德与法治》教材三年级上册第一单元“快乐学习”，教师利用现代化手段为学生展示多幅熟悉的场景图——购物中心、善利元超市、铁道游击队纪念馆、万达电影院、台儿庄古城等，唤起学生思

考在这些地方可以学到哪些知识技能，通过哪些途径学，使学生体会到生活中处处有“老师”，生活就是学习的大课堂。通过呈现问题情境，让学生在前概念基础上进行知识建构、问题解决和反思改进，从而实现概念的改变和知识的迁移。

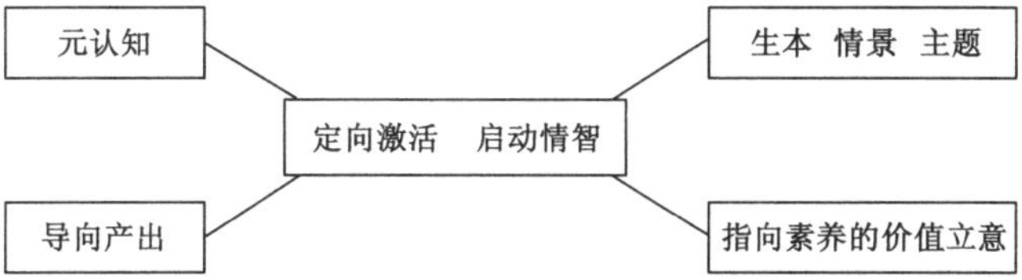

图 6-2　“定向激活　启动情智”环节实操

激活是学生所有学习活动都必须具备的环节，为学生创设更加多样化的生活场景，与生活全方位对接，引导学生进行正确的独立思考，激发学生感兴趣的思维和学习欲望，为进入下一个环节的学习做好铺垫。

2. 具身学习，主动建构，促进道德情感体验的真探究

探究与体验是深度学习的核心特征。在“探究构建　生成情智”环节(图 6-3)，学生应成为学习的主体而不是被动的知识接收器。学生的主动构建需要教师的引导以及对教学内容、学生学习过程与方式进行精心设计。如三年级上册“我们的学校”单元，校园是学生的重要生活场所，但学生对学校生活的重要意义却模糊不清，需要教师设计观察、调查、采访等活动，增进学生对学校的归属感与责任感。教师的启发、点拨、引领；课堂讨论中的相互启发；采访、调查中的相互合作等，再现了校园生活中人与人的相互依赖、信任、竞争、合作。这些探究是伴随着与老师、同学的交流、沟通、合作、竞争等活动而真实发生的。

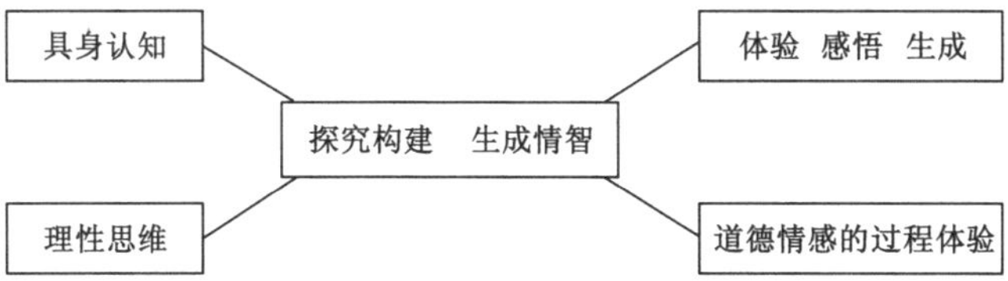

图 6-3　“探究构建　生成情智”环节实操

由活动出发、尊重学生独特的心理体验和生活经验，学生通过具身学习，亲身经历，激活学生的思维和探究欲。这个过程，不是教师直接灌输，而是学生主

动去把握的过程，或是质疑、探究，或是归纳、演绎，或是情境、体验等，教师通过多种训练手段，促成学生真正意义的学习。学生走入课堂现场，回到生活现场，并融入社会与时代的现场，与正在学习的内容之间建立一种紧密的灵魂联系。学生的思维品质也正是在对学习对象进行深度加工、把握事物本质的过程中发展起来的，进而实现学生成长的独立性、选择性、多变性与差异性。

3. 道德冲突，价值引领，为形成道德信念付出真感情

深度学习是学生感知觉、思维、情感、意志、价值观念全面参与的，全身心投入的活动。“交流提升　发展情智”教学环节是实现深度学习的关键环节（图 6-4）。

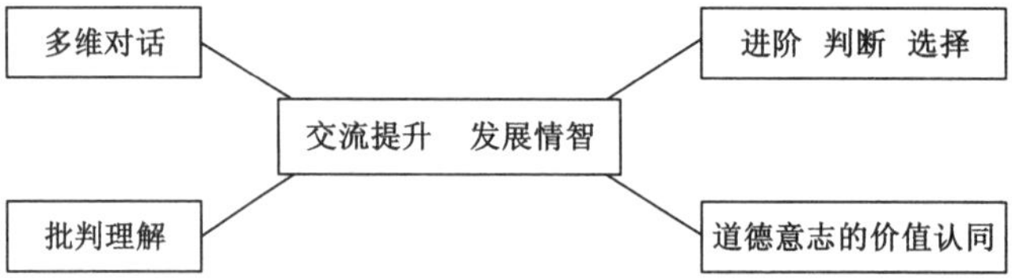

图 6-4　“交流提升　发展情智”环节实操

此环节，聚焦儿童真实的生活困惑，激活其已有的生活经验，展开有效的对话，探究思辨、坦诚观点、敞开表达。如三年级上册“安全护我成长”单元，针对学生的生活实际和成长需求，面对“陌生人的来访，应该怎么办”这样指向儿童真实困惑的类似安全问题，通过情景模拟表演、体验活动、实例分析、知识竞答等活动，让学生畅所欲言，当学生产生不同意见时，引导他们独立思考、相互评判、提出建议，也鼓励有疑问的学生把心中的疑问敢于表达出来，继续讨论，讨论的过程是再思考、再创造的过程。讨论、交流可以矫正观点，由此展开的对话才是有价值、有思维深度的，每个学生通过自己的努力获得成功的体验，促进其道德的持续发展。

4. 提升素养，知行合一，为磨炼道德意志追求真智慧

深度学习不只是对学习结果的检验，更是经验的内化与外显、拓展与提升，道德与法治教学要坚守课程的“价值取向”，把握教学的“站位”和“立意”，让知识层面正确全面，行为层面科学落地，从而引领儿童健康成长。

在“巩固发展　升华情智”教学环节（图 6-5），教师引导学生多参加与其自身生活有关的具体生活活动，学生才能真正领悟在生活实际中该怎样做，从而把在学校里所接受的教育转化为生活实际中需要的行为，在生活中发展，在发

展中生活。素养课堂重视的是知识的应用，让学生带着生活经验学知识，用课堂上学到的知识解释生活、创造生活，提高对知识的理解能力和应用能力。

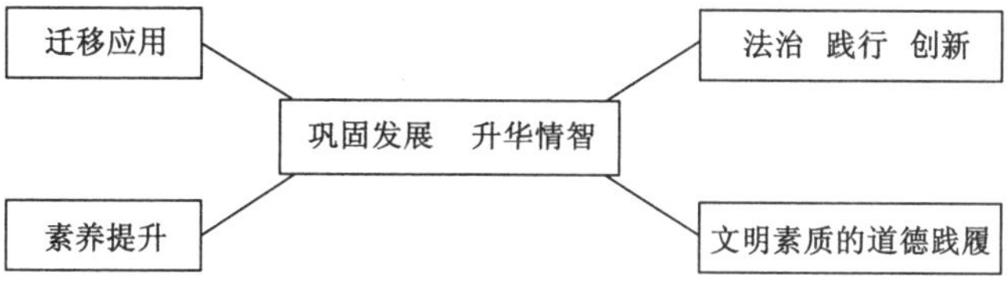

图 6-5　“巩固发展　升华情智”环节实操

价值观的培养、核心素养的形成是一个隐性的过程，更是一个长期而缓慢的过程。情智课堂教学的四个环节不是孤立存在的，是相互依存。情智教育着眼于人的和谐发展，用情感去陶冶情感，用智慧去点燃智慧，让学生的情感更丰富，智慧更灵动，达到情智和谐、情智共生的理想境界（图 6-6）。教学模式与深度学习链接，使学生能够形成有助于未来持续发展的核心素养。

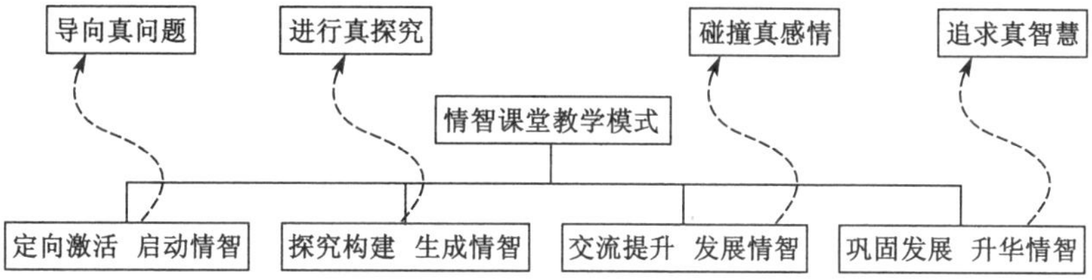

图 6-6　基于深度学习的“情智课堂”教学模式

（二）推动教学走向“深度”　提升学生核心素养

核心素养和深度学习如同一枚硬币的两面，核心素养是教育的最高目标，而深度学习则是实现这个目标的路径。

1. 基于道德与法治核心内容进行单元学习设计

道德与法治新教材是以学生学习活动所指向的问题域作为教材的基本结构，每个单元所涵盖的内容表现为一组完整的经验和一组有意义的学习活动。非常符合深度学习所倡导的单元学习。

研究团队依据新课标、单元学习主题、核心素养的进阶发展及学生的实际情况，用思维导图分学段、分年级、分学期来确定单元学习目标、确立评价任务、设计单元学习活动、开展课堂教学、进行学习评价等系列单元学习设计。环环相扣，使学科素养具体化、可培养、可干预、可评价。实现“教—学—评”一致性，使学科素养有效落地，提升学科育人功能。

2. 基于道德与法治核心素养进行“微项目”研究、实施

对于道德与法治学科教育教学中遇到的问题及困难，研究团队建立小课题研究机制，通过“微项目”研究、实践、反思、总结，然后再推进。如把单元学习设计细化成多个“微项目”：如何确定学习目标，如何确立评价任务，如何开展持续性评价等，将深度学习落实到每个教学设计、每个课堂、每个教学活动之中，扎实、有效地培养学生的核心素养。

推动学生深度学习的过程，也是教师进行深度学习的过程，研究团队以名师工作室为平台，形成教研共同体，从研究教师的教，到兼顾学生的学；从学生立场，教师视角、到以学定教、以研促教，研究学生的学习特点，学习方式、学习障碍点，对学生课上的学习行为进行观察、记录、分析、获取学生最真实的学习信息，找到教学改进的空间并实践。

3. 基于学生视角，确立可持续性学习评价体系

学生是学习的主体，评价对学生的促进最终要靠学生的主体作用才能实现。研究团队根据深度学习的目标、重要环节、关键策略、遵循的原则开展了以“学生发展为中心”的可持续性学习的评价体系。将评价贯穿于课前、课中、课后等教学的全过程，评价以质性评价为主，量化评价为辅，重视学生的个性化表现。把教学的价值与评价自觉化、明晰化，帮助学生形成正确的价值观、形成有助于学生自觉发展的评价体系。

三、成效及反思

（一）取得的初步成效

1. 促进了学生核心素养的培育

学生通过深度学习，从原来的被动接受变成现在的主动获取知识，亲身感受，主动思维，用心体会。从浅尝辄止的低阶思维，变成获得亲身体验的深层次思维，小组合作、探究体验等真正成为深化学习方式变革的有效载体，从而实现学生在教师科学合理的引导下深度体验与深度探究，逐渐养成自主学习、交流合作、拓展思维的良好习惯，促进课堂指向核心素养的培育。

2. 重塑了教与学的关系

通过开展深度学习，教师的教学观从知识上升到核心素养如何形成与发

展，引发学生不断产生独立解决问题的欲望和兴趣，更为积极主动地学习与高阶思维，开心探究，快乐学习，集观察探究、合作交流、自主实践等多种素养教育浸润其中，从而真正体现出道德与法治的价值和意义。学生能够在老师的引导下主动明确学习目标和任务、选择适合自我的学习方法、监控自我的学习过程、评价自己的学习效果。

3. 开发导向深度学习教学的技术工具

基于新课标和核心素养的培养，研究团队用思维导图绘制出每个单元主题和每节课教学内容的核心与结构图谱，厘清知识的来龙去脉，以单元贯通学期，与单元串联课堂。学生在老师的引导下，逐步开展活动，体现合作、体验成功、获得发展。学生经历科学的探究过程，有思考、有批判精神、学会用证据不断地证明观点，过程中不时地有创造性的想法提出。实现了课堂主题化，主题活动化，活动情景化，情景思维化，思维多元化，真正做到了提升学生的道德与法治核心素养。

4. 深度学习的课堂教学改革走在全市前列

学生通过基于核心素养的深度学习，让课堂真正实现了“在学习”“真学习”。团队成员撰写的学期课程纲要被评为市级优秀课程纲要，撰写的教学设计创新案例被评为市级优秀教学案例；获奖的学期课程纲要、学历案分别作为市级样案，被市教科院汇编成集，供全市教师参考、借鉴、学习。

2021 年 3 月，研究团队中的两位老师分别荣获区级优质课一等奖、市级优质课一等奖，并在全市“备—教—学—评”研讨会上进行课例研讨展评；有四名教师评为市级百名思政课教师等。有两位老师分别参加国家基础教育精品课展评、创新优质课评选；三位老师参加山东省教育厅举办的基础教育优质课评选并获得优异成绩。近两年，研究团队完成了省级课题省一项、市级课题两项、区级课题两项、发表教科研论文数十篇。这些研究成果为道德与法治教学实践创新起到引领、示范的作用，有效推动了此次实践教学的顺利开展。

（二）反思与展望

通过“深度学习”的实践探究，尽管取得了阶段性成果，但这还是初步的，很不完善，还需要不断地丰富和发展。

（1）教师设计教学目标时，需要把握单元或课时教学目标与学科素养以及核心素养之间的逻辑关系。

(2) 教师在进行内容组织时，需要把碎片化知识转变成结构化知识图谱。深度学习并不排斥知识，关键是知识以何种形式存在才能够发生迁移。可迁移的知识最终如何发展成个体的核心素养。

(3) 学习任务应由注重知识学习向"基于问题或项目"学习的转变。知识是素养的基础，但知识并不等于素养，核心素养本质上是解决复杂问题的能力，并不能通过老师的讲授而习得，需要学生在真实的问题解决活动中逐渐地自主建构起来。

(4) 评价任务如何设计才能促进学生实现建立在自我意识发展基础上的"能学"，建立在具有内在动机基础上的"想学"，建立在掌握了一定的学习策略基础上的"会学"，建立在意志努力基础上的"坚持学"，并学以致用，还有待持续地研究。

(本文获山东省实践教学创新改革案例一等奖)

第三节　对话统编教材　倾听教师心声

——调研小学道德与法治教师使用统编教材的现状

一、访谈背景

义务教育小学道德与法治统编教材于 2017 年秋季开始在全国使用。当年新入学的一年级小学生拿到了这版新教材，2019 年秋季在小学阶段全面推开。为了了解枣庄地区小学道德与法治教师使用统编教材的情况，2021 年秋季开学，通过枣庄市小学道德与法治王艳名师工作室成员所在区域、所在的学校，以调查问卷、听课、座谈等多种方式对教师使用统编教材的体验进行了专访。

根据此次调研任务的分工，工作室成员进行了分类调研，通过座谈交流，倾听一线教师使用统编教材的心声，发现教师在使用过程中遇到的问题、产生了的困惑。工作室主持人分类对调研情况进行了梳理、总结，帮助教师理解统编教材中蕴含的学科理念及核心素养、以便学科教师灵活、高效地使用统编教材。

二、访谈目的

通过探访小学道德与法治专兼职教师使用统编教材的体验与感悟，解决存在的共性及个性问题,以便有效地使用统编教材,最大程度地发挥统编教材的育人价值。

三、访谈对象

使用《道德与法治》统编教材的一线专兼职教师。

四、访谈问题

（一）访谈过程

此次访谈,根据道德与法治学科特点,从教材内容、教学实践等方面出发,内容涉及以下主要问题。

1. 请您举例说明小学《道德与法治》统编教材与以往教材相比的变化

受访教师答:统编教材降低了低年级学生阅读理解学习材料的难度。根据一二年级学生的年龄特点,《道德与法治》教材采用了绘本式教材设计。如一年上册第一单元"我是小学生啦"第 2 课"拉拉手,交朋友",针对现实生活中存在的性格内向、胆小的学生不敢主动与人交往,在交往过程中会产生小摩擦或小矛盾的实际,教材设计了副版绘本故事——《交朋友》。这个绘本故事内容正是指向了这一群体的需求。教师可以把它作为教学资源,学生可以把它作为课外阅读资源,有效降低了学生理解文本的难度,也解决了学生在交朋友时的实际需求。

受访教师答:统编教材突出了法律教育的重要性。在小学阶段主要是对学生进行法治启蒙教育。根据儿童成长与社会生活的发展变化的需求,《道德与法治》教材在小学六年级上册设置了一个册次的法治教育专册,法律内容的增加尤其是法治教育专册的设置,着重培养少年儿童的法治价值导向。

受访教师答:统编教材常见的栏目设计体现了"以学生为中心"。教材栏目有《活动园》《交流园》《知识窗》《阅读角》等。这些栏目多是需要学生去观察、操作和探究。栏目中呈现的典型范例,大都源于学生真实的生活,并以"生活事件"的形式呈现出来,有利于教师引导儿童进行生活建构。通过关注生活、反思生活和超越生活来实现栏目所呈现的内容。教材既包含了外在的道德规范,也包含了内在的道德精神。

2. 您发现小学《道德与法治》统编教材有哪些特点

受访教师答:统编教材彰显生命主题教育;突出法治教育;强化公民意识教

育;深化传统文化教育;加强文明素养教育。

受访教师答:统编教材体现了以生活为核心的小学道德教育。在教材的体系化要求和儿童生活之间,真正反映儿童成长需要。在道德生活经验的传授与学生道德自主建构之间,培育学生自主建构能力。在道德品质形成过程的知、情、行之间,循情、据理又具有行动和实践品性。在文化多样性与统一性之间,成为文化多样的载体与文化公正的见证。在校本和学本之间,利学易教。

受访教师答:统编教材呈现了新的学习观、师生观、父母观、安全教育观。

访谈教师问:请您列举具体的例子阐述上述观点。

受访教师答:《道德与法治》三年级上册第一单元第 2 课"我学习,我快乐"彰显了学习的实践性、体验性、建构性和交往性,体现了新的学习观;第二单元"我们的学校"第 5 课"走进我们的老师"中当老师做法不合适的时候,倡导与教师沟通,用适当的方式表达自己的意见就体现了新的师生观。第四单元第 11 课"爸爸妈妈在我心中"话题三"爱父母,在行动"体现了新的爱父母观,爱父母、孝敬父母不一定要对父母百依百顺,包容与接纳也是对父母的爱,帮助父母改正不健康的习惯也是爱父母的表现;第三单元第 7 课"生命最宝贵"话题一"我们的生命来之不易"中要求正确认识和对待陌生人,引导学生在与陌生人交往中有自我保护意识,又不夸大陌生人的危险,帮助学生学会有效地、智慧地同陌生人打交道,体现了安全教育观。

3. 谈谈您对小学《道德与法治》统编教材中落实优秀传统文化教育的看法

受访教师答:道德与法治是落实中华优秀传统文化教育的核心课程,统编教材深化了传统文化教育。

访谈教师问:请您列举具体的例子谈一谈。

受访教师答:一年级上册第四单元"天气虽冷有温暖"中"快乐过新年"主题中的"大家一起过春节""多样的传统新年";二年级上册第一单元"我们的节假日"第 4 课"团团圆圆过中秋";三年级上册第四单元"家是最温暖的地方"第 12 课"家庭的记忆"中的"传统节日中的'家'""语言文字中的'家'";四年级下册第四单元"感受家乡文化　关心家乡发展"中"我们当地的风俗""多姿多彩的民间艺术"主题;五年级上册第三单元"我们的国土　我们的家园"中"中华民族一家亲",第四单元"骄人祖先　灿烂文化"单元;六年级下册第三单元"多样文明　多彩生活"中"探访古代文明""多元文化　多样魅力"主题等。每一册都设计传统文化教育,从家到社会再到国家,教材内容主要载体为相关格言、人物、故事、民俗等。根据学生生活领域、认知范围的不断扩大，前后衔接、螺旋递进。教材注重传承崇德向善的传统美德，帮助学生了解中华优秀传统文化中蕴含的社会伦理和风尚，养成恪守诚信、敢于担当等优秀品质，培养关心社会、关爱他人、奉献社会的思想意识，形成正确的人生观、价值观和世界观，增强国家认同感和民族自豪感。

4. 谈谈您对小学《道德与法治》统编教材中落实革命传统教育的看法

受访教师答：道德与法治是革命传统教育的核心课程。为了提高爱国教育的有效性，教材依据爱国情感发生、发展、成长的基本规律进行编排。在低年级段，儿童还没有形成国家概念，通过升国旗、唱国歌等具体活动入手来开展爱国情感的激发。中年级段则通过社会进步、交通通信等具体领域的成就来进行；到了高年级段则用我国经济社会发展整体上所取得的巨大成就来激发，层层递进，自然生成，达到水到渠成的效果。

访谈教师问：您能否列举具体的例子来谈一谈？

受访教师答：《道德与法治》五年级下册第三单元“百年追梦　复兴中华”，教材选取了近现代中国历史上的重要人物和史实，进行革命传统教育。教材中革命传统教育采取还原历史情景以“生活事件”的方式展现，走进革命领袖和先烈的生活世界，感受革命前辈和先烈的丰富情感和坚定信念。这样的教育才真实、动人、有效。

5. 谈谈您对小学《道德与法治》统编教材中落实社会主义核心价值观教育的看法

受访教师答：小学《道德与法治》统编教材以社会主义核心价值观为价值引领。根据小学生心理发展水平和认知特点，联系学生的生活经验，个人层面的价值准则包括爱国、敬业、诚信、友善，社会层面的价值取向包括自由、平等、公正、法治，国家层面的价值目标包括富强、民主、文明、和谐。教材采取由浅入深、由近及远、循环往复、螺旋上升等方式，引导小学生对核心价值观的认同层层推进，强化教育效果。教材采用“学思并举、知行合一”方式积极引导学生从不同角度、感悟和践行核心价值观。

访谈教师问：请您谈谈这些价值准则是如何植入教材的？

受访教师答：个人层面的核心价值准则是按照情感价值的特点，采取感情式进入教材。社会层面的价值取向是采用活动体验的形式，即体悟式进入教材，引导学生体悟规范的正确性。国家层面价值目标的认同是通过说理式的认知方式同进入教材，用事实讲道理，讲清楚、说透彻，以理服人。

6. 请您谈谈使用统编教材的主要做法

受访教师答：从本班学生的生活实际出发设计教学，引导儿童生活建构的关键在于能够直接满足学生真实的道德需求，解决他们真实的道德困惑。即使教材精心地选择典型的案例，依然无法完全适应每个地区、学校、班级和学生的具体生活。因此，教师设计教学活动时，从本班学生的生活实际出发，设计符合学生实际道德需求的学习目标。

受访教师答：关注学习过程中的生成性。教材是一种固定化的文本，但是，教学却是不断生成的。因此，教师在教学中，积极关注学生的态度和反应，适时地做出相应的教学调整。

访谈教师问：您能否列举具体的例子来谈一谈？

受访教师答：三年级上册第10课“父母多爱我”中使用了陈运松先生的《妈妈喜欢吃鱼头》一文，此文的设计意图是想通过妈妈把好的鱼肉留给我吃，而自己却吃肉很少的鱼头，来让学生体会妈妈的爱。但是，在具体的教学中，就曾有学生依据自己的生活经验对此质疑：“现在的鱼头比鱼身还贵呢！”面对这种教学的生成，教师应该做出相应的教学调整，给予学生针对性的引导。

受访教师答：引导学生进行自主的道德学习。教学应从价值灌输转向价值探究。教材中包含了大量的以学生为中心的活动设计，让学生在充分探究的基础上，自然而然地获得某种价值认同。

访谈教师问：您能否列举具体的例子来谈一谈？

受访教师答：四年级上册第11课“变废为宝有妙招”中“减少垃圾　变废为宝”这一课时的教学，教师设计了“垃圾分类我能行”“垃圾瘦身我支招”“变废为宝创意多”三个学习任务，学生通过自主合作交流、动手实践，促使他们了解垃圾分类的知识，激发他们参与垃圾分类的热情，引导他们学习保护环境的具体方法和措施，真正做到在生活中践行环保、绿色生活。

受访教师答：利用教材的开放性设计走向学校其他日常德育活动。

访谈教师问：您能否列举具体的例子来谈一谈？

受访教师答：三年级下册第10课“爱心的传递者”中设计了一个开放性的活动，如“爱心义卖”。教师可以把这课的教学与学校的其他活动进行融合，实现跨学科学习。

7. 请您谈谈使用小学《道德与法治》统编教材的感悟

受访教师答：教材既包括了教学内容的系统化整理和表达，也包括了教学过程、教学方法的系统化设计和引导，是引领教学的一条重要路径。教材除了为教学提供有效、丰富的材料之外，还传递教学观念，暗示教学方法，指引教学过程，使教材与教学之间就有一种自然的联系。

受访教师答：教材的结构给教学设计提供了思路。教材在结构上通过关注生活、反思生活和超越生活这三个紧密相连的板块来引导儿童生活建构的教学目的。

受访教师答：课文的范例既源于学生的生活，又引导学生的生活。

访谈教师问：您能够举个例子来谈谈您的这种感受？

受访教师答：教材在呈现“学习的途径”内容时，不仅呈现了“我从课外书籍、报纸和儿童杂志上学到了许多知识”“在与同学的交往中，我懂得了人与人之间应友好相待”，还呈现了“在野外玩耍时，我认识了许多植物和昆虫”。通过道德实践引导儿童去选择和建构有道德的生活及生活方式。

8. 请您谈谈统编教材在下一步修订中需要改进的地方

受访教师答：教材的区分度、差异性相对不够。每一个具体的儿童是千差万别的，他们的经验也相差巨大。教材虽然精心地选择典型的案例，但依然无法完全适应每个地区、学校、班级和学生的具体生活和个体针对性。

访谈教师问：针对这一问题，您有什么建议？

受访教师答：为了解决这一难题，教师在进行教学时，要把教材中的范例作为一个学习活动的引子。教师要基于本班学生现实生活经验，以学生熟悉的生活事件为建构材料，以学生喜闻乐见的活动形式为教育方式，最终实现学生有效道德学习的突破。

受访教师答：教材自由度大，为教学目标的精准确立增加了难度。由于小学道德与法治专职教师比较少，难以准确地把握教材的重难点。统编教材给教师的个性化教学提供了很大的自主处理的空间，虽有利于教师在教学中进行积极有意义的各种尝试，但也导致教师对课程理念和核心素养的理解上偏差大，给学习目标的制定增加了难度。

访谈教师：针对这一问题，您有什么建议？

受访教师答：为了精准把握目标任务，在教学时，教师要根据学生的不同年龄特点，把握时代脉搏和学生的实际需求，对教材内容进行补充、调整和创新，以学生自我体验为主要学习方式，培养学生具有独立、自主、创新等主体精神，把学生的认知过程和情感体验过程有机结合，明理与导行相互促进。

（二）访谈结果

（1）统编教材在培育和践行社会主义核心价值观方面更鲜明，更先进。教材是国家社会主义核心价值观在小学教学中实现的图谱，对社会主义核心价值观做了更加科学合理的布局，把社会主义核心价值观儿童化、生活化，符合儿童的特点，操作性很强。

（2）统编教材遵循教育规律，儿童身心发展规律，遵循课程特质。教材运用了儿童生活性经验，把生活中的德育理论进行教材的转化。这个转化注重实践性、生活性，也利于教师了解教材思路、方向，更容易操作。

（3）教材是学生学习、教师教学的关键媒介，老师们把教材作为“学材”，引导学生指向问题域，体现对诸多话题的学习、探究过程。作为“学材”的教材，体现的是学生自主探索的过程，为学生自主学习提供帮助和支持，为学生的学习探索留有空间。

（三）访谈反思

《道德与法治》统编教材承载了道德教育与法治教育两个重要使命，要发挥好培根铸魂、启智增慧的育人作用。在道德教育中发挥法治对道德的促进作用，在法治教育中发挥道德对法治的滋养作用，使德育教育和法治教育相辅相成，为培养以实现中华民族伟大复兴为己任的，有理想、有本领、有担当的时代新人打下牢固的思想根源。因此，在使用教材时，教师必须做到以下几点：

（1）立足核心素养，制订彰显铸魂育人的教学目标。

教师要将核心素养的培育作为教学的出发点和落脚点，政治立场鲜明。价值导向清晰。要根据学生的年龄特征和已有经验，利用通俗易懂的语言、贴近生活、贴近实际、贴近学生的方法，制订具体、适切和可操作的目标，使核心价值观融入走入小学生心灵，入心入脑，引导学生知行合一。

（2）与时俱进，及时丰富和充实教学内容。

教师要根据教学内容创设学习情境、设计学习任务，制定评价标准时，要及时跟进社会发展进程，密切联系社会生活和学生生活实际，用富有时代气息的鲜活内容，以学生喜闻乐见的方式，增强道德与法治教育的时效性、生动性、新颖性，让道德与法治课成为有现实关怀和人文温度的课堂。

（3）把握思想教育基本特征，实现说理教育与启发引导有机结合。

按照灌输性和启发性相统一的原则，做到“灌中有启”“启中有灌”。要在鼓励学生主动学习、积极思考中对政治方向和价值导向加以规范和引导，要正视学生的困惑与疑问，通过摆事实讲道理，让学生心悦诚服接受结论、水到渠成得出结论，真正实现以理服人。

（4）丰富学生实践体验，促进知行合一。

教学要与社会实践活动相结合，加强课内课外联结，实现隐性课程与显性课程相配合。注重选择、设计和运用个人和社会生活中的典型实例，鼓励学生探究、讨论，提高学生的价值辨析能力。积极探索议题式、体验式、项目式等多种教学方法，引导学生参与体验，促进感悟与建构。通过热点分析、角色扮演、情境体验、模拟活动、参观访问、现场观摩、志愿服务、生产劳动、研学旅行等方式，引导学生开展自主探究与合作探究，提升自己的能力，学以致用，知行合一。

第四节　以道德与法治课程为媒介探究家校社合作新形态

《中华人民共和国国民经济和社会发展第十四个五年规划和2035年远景目标纲要》提出，要健全学校家庭社会协同育人机制。党的二十大报告明确提出了"健全学校家庭社会育人机制"的战略任务。家庭、学校、社会协同育人从来都不只是一家一校一社区之小事，学校家庭社会协同育人已成为国家大事。习近平总书记曾在全国教育大会上指出，办好教育事业，家庭、学校、政府、社会都有责任。健全家校社协同育人机制是落实立德树人根本任务的重要前提。相同的责任赋予了家长、社会和教师一致的行动。

道德与法治课程是体现国家意志的课程，承载着道德教育、法治教育的重要使命，课程内容体现了鲜明的价值导向，具有其他学科课程所不能替代的育人功能。以道德与法治课程为媒介，推动家庭、学校、社会"同频共振"育人，思政课教师责无旁贷。作为思政课教师，如何构建家校社合作新形态？本人带领团队依托道德与法治课程进行了有益尝试。

一、依托道德与法治课程，增强文化自信，开展家国情怀教育

道德与法治课程是义务教育阶段的思政课，旨在提升学生思想政治素质、道德修养、法治素养和人格修养等，为社会主义培养建设者和接班人。在家校社共育的视角下，道德与法治课程内容不仅在课堂上讲，也要在家庭中熏陶，还

要到社会中践行。

思政课教师应将思政小课堂和社会大课堂结合起来，把“培育什么样的价值观”同“培育什么样的人”“怎样培育人”更加紧密地结合起来，依据课程设置讲好爱国故事，引导学生树立远大理想，厚植爱国情怀，培育美好心灵，增强民族自尊心、自信心和自豪感，聚合社会—家庭—学校的教育合力，把爱国情、强国志、报国行自觉融入日常生活和现实行动中来。打牢思想之基、价值观之基，用理想之光照亮前行之路、用信仰之力开创美好未来，最终成为对国家、对人民、对社会有益的人。

二、依托道德与法治课程，推进中华优秀传统文化教育

道德与法治课程在每个学段都安排了中华优秀传统文化教育主题内容。在家校社共育的视角下，构建学校主导、家庭支持、社会配合的新型教学模式。教师要结合新的时代条件，根据学情挖掘好、运用好道德与法治课程中的中华优秀传统文化中的丰富资源，感受中华民族，如：勤俭节约、自强不息、诚信、仁爱等传统美德。学生通过参观访问、参与少先队活动等了解中华文化的悠久历史和博大精深，体会中华优秀传统文化的精髓。这些活动的开展，需要家长、学校和社会三者之间的良好互动和协作，构建良好的育人生态环境。形成家庭、社会与学校携手育人的强大合力，达到“蓬生麻中，不扶自直”的育人效果。

三、依托道德与法治课程，弘扬传统家庭美德与良好家风

道德与法治课程中的传统美德和良好家风的内容在低中高年级都有所呈现，优秀家风蕴含着中华传统美德，是社会和谐、国家发展、民族进步的基础。“家是最小国，国是千万家。”家庭和谐，国家就充满活力；家风良好，民族就充满希望。良好家风和家庭美德正是社会主义核心价值观在现实生活中的直观体现。通过广大家庭和社会各方面主动配合，引导学生了解家风背后的中华民族传统美德以及中华民族精神，懂得优秀家风是凝聚情感、涵养德行、砥砺成才的人生信条，理解家风对个人成长、国家发展、民族进步、社会和谐的重要意义。充满正能量、真善美的家、校、社育人环境，对少年儿童的成长至关重要，家庭、学校、社会都发挥着各自不可替代的作用，是立德的重要基础和土壤。

四、依托道德与法治课程，重视生命安全与健康教育

家庭、学校、社区是小学生最主要的学习与生活场所，也是影响其健康成长的最关键的社会文化因素。少年儿童是我们国家的未来，道德与法治课程把生命安全与健康教育作为一个重要主题。只有全社会形成关心教育、重视教育，家校社紧密配合，才能营造有利于少年儿童成长、成才的健康环境、安全空间。如学生良好的卫生习惯和健康的生活方式需要家长的督促，基本的安全保健常识、有关生命安全与健康的基本常识和技能需要在社会生活中去习得、去掌握。在生命安全与健康教育育人资源上，家庭、学校和社会各有各的优势，完善学校家庭社会协同育人机制，搭建优势资源共享平台，实现家校社育人资源互补。

五、依托道德与法治课程，创新教育教学方式

道德与法治课程多采用开放式的学习方式，倡导移动学习，自主学习、项目化学习、问题解决式学习等个性化学习。家庭、学校、社会共育不仅是一个理论问题，更是一个实践问题。在家校社共育的视角下，思政课教师、家长多采用案例式、探究式、体验式、互动式、专题式等方式引导学生，创新教育方式方法，为学生创造有深意、有新意、有活力、有张力的学习体验。教师不断思考并解决思政课教材在道德教育、家国情怀教育、生命安全教育、中华优秀传统文化教育与革命教育、法治教育、国情教育中出现的各类问题，通过学习逐步形成正确的价值观、进而形成自觉奉行的信念理念，引导学生立大志、明大德、成大才、担大任，努力成为堪当民族复兴重任的时代新人。

六、依托道德与法治课程，探究家校社合作新形态

在经济全球化、价值多元化、信息智能化的今大，随着家校社合作内涵不断丰富，表现形式不断创新，家校社合作的价值合作不断从单向引领、被动接受的低级合作走向双向协同、学习共享的紧密合作。道德与法治学科教师以教材为依托叩开“家门”，指导家庭教育；让家长叩开“校门”，助力学校教育。让学生叩开“心门”，唤醒自我教育。家庭教育、学校教育和学生自我教育这三者之间的距离越小，教育协同产生的力量越大，效果越好。

以小学道德与法治课程为媒介，建设家校学习共同体，构建家校社合作新形态。依据道德与法治课程的特点，广泛搭建平台，充分调动资源。把学校作

为一个教育平台，以开放的心态欢迎家长和社会优质资源走进学校。充分利用校内资源、社区资源以及家长的社会资源，建设相互学习、共同成长的公共空间，为有效实施课程、协同育人营造良好的生态环境。让家长、学生、教师都有权参与道德与法治课程建设、课程实施、课程评价，拥有多层对话空间。通过平等对话、资源共享、共同学习、展示分享实现尊重天性、展现自我、彼此欣赏、相互支持的良性发展。无论是家长、学生还是教师都学有所获、实现个人与共同体的同步发展，形成全员全过程全方位育人的新格局。

第五节　做新时代有使命感的教师

思政教师承载着传播思想、传播知识、传播真理、塑造灵魂、塑造生命、塑造新人的时代重任。2023 年 9 月，习近平总书记致信全国优秀教师时首次提出“教育家精神”，从理想信念、道德情操、育人智慧、躬耕态度、仁爱之心以及弘道追求六个方面反映了对新时代教育家的新要求。本人作为一名小学道德与法治教师，更应该以教育家为榜样，传承、弘扬教育家精神，在教育教学中，全面贯彻落实党的教育方针，解决好“培养什么人、怎样培养人、为谁培养人”的根本问题，引导学生从小立志向、树立正确的人生目标，养成好思想、好品行、好习惯，打牢知识根基、立起品德支柱，为实现中华民族伟大复兴的中国梦，时刻准备着。

一、勇担教育责任 赓续育人使命

2021 年 9 月 10 日，在枣庄市教育局举办的首批教育世家颁奖活动中，我手捧代表家族荣誉的奖牌，心情无比激动、兴奋。作为王家的女儿，家中四代人历经百年，先后有 12 人从教，累计从教时间近三百年，教书育人，痴心不改。作为沈家的儿媳，一家三代人与教育结下了不解之缘，也是名副其实的教育世家。组委会给我们家庭的颁奖词是“四代乡土情，薪火永相传；百年育桃李，丹心献杏坛。用生命谱写教书育人的多彩华章，用良心诠释为人师者的责任担当。在坚守与传承中感受人生的价值，在奉献与仁爱中享受教育的幸福。”我深知，手中的奖牌不仅是一份荣誉，更是一份沉甸甸的责任！

教育是用千百倍的耕耘，换来桃李满园的自豪。我庆幸自己生长在这样的书香家庭，选择了一生所挚爱的教育事业。如今两个家庭里的人民教师们，数十年如一日坚守在教育一线，用责任与信念，演绎着一代又一代人民教师的故事,诠释了对教育的忠诚与担当。

1976年,我的父亲不幸因公去世,当时不到六岁的我,不知道父亲的离世意味着什么,但幼小的心灵却种下了一个梦想:像父亲那样做一名优秀教师,让父亲对教育事业的爱与执着在我身上延续……11年后,填报志愿时,我在志愿表上坚定不移地全部写上了师范类学校。1990年,我终于如愿以偿,成为一名心怀教育理想的人民教师。

“长大后我就成了你,才知道那个讲台,举起的是别人,奉献的是自己……”伴随着这首我最喜欢的歌曲,秉承“正直做人、踏实做事、严谨治学、淡泊名利”的百年家风,我用善良和感恩之心在枣庄教育的这片沃土上深耕细作。30多年的默默耕耘,我不曾忘记自己的教育初心:做乡村教育的播种人,为党育人、为国育才;30多年的执着追求,我不曾忘记心底的誓言:做教师无怨无悔,教学生尽心尽责。多年来,我始终把“以德为先、以生为本、以爱育人”的教育情怀根植于心,把成为一名优秀教师作为毕生追求。梅花香自苦寒来 ,2010年,我被评为山东省第七批特级教师。次年的清明节,我手捧鲜花来到父亲的墓碑前,多少年来,那渗入心肺、融入血脉的难以割舍的情,那深入骨髓,凄入肝胆的挥之不去的痛,都化作两行滚烫的热泪;多少年来,对父亲的思念之情都化作坚强的动力、成长的养分,还有那淡淡的咏唱——《长大后我就成了你》。

二、创新课堂教学,推动课堂改革

思政教师讲授的是学问,耕耘的是思想,担负的是立德树人的使命。讲好小学道德与法治课,帮助学生树立正确的世界观、人生观、价值观,既是我的神圣职责,也是新时代思政教师的光荣使命。

我刚刚参加工作的第一年,就积极参与到薛城区教研室引进的全国先进课改实验项目中,历经五年的不懈努力,圆满完成实验班的教学任务。在参与课改实验的过程中,我渐渐懂得当一名优秀教师,不仅要热爱这份职业,品德高尚,还要做永远的学习者。从此,我走上了一条学习、实践、反思、探究,再实践、再反思的成长之路。在学习中成长,在成长中收获。

2003年至2016年,本人曾三次主持山东省教育科学规划课题,撰写的课题研究论文被收入由山东人民出版社出版的《小学社会科教学的实践与探索》一书中,后又被转载编入《中国现代化建设的理论与实践》一书中。研究成果在全国、全省推广。

作为一名新时代的小学道德与法治教师,始终牢记习近平总书记在学校思政课教师座谈会上的嘱托。我时常思考:如何帮孩子们扣好人生第一粒扣?课应该怎样上才能走进孩子的心中去播撒真善美的种子?选择什么教给孩子才能触动他们的道德认知、道德情感、道德情怀,形成良好的道德品质?为解决上述问题,推动思政课改革创新,推进大中小学思政课一体化建设。2019 年 9 月,我带领团队开展了以“聚焦学科核心素养 推进学生深度学习”为主题的小学道德与法治课堂教学研究。团队成员把道德与法治学科内容融入更深更广的情境中、活动中,不断增强道德与法治课程的思想性、理论性和亲和力、针对性。在“互动式、探究式,项目式、合作式学习”“学教翻转”等方面进行了有益的尝试。研究中,我倡导团队成员要坚持以学生为中心,关注每一个孩子的成长需求,根据孩子的认识规律、身心发展特点,选择孩子们喜欢的学习形式,设计符合儿童年龄特点的高效学习模式,寓教于乐,让儿童在游戏中、活动中和体验中感受有深度、有温度的教育。通过课堂实践,有效实现了师生、生生之间的平等对话。学生渐渐地学会了用自己的眼睛去观察生活,用自己的头脑去思考问题,用自己的心灵去感悟社会,在做每一件事、完成每一项任务、履行每一项职责中见精神、见品行,进而形成健全的道德认知和道德情感,发展良好的道德行为。2022 年 1 月,此项研究荣获山东省中小学思政课改革创新优秀案例一等奖;在该主题研究过程中,我还参与编写了《素质教育与课堂教学研究》一书。

2022 年,是新课改实施第三个十年的开局之年,是优化“双减”的深化之年,也是义务教育阶段课程标准再次修订颁布之年。为扎实推进《义务教育课程方案和课程标准(2022 年版)》落地实施,2022 年 12 月,我带领团队,进行了“基于素养导向的小学道德与法治单元整体教学范式的研究”的课堂实践,重点解决教师在实现核心素养的课堂转型中在操作层面对大单元设计的困惑。此项研究被枣庄市教育局确定为 2022 年度基础教育教学改革项目。

三、不负使命担当 引领团队成长

“一枝独秀不是春,百花齐放春满园。”多年来,我一直致力于对中青年教师的专业培养与发展。近年来,为充分发挥示范、引领作用,在各级领导和各位同仁的帮助下成立了学科中心团队工作室和工作坊。通过组织工作室、工作坊成员理论学习、跟岗研训、工作室联研、名师讲堂等多形式的活动,探索深化小学道德与法治课程与教学改革模式;解决小学道德与法治学科教育教学实施所存问题;培养一批师德高尚、业务能力强、教学水平高、育人效果好、善于团队协作的优秀青年教师;通过课例助推、教研支撑为枣庄市道德与法治学科培育领军人才，特级教师后备人才。

我利用课余时间，阅读新课改理论相关书籍，用自己所学，所思、所感为全校、全区、全市道法学科教师作“新课程、新理念、新设计”的报告和专题培训。本人撰写的学期课程纲要、设计的学历案作为样案供全市学科教学研讨、学习，向全市学科教师传递“新课堂达标”的课改理念，有效带动了一批教师的专业成长，为全市道德与法治学科培养一支具有强劲发展动力的青年教师队伍助力。

个人的成长离不开领导、团队及家人们的帮助与支持，离不开学生的陪伴与爱戴。因为心存感恩，所以我总想把更多的爱回报给他人。作为一名小学道德与法治教师，扶残助弱，扶危济困是我的必修课。我虽然不是太富有，但总想为身边需要帮助的人尽点绵薄之力：我用特级教师津贴为困难学生献爱心，为贫困的孩子捐款、捐物；为智残学生送教到家等，是我传递爱心的不同方式。正像公益达人陈行甲说的那样“我虽然不是太阳，但我可以发出比太阳更温暖的光！”

四、牢记育人使命 培育时代新人

习近平总书记在学校思想政治理论课教师座谈会上从政治、情怀、思维、视野、自律、人格等六个方面对思政教师提出要求。思政教师的职责远不止于传道、授业，对道德与法治教师来说，既要精通专业知识、又要涵养德行。作为一名党员教师，我从不忘初心使命，崇尚终身学习，创新教学理念，打造教学特色，增强课程实效。用情传递，用真挚的感情去激发学生的真情，温暖学生的心灵；以理服人，用透彻的学理说服学生，用真理的力量引导学生，使学生在知行合一中成就生命拔节，为学生的人生成长筑梦。

讲道德与法治课，我不仅在课堂上讲，还把道德与法治课的教学重点、核心要点与社会热点贯通起来，通过运用富有说服力、吸引力和感染力的典型材料，把道理讲深、讲透、讲活；把“思政小课堂”和“社会大课堂”融会贯通，切实发挥“大思政课”培根铸魂的作用。课余时间，我用心研究教材、教法，把抽象的问题形象化引起学生共鸣，把深奥的理论生动化引起学生共情，把真实的案例理论化引起师生共信，把理论素养行为化引导学生共行，注重信息技术赋能促进教学创新，提高学生的参与度，提升学生的获得感。教育是师生互相成全的一场最温暖的修行，一堂“好”的道德与法治课，绝不是干巴巴的说教，而是充满真情、热情、激情的真理之花的光荣绽放。

新时代，新使命。作为一名小学道德与法治教师，不仅需要有理想信念、有扎实学识、有道德情操、有仁爱之心，还需具有政治强、情怀深、思维新、视野广、自律严、人格正的优秀品质，以扎实的专业基础，严谨的治学态度，言传身教，弘扬主旋律、传递正能量。引领学生筑牢信仰之基，补足精神之钙，把握思想之舵，为他们幸福而有意义的一生创造良好的基础。为实现中华民族伟大复兴的中国梦而贡献教育力量！

后　记

光阴似箭，日月如梭。我从第一次萌发写书的冲动，已十年有余。我写书的愿望来自每次的课题研究，特别是申报“山东省教育科学‘十一五’规划重点课题”时，我在课题预期研究成果中填写了“专著”，以激励自己在课题研究周期结束，能撰写一本代表学术研究成果的著作。可由于自己理论水平有限，教学任务繁忙，文笔平平等原因，一直没能如愿。

2019 年 9 月，新学期开学，枣庄市教育局启动了新一轮的教育教学改革——基于课程标准的“教—学—评”一致性的“新课堂达标”活动。为此，我带领团队开展了以“聚焦学科核心素养　推进深度学习”为主题的小学道德与法治课堂教学研究。2020 年 5 月，新冠肺炎疫情期间，我才有机会静下心来，对课题研究进行反思、梳理、总结，形成了阶段性研究报告。在撰写研究报告的过程中我又重拾写作信心。2020 年 7 月，我开始着手规划、设计这本书，2022 年 4 月，在书稿完成过半时，恰逢《义务教育课程方案和课程标准（2022 年版）》颁布实施，基于此，我对书稿的内容进行了修改，到 2023 年 12 月，初稿完成，历经三年半的时间。看着自己多年来对新课堂改革的实践思考与感悟凝结成文字作品，内心无比感慨，对我来说，这是一次别样的挑战，也是一段丰富的经历。虽付出了汗水和心血、努力与坚持，但也收获了感动和喜悦、成长与进步！

课堂是课程教学改革最基本的支撑，课堂教学改革是新课程改革永恒的主题，承载着课改的理念与精神。如果说教育是一艘船，那么课堂教学改革就是扬起的帆。在本轮的“新课堂达标”活动中，我努力做好课堂教学改革的实践者、引领者，与全市的教育同仁一同为枣庄市的教育教学改革贡献绵薄之力。今年，我带领团队开展了“核心素养导向的小学道德与法治单元整体教学范式研究”的课改项目实践探究，在如何落实学科实践、实现跨学科主题学习等方面进行有益尝试。结合新课标理念，把素养导向、综合育人、实践育人作为下一步实施新课堂教学改革的重点；把如何提取单元核心概念、形成可迁移的大观念，如何提出贯穿单元始终的驱动性问题、如何利用数字技术优化课程内容等作为新课堂教学改革的难点；把创设真实情境和真实任务，设计系列探究活动为突破点，引导学生像学科专家一样思考与行动，提升他们解决复杂问题的高级能力。

回顾走过的从教路，我庆幸自己选择了教师这份职业，成为孩子们生命中一个重要的过客，自己生命中一场温暖的修行。能为孩子们播种真善美的种子，扣好人生第一粒扣子，我倍感欣慰与自豪。一句关切的话语、一个鼓励的眼神、一次开心的击掌都会给学生带来无限的快乐与希望，也深感这份职业的平凡与崇高。如果现在有人问我，给你一次重新选择职业的机会，你还会选择当教师吗？我的回答依然是肯定的，继续坚守在乡村教学的第一线，做有担当、负责任的行动主义者，履行思政教师的职责，真正做到知责于心、担责于身、履责于行。

感谢我的学生，给我留下许多幸福的回忆。每当我看到孩子们见到我时的喜悦表情，更坚定了我的初心使命；每当我看着孩子们张张可爱的笑脸、渴求知识的眼神，更坚定了我扎根乡村教学一线的信心。听着孩子们一声声——“老师您真好”“我最喜欢您的课”的稚嫩童声；享受着一个个温暖的拥抱、一次次甜蜜的亲吻，满满的成就感充斥着内心，感觉所有的付出都是值得的，真切地体会到当一名思政课教师的幸福与快乐。回首课堂中最动人的时刻，不是一段视频、一个案例、一则新闻引发学生的讨论，而是透彻的真理、崇高的道义等带给学生的沉思。让他们获得一种快乐，一次心灵的成长，一种通过高难度的进阶思维感应出的智慧火花；让他们有一种冲动，一种渴望，一种到实践中去验证真理的想法和渴求。每当我看到学生在享受知识带来的愉悦时，我也很快乐。感谢我的世界有孩子们留下的童真印记，让我的教育之梦更美，让我的课堂变得更加有声、有色、有温暖、有力量，让我的人生之路更幸福。

感谢我的领导、同事和教研团队。在各级领导的关怀和支持下，在同事们的帮助和鼓励下，我先后成立了枣庄市小学道德与法治名师工作室和山东省特级教师工作坊枣庄市群组，为“新课堂达标”活动的开展、单元整体教学探究等提供研讨、交流的平台；为深化课改理念、转化教学行为搭建梯子。团队成员通过典型案例分享、课例展评活动、“送教下校”等联研活动，谈想法、说思路、亮理念，发现问题，提出建议，探讨“新课堂达标”的策略，享受别样的头脑风暴，实现资源共享。感恩我的领导、同事和优秀的教研团队，使我既有观念上的洗礼，也有理论上的提高，既有知识上的积淀，也有教学技艺的增长。

致谢教育界的专家、教授、学者。自从枣庄市教育局启动新一轮的“新课堂达标”活动以来，我阅读了大量既有理论高度、也有实践经验的相关书籍，品读了学科专家们指导教学的文章。虽然我不曾与这些专家、教授、学者谋面，但他们的思想和观点给了我很大的启发，引领我对新课堂改革从认知逐渐走向深刻。

感谢家人的包容理解与鼎力支持。家人是我坚强的后盾，不管我工作多晚回到家，总能看到家人亲切的笑脸，听到家人关切的话语，得到家人悉心的照顾。感恩亲人们的陪伴、守护和默默付出。

感谢伟大的时代。我很庆幸生活在这样一个时代、这样一个国家、这样一所学校、这样一个家庭，能让我静下心来、俯下身去心无旁骛地做教育。我荣幸我是一名思政课教师，能为孩子点亮成长的心路，帮助孩子打好人生底色。新时代，新使命，我会一如既往地坚守好职责，牢记好使命，诠释好担当，倾力讲好每一堂思政课，守好“一段渠”、种好“责任田”、做好“引路人”，让每一个学生在成长之路上遇见最美好的自己。

纸短情长，需要感谢的人太多太多，感谢一路帮助过我的所有人，唯愿大家安康幸福！也真诚地祝愿枣庄市的教育扬帆奋进，越走越好！

最后还要感谢您的阅读！诚恳欢迎您批评与指正！

王　艳

2023 年 12 月